U0572812

面向东盟的金融开放门户
改革创新典型案例
（2022）

TYPICAL CASES OF REFORM AND INNOVATION OF
THE OPEN FINANCIAL DOOR TO ASEAN (2022)

广西建设面向东盟的金融开放门户指挥部办公室　编

社会科学文献出版社
SOCIAL SCIENCES ACADEMIC PRESS (CHINA)

面向东盟的金融开放门户改革创新典型案例（2022）编委会

前　言

近年来，广西牢牢把握建好面向东盟的金融开放门户这一战略契机，以绿色金融、普惠金融、科技金融、数字金融、跨境金融"五个金融"为着力点，深化金融供给侧结构性改革，提高金融服务实体经济能力，为新时代壮美广西建设提供有力支撑。2022年，广西金融业增加值为1835亿元，同比增长6.5%，对GDP贡献率为15.4%；社会融资规模增量达6952亿元，比上年多增648亿元；占全国的比重为2.17%，比上年提高0.16个百分点，占比创历史新高。

绿色金融改革亮点纷呈。推行创建制引领绿色金融改革发展，支持南宁、柳州、桂林和贺州创建绿色金融改革创新示范区，有效推动各地结合区域特色，自下而上探索绿色金融改革创新经验。引导金融机构加大对绿色低碳领域支持力度，持续扩大绿色金融规模。

普惠金融发展扩面提质。坚持金融为民、金融利民的理念，大力发展普惠金融，把更多金融资源配置到重点领域和薄弱环节。聚焦"急难愁盼"，有效帮助市场主体纾困发展。2022年获国务院大督查通报表扬。积极发挥融资担保增信功能，全区融资担保行业在保余额达1017亿元，撬动担保贷款341亿元，惠及市场主体15万户。聚焦"三农"领域，积极推进金融服务乡村振兴。

数字金融发展蹄疾步稳。创新拓宽中征应收账款融资服务平台（简称"中征平台"）功能，全线打通线上"政采贷"模式，"银行+担保"新模式在桂林市率先试点，全国首笔依托中征平台开展的线上

"政采担保贷"业务在广西成功落地。建设中国—东盟跨境征信服务平台，支持查询230多个国家和地区710余万家企业数据。完善农村信用体系数据基础，全区农户信用档案入库率接近100%。积极推动"桂惠通""桂信融""信易贷"等区内各类融资信息平台、供应链平台互联互通和融合建设，逐步构建广西统一的数字金融综合服务体系，有效降低金融机构和企业信息对接成本。

跨境金融创新推深向实。深入开展中马钦州产业园区金融创新试点，跨境人民币双向流动便利化等三项试点政策实现复制推广，试点业务总金额超250亿元，有效服务"两国双园"实体经济，建立资金跨境自由流动新格局。实现合格境外有限合伙人新管理模式，已落地16家合格境外有限合伙人（QFLP），注册资本17亿美元，主要投向数字经济、高端制造以及跨境供应链产业。有效实施跨境人民币更高水平贸易投资便利化试点、优质企业贸易外汇收支便利化等本外币便利化政策，实现了跨境人民币结算优质企业的跨省共享互认。南宁、防城港数字人民币试点正式启动，本外币合一银行结算账户体系试点落地实施。

广西以面向东盟的金融开放门户建设为抓手，积极探索形成金融改革创新成果，为我国全面深化金融改革开放探索出了可复制可推广的经验做法，助推广西金融业对内对外开放走出一条新路子。为了更好地推广学习这些优秀案例的创新精神，鼓励更多的优秀创新项目落地，特将部分典型案例进行集合出版。限于组织者的能力和水平，所选案例可能存在一些错漏和不足，敬请读者批评指正！

目 录 ⤷

Ⅰ 十大创新案例

数字人民币跨境支付 助添人民币国际化新动能 …………… 001

打好"投贷联动"组合拳 助推西部陆海新通道

　　骨干工程建设 ………………………………………… 011

面向东盟的"海运互市贸易"跨境人民币结算业务 …………… 020

组建中国太平—东盟保险共同体 ……………………………… 030

糖料蔗完全成本保险和种植收入保险

　　服务国家食糖供应安全 ……………………………… 038

"数字场景+技术要素+金融应用"数字金融信用科技创新 ……… 047

创新转贷方式 引入国际组织资金 支持广西开放型经济发展 … 058

财政创新"政策性担保+政策性保险"联动支农模式

　　服务广西农业高质量发展 …………………………… 067

创新跨境电子银行承兑汇票业务 助推面向东盟的产业链

　　供应链融合发展 …………………………………… 077

创新铝产业链电费证模式 助力广西铝产业高质量发展 ……… 085

II 优秀案例

创新型厂商融资租赁数字化转型 助力实体经济高质量发展 ………… 094

组建中国人保—东盟跨境再保险共同体 …………………………… 105

单株林木碳汇保险 助推"青山"变"金山" ……………………… 113

"创新担保+供应链金融"双线贷款生态圈

　　支持食糖产业发展 ……………………………………………… 122

破数据壁垒 创新开展商业人寿保险理赔直付服务 ……………… 131

创新实践"绿色+乡村振兴"债务融资工具

　　助力广西文旅康养产业发展 …………………………………… 140

科技赋能 便利化服务 推进跨境投融资服务提质增效 ………… 148

创新"银团+"金融服务模式 助力"交通强国"建设 ………… 156

广西首单银行间市场绿色非金融企业债务融资工具 …………… 163

港口行业便捷化、批量化、债券融资模式 ……………………… 173

贷不等"待"——"交E贷"供应链平台助力壮美广西建设 …… 183

资本项目外汇服务数字化试点 …………………………………… 192

"桂数耘"金融数据标准共享平台 ……………………………… 200

创新创业债券 助力战略性新兴产业发展 ……………………… 211

创新融资担保模式 助推工业上规入统 ………………………… 219

创新绿色贸融类资产支持专项计划

　　助力中小企业绿色低碳发展 …………………………………… 228

建立南宁市城市风险管理研究院 发挥保险功能

　　构建城市风险保险保障体系 …………………………………… 237

打造金融人才培养高地和决策智库 服务东盟开放合作 ············ 245

创新"保险+期货"模式 助力广西生猪产业发展 ············ 254

公积金金融生态服务平台 ························ 262

创新金鲳鱼养殖气象指数保险

　　探索海洋渔业产业高质量发展新模式 ············ 271

Ⅰ　十大创新案例

数字人民币跨境支付 助添人民币
国际化新动能

随着数字技术及数字经济的快速发展，作为金融科技最具代表性的发展成果，数字人民币已经成为社会各界关注的焦点。从2019年底我国数字人民币首批"4+1"试点城市，到形成"10+1"格局，再到目前的17个省市的26个地区，数字人民币以其便捷性、安全性、可回溯、可追踪等优势，不断拓展应用场景，过去三年的发展跑出中国加速度。近年来，随着人民币国际化进程加快，人民币在跨境结算中的占比逐步提升。而数字人民币作为人民币的新形态，从目前的主要应用于国内零售支付场景，逐步延伸至跨境支付场景的探索与应用，是我国推动人民币国际化进程的必然趋势。

作为外汇外贸专业银行，2022年，中国银行广西区分行充分发挥该行在国际结算领域的专业优势以及遍布全球的机构网络优势，抢抓数字人民币在南宁市和防城港市启动试点的契机，以跨境业务中最基础的跨境汇款以及具有广西地方特色的边境小额贸易服务、境内企业为越南工人发放补贴等业务场景作为切入点，结合数字人民币的优势，在原中国人民银行南宁中心支行和中国银行保险监督管理委员会广西监管局的高效指导与大力支持下，针对跨境汇款时效性有待进一步提升、部分边贸业务结算不顺畅等问题，有针对性地探索研究数字人民币在上述场景应用的可行性，并成功落地全国首笔边境小额贸易数字人民币支付业务和广西区首笔数字货币桥跨境汇款业务、使用"数字人民币＋智能合约"为非居民发放红包，提升企业跨境结算效率的同时，丰富了数字人民币使用场景，形成可复制、可推广的经验，为后续进一步探索和拓展数字人民币在跨境场景的应用奠定了经验基础。

一　案例简介

中国银行广西区分行围绕边境小额贸易支付、多边央行数字货币桥、使用"数字人民币＋智能合约"为非居民发放红包三个场景在数字人民币跨境支付领域进行认真探索和尝试。

（一）边境小额贸易支付

1. 案例背景

在当前广西边境小额贸易中，结算模式主要为"地摊银行"模式和 NRA 账户境内划转模式。其中，"地摊银行"模式具有手续简便快捷、费用较低等优势，但同时具有环节割裂较多、资金无法追溯的特点，存在一定的洗钱风险。而 NRA 账户境内划转模式下，由于对越南企业的开户、交易真实性、物流信息和资金信息的匹配度等要求较高，部分越南企业使用 NRA 账户进行边贸结算的意愿较低。

2. 解决方案

中国银行广西区分行针对当前边境小额贸易"地摊银行"模式和 NRA 账户境内划转模式结算的痛点，利用数字人民币的便捷性、安全性、可追踪等特点，分别为开展边境小额贸易的国内企业和越南企业开立对公数字人民币钱包，中国企业与越南企业可以通过数字人民币快速进行边境小额贸易业务人民币跨境收付款结算，有效提升资金结算效率，降低企业在资金流通环节的费用成本。

数字人民币为边境小额贸易提供了新的跨境支付渠道，实现了"支付即结算"，从而有效提升了资金结算效率，降低了企业在资金流通环节的费用成本。由于数字人民币资金可追溯，可有效防范边境小额贸易资金结算合规性风险，所以有助于监管机构对边境小额贸易结算进行监控管理。

边境小额贸易数字人民币支付业务流程见图1。

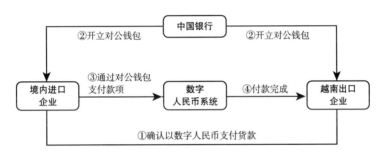

图1　边境小额贸易数字人民币支付业务流程

（二）多边央行数字货币桥

1. 案例背景

在传统跨境汇款中，往往因为汇款人及收款人因时差、清算系统、清算路径和货币节假日等原因，从发起汇款到款项入账时间通常耗时1~2天，跨境结算存在链条长、效率低、费用高、到账慢等痛点。从现行的人民币跨境支付来看，虽然可以通过 SWIFT 和 CIPS 系统进行清算，但是，基于账户行模式的国际汇款体系，存在无法拉直收付款两端，增加账户管理、流动性管理、对销账等中途环节，在一定程度上影响了人民币跨境支付的效率。

2. 解决方案

数字货币桥项目是在国际清算银行香港创新中心的倡议下，由中国人民银行数研所、香港金管局、泰国央行和阿联酋央行共同发起的央行数字货币联盟，目标是建设一个集跨境支付、央行数字货币交易于一体的新型金融基础设施。货币桥项目打破了传统跨境支付中上述的瓶颈与痛点，实现了不同央行数字货币系统间及其与传统金融市场基础设施间的互联互通，并且能充分应用区块链技术，在各加入方不开立中间账户的情况下，通过在同一网络中实现多个央行数字货币以点对点的方式进行交易，可以更快速、更便利和更安全地跨境支付和结算。2022 年，中国银行广西区分行积极参与首批多边央行数字货币桥跨境汇款业务验证，通过"汇款人发起汇款—汇款资金上桥—汇款资金下桥—资金入钱包"这一便捷的流程，为国内出口至货币桥项目参与国的企业接收跨境汇入人民币资金，实现仅用时约一个小时即完成从泰国进口方汇出汇款到我国出口方款项入账，解决了传统跨境汇款业务流程多、耗时长的问题（见图 2）。

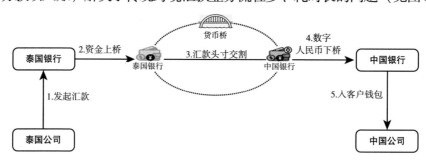

图 2　多边央行数字货币桥业务流程

（三）使用"数字人民币+智能合约"为非居民发放红包

1. 案例背景

长期以来，由于个人银行账户的实名制管理要求，越南边民无法使用边民证在我国境内开立个人账户，防城港东兴市部分聘用越南工人的企业多数以人民币现金的方式，向越南工人支付工资及补贴，越南工人只能持人民币现金在我国境内进行消费。

2. 解决方案

中国银行广西区分行针对境内企业向越南工人支付工资及补贴过程中存在的痛点，充分利用数字人民币可编程、点到点支付、不可篡改等特点，在探索尝试数字人民币为边民发放补贴的基础上，进一步探索通过使用智能合约解决境内企业为境外工人支付数字人民币红包的可行性，使用智能合约设定红包入账条件、消费商户范围、红包使用等规则，为东兴市某企业完成对越南工人的数字人民币红包发放。越南工人可在线上及线下数字人民币支付场景优先使用数字人民币红包进行消费，消费地理位置及消费渠道进一步拓宽，有效解决了境内企业由于越南工人无法开立境内账户带来的工资支付难题，提升了企业财务管理工作效率（见图3）。

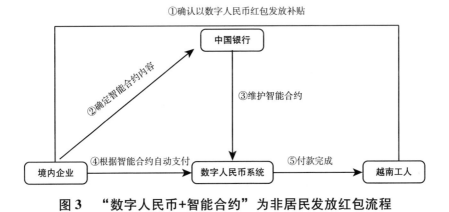

图3 "数字人民币+智能合约"为非居民发放红包流程

二 创新点

中国银行在上述跨境产品体系数字人民币应用的创新探索过程中，以市场和客户需求为中心，充分利用数字人民币在支付渠道、支付效率、风险防控等方面的优势，借鉴数字人民币在国内支付场景应用的经验，通过将数字人民币应用嵌入跨境业务结算流程，为广西进出口企业及边民提供跨境金融服务新渠道、新产品。本案例主要创新点有以下四个方面。

（一）实现数字人民币在跨境场景应用方面的新突破

本文案例中落地的边境小额贸易数字人民币支付业务为全国落地的首笔边贸场景数字人民币支付业务，落地的数字货币桥跨境汇款（泰国）业务为全国首批、区内首笔数字货币桥业务，落地的"数字人民币+智能合约"为非居民发放红包为区内首笔针对越南边民使用智能合约发放红包福利业务。

近年来，国内数字人民币不断扩大试点范围与规模，并持续探索推进与应用场景的深度融合，已初步形成具有一定规模应用场景及消费群体的数字人民币生态体系，实现了数字人民币在多领域的应用。但从目前数字人民币的使用领域看，主要仍集中在国内零售支付领域。跨境业务由于政策性较强，风险相对较高，且受制于他国对人民币的接受程度、基础设施建设、数字人民币在国外尚无使用环境等因素，前期除已探索尝试的在香港本地银行和部分香港商户范围内试点外，对数字人民币在跨境场景应用的可行性探索研究及业务尝试仍较少。中国银行广西区分行大胆探索数字人民币在跨境汇款、边贸业务等跨境领域应用的可行性，在业务背景及反洗钱审核要求不变以及风险可控的前提下，在跨境业务资金结算环节嵌入数字人民币，替代传统的账户转账或汇款的支付方式，推动数字人民币应用场景由国内零售支付领域向跨境场景延伸，并实现使用对象由境外主体向越南、泰国等其他东南亚国家拓展。

（二）有效拓宽跨境人民币结算模式与渠道

长期以来，跨境支付是通过一个涉及跨越不同时区和营业时间的全球代理银行网络进行的。代理银行在跨境支付中发挥着重要作用，但由于代理银行链条中的流程和步骤存在重复性，跨境支付往往呈现成本高、效率低、运营复杂、透明度低等特点。而数字人民币支付的本质是纸币所有者的转移，且纸币的转移仅有支付的过程而无清算过程。因此，数字人民币具备"占有即所有、支付即清算、无手续费"等特点。本文案例中的数字货币桥跨境汇款业务充分利用了数字人民币的上述特点，突破了传统跨境汇款的代理行和账户行模式，即不同国家的商业银行之间无须通过复杂的代理银行网络来开展跨境汇款业务，而是通过借助区块链技术和多环节的跨境支付审核流程简化交易链条，通过脱离账户的方式实现价值转移，其点对点的特点解决了跨境结算链条长、效率低、费用高、到账慢等痛点，有效减少了资金在途时间，实现了 24 小时运行，化解了时区不匹配问题，交易更加快捷高效，有效满足了企业对跨境汇款业务立即到账、费用低廉、安全可靠的需求。同时，数字人民币实现"双离线"支付，有效解决了无法在未联网场景下跨境使用的痛点。

（三）突破了境外机构不能够办理人民币现金业务的限制

传统的现金存在易伪造、交易不可控、流通层级复杂或易导致洗钱与非法融资等问题。根据当前境外机构人民币结算账户的管理要求，境外机构在境内开立的结算账户（即 NRA 账户），在非经中国人民银行批准的情况下不得用于办理现金业务。而央行将数字人民币定义为"流通中货币（M0）"，即等同于现金。本文案例中数字人民币在边境小额贸易支付场景中的使用，突破了境外机构在境内不能够办理现金业务的限制，充分利用数字人民币兼顾实物人民币和电子支付工具的优势，即数字人民币既具有实物人民币的支付（结算）、匿名性等特点，又具有电子支付工具成本低、便携性强、效率高、不易伪造、可追溯等特点，在边境小额贸易中，探索尝试以境内企业与境外企业的数字人民币钱包支付数字人民币的结算方式，代替传统的境内企业人民币结算账户与境外企业人民币 NRA 账户间的转账结算方式，既提高了现金交易的便捷性，又有效防范了传统现金交易中的交易风险与合规风险，为避免跨境洗钱风险和国际恐怖融资提供了可行的技术支持。

（四）首次将智能合约运用于外国边民发放数币福利领域

数字人民币智能合约区别于纸币、存款以及其他电子货币的一个重要特征为具有可编程性，用户可以根据双方协商的时间、条件进行支付，通过技术手段建立双方信任机制，可大幅降低经济活动中的履约成本，优化营商环境。前期，数字人民币智能合约已经在政府补贴、零售营销、预付资金管理等领域成功应用。中国银行广西区分行积极发挥数字人民币智能合约的独有特性，首次将智能合约应用于为外国边民发放数币福利，打造丰富的数字化国际支付生态和小额高频的生活消费场景，将数币便民交易作为服务跨境金融交易的重要举措，持续做好数字人民币对各类客群的触达，取得了数字人民币多元化的服务效果，建立了良好、可持续的数字人民币场景生态。

三 应用价值

2022 年，中国银行广西区分行在数字人民币跨境业务场景中的应用研究方面迈出了关键性的一步，取得了探索性成果，未来可在此基础上开展进一步的复制和推广。在本文案例中，中国银行及其广西区分行积极担当大行责任，创新性地将数字人民币应用于跨境结算领域以及具有广西特色的边贸业务领域，将对我国加快推进跨境场景数字人民币研究应用、提高中国与东盟国家的经贸往来水平、扩大人民币在东盟国家乃至全世界的使用、推进人民币国际化进程具有重要促进意义。本文案例具体有以下三个方面应用价值。

（一）为数字人民币跨境场景拓展提供可借鉴的经验，为人民币国际化增添新动能

数字人民币以其区块链技术优势，为国际主体打造安全便利的跨境支付结算系统，有利于防范数字人民币被用于洗钱、电信诈骗、恐怖融资等犯罪行为，还能够为打击跨境违法犯罪提供信息支持。本文案例在边贸场景以及跨境汇款场景方面的探索尝试，进一步证实了数字人民币在跨境场景应用的可行性，为后续持续探索数字人民币在自贸区场景、保税区场景、跨境电商场景、中国—东盟博览会场景、跨境融资场景等相关跨境场景的应用，以及通过使用数字人民币结算实现跨境业务全流程、全链条封闭式管理奠定了经验基础。根据《2022 年人民币国际化报告》，截至 2021 年末，中国累计已与 40 个国家和地区的央行或货币当局签署双边本币互换协议，推动经贸往来向更深层次发展。数字人民币在跨境场景的使用将进一步拓展我国与各国的经贸往来合作，减少跨境贸易和投资壁垒，加快推进人民币国际化进程。

（二）助力广西打造面向东盟的数字人民币应用先行示范区，进一步深化中国—东盟经贸合作

广西是我国唯一与东盟陆海相连的省区，是我国面向东盟开放合作的前沿和窗口。2022 年，广西外贸进出口总值达 6603.5 亿元，其中，广西对东盟进出口 2811.1 亿元，占外贸进出口总值的 42.6%，东盟已连续 23 年成为广西第一大贸易伙伴，为我国推动在与东盟的跨境结算中使用数字人民币奠定了良好的合作基础。依托边境小额贸易数字人民币支付以及数字货币桥项目的前期探索成果和东盟国家对人民币接受程度相对较高的优势，推动数字人民币在跨境场景的应用，尤其是在东盟国家的应用，不仅有利于进一步提升我国与东盟国家的跨境结算效率，还将吸引更多的东盟国家企业接受和使用数字人民币，助力广西全面打

造面向东盟的"点面结合、自由贸易和边境贸易联动"的数字人民币应用先行示范区，进一步深化广西与东盟经贸合作和巩固广西"东盟桥头堡"的地位。

（三）有助于重塑边贸业务流程，为边境贸易发展提供新契机

本文案例在边境小额贸易场景的探索尝试，证明数字人民币能够解决"地摊银行"结算模式和 NRA 账户间的转账结算方式存在的痛点，可在此基础上加快探索数字人民币在边民互市、海运互市等其他场景，以及在银行互开同业往来账户等结算模式方面的应用，实现边贸业务全场景使用数字人民币结算。同时通过探索"数字人民币+智能合约""数字人民币+物联网"等新业务模式创新，推动边贸业务与数字金融向智能化、生态化、便利化方向融合发展，为广西边境贸易发展提供新的契机。

"数字人民币+智能合约"短期内可在多领域复制推广，进一步推动构建可信、开放的生态环境。

数字人民币的普及较好地解决了边民日常小额支付及小额货款结算问题。使用智能合约为边民发放数字人民币红包这一场景，是支持边境机构推动数字人民币试点的重要动作，也是数字人民币通过互联网交易提振外贸的又一举措，短期内即可在广西区边境企业复制推广。同时，还可借鉴该经验，进一步丰富"数字人民币+智能合约"解决方案，探索方案在资金归集、智能分账、智能缴费、贸易结算等多领域的应用，推动数字人民币结算进一步向便捷、高效、安全、规范的方向发展。

本文主创团队：中国银行广西区分行

执笔人：杨柳慧、韦晓蔚

打好"投贷联动"组合拳
助推西部陆海新通道骨干工程建设

　　平陆运河是西部陆海新通道骨干工程，是完善国家高等级航道布局、构建国家综合立体交通网的基础工程，建成后将直接开辟广西内陆及我国西南、西北地区运输距离最短、最经济、最便捷的出海通道，对广西和西南地区经济和社会发展具有重大战略意义，是落实习近平总书记赋予广西"三大定位"新使命（构建面向东盟的国际大通道、打造西南中南地区开放发展新的战略支点、形成21世纪海上丝绸之路和丝绸之路经济带有机衔接的重要门户）的"世纪工程"。国家开发银行广西壮族自治区分行（以下简称"国开行广西分行"）以对历史、对人民高度负责的态度，高标准、高质量推动平陆运河建设，抢抓政策性、开发性金融工具政策窗口期，投放72.73亿元国开基础设施基金打通项目资金堵点，助推项目开工建设，同时以基金为支点，实现中长期项目贷款授信200亿元，筑牢项目筹资结构，高质量保障国家重大项目资金需求。重大基础设施项目普遍具有投资大、周期长、公益性强的特点，国开行广西分行创新运用"国开基础设施基金+中长期项目贷款"模式，打好"投贷联动"组合拳助推西部陆海新通道骨干工程建设，是开发性金融服务广西高质量共建"一带一路"、全面推动全方位开放的重要举措，为推进广西重大基础设施项目融资提供了新思路。

一 案例简介

（一）背景情况

平陆运河是西江干流与北部湾港的江海联通工程，起点为南宁横州市西津库区平塘江口，经钦州市灵山县陆屋镇沿钦江进入北部湾，全长约 135 公里，建成后将缩短西江中上游地区入海航程约 560 公里。平陆运河项目建设内容主要包括航道工程、航运枢纽工程、沿线跨河设施工程以及配套工程。航道等级为内河 I 级，项目估算总投资 727.19 亿元，建设工期为 52 个月。

广西是我国水运大省（区），海岸线 1629 公里，境内河流总长 34 万多公里，内河航道 5873 公里，被誉为黄金水道的西江贯穿广西，西接云南，东接粤港澳，水运繁忙；北部湾港面向东盟，坐拥大型深水良港。但由于西江向东从广东入海，广西缺乏便捷的江海联运大通道，北部湾国际门户港枢纽辐射作用始终未能得到有效开发。平陆运河联结西江黄金水道和广西北部湾港，是新中国成立以来建设的第一条江海联通大运河。运河通航后将改变广西虽然临海但无江河通航入海的窘境，直接开辟广西内陆及我国西南、西北地区运输距离最短、最经济、最便捷的出海通道，对广西和西南地区经济和社会发展具有重大战略意义。

党中央和国务院高度重视项目建设，将其列入国家"十四五"规划纲要 102 项重大工程，国务院《"十四五"现代综合交通运输体系发展规划》提出"研究建设平陆运河"。交通运输部在《水运"十四五"发展规划》中提出"加快推进西部陆海新通道（平陆）运河工程前期论证及建设"，并将平陆运河项目列入加快建设交通强国"十四五"第一批重点项目。广西自治区成立了由自治区党委书记和政府主席担任双组长的平陆运河项目建设工作领导小组推动项目建设。

2022年6月30日，在自治区党委、政府部署下，平陆运河集团有限公司成立，专门负责实施平陆运河项目及沿线经济带综合开发。但是，受限于项目投资总额大、开工时间紧、集团新成立融资能力有限、注册资金及中央补助资金尚未到位等情况，工程建设面临巨大的资金压力，亟须探索一种能尽快解决项目建设资金的融资模式。

（二）主要做法

1.靠前服务主动对接项目建设

国开行广西分行聚焦主责主业，自项目立项开始，就积极对接自治区交通运输厅等主管单位，深入了解项目融资需求，发挥开发银行中长期投融资优势，为项目筹资出谋划策。2022年，先后与自治区交通运输厅、平陆运河集团签署战略合作协议，搭建沟通协作机制，共同确保西部陆海新通道（平陆）运河等重大项目顺利推进。

2.高效联动抢抓政策性、开发性金融工具政策窗口期

2022年6月29日，国务院常务会议决定，设立政策性开发性金融工具，通过发行金融债券等筹资3000亿元，用于补充包括新型基础设施在内的重大项目资本金。国开行广西分行快速响应，与自治区发改委、交通运输厅及平陆运河集团等有关企事业单位高效联动，争分夺秒推进基金投放，抢抓政策窗口期解决项目筹资难题。一是多线并进打好基金申报"接力赛"。围绕行政审批、项目申报、合同签订等基金投放前置工作，银政企三方多线并进，高效协同——国家开发银行广西分行统一梳理基金投放各项前置工作，提前启动项目评审和合同起草等工作；自治区成立专班集中办公，各有关部门信息共享，压缩审批材料流转时间，同时适度超前开展工作，提高审批效率；平陆运河集团统一发起并跟进基金申报各项工作，确保工作衔接零时滞。

二是加强与国家部委的沟通衔接工作。聚焦政策性开发性金融工具申报前期工作要成熟、具备三季度开工条件等要求，国开行广西分行和自治区发改委、交通运输厅等有关单位组建多方联络协调小组，多频次、高质量推进与国家部委和上级部门的沟通衔接工作，争取到了国家发改委、交通运输部等部委对项目基金申报的大力支持，基金在2022年8月顺利实现投放（见表1）。

表1　国家政策性、开发性金融工具（基金）推进情况

时间节点	推进进度
2022 年 6 月 29 日	国务院常务会议确定政策性、开发性金融工具支持重大项目建设举措
2022 年 6 月 30 日	平陆运河集团成立
2022 年 7 月 6 日	平陆运河集团揭牌
2022 年 7 月 18 日	与国开行成立项目团队，启动项目前期工作
2022 年 7 月 22 日	完成基金投放对象广西平陆运河建设有限公司注册
2022 年 7 月 25 日	基金投放前置条件先导工程环评、用林、用地等 26 项专题获批，建设工程初设获批
2022 年 8 月 4 日	向国家发改委正式报送材料
2022 年 8 月 9 日	成功入选政策性、开发性金融工具（基金）备选项目
2022 年 8 月 13 日	国开行完成总行审批，双方完成合同签订
2022 年 8 月 13 日	国开行完成 72.73 亿元基金投放

3. "投贷联动"保障重大项目资金需求

平陆运河项目工期长、投资大，为保证项目资金稳定，需要拓展项目资金来源。一是"投贷联动"保障项目资金需求。国家开发银行在国开基础设施基金的基础上，为项目量身定制 200 亿元中长期配套贷款，针对项目投资额大、建设期长，现金流长期稳定但前低后高等特点，将中长期项目贷款期限设置为 45 年，宽限期在项目建设期基础上延长至 8 年，使得中长期贷款结构与项目实际更加契合。二是发挥撬动

效应凝聚各方力量。国家开发银行充分发挥中长期投融资领域主力银行的示范作用，以国开基础设施基金为支点，帮助平陆运河集团撬动商业银行贷款、社会资本共同参与项目及沿河经济带开发建设。基金投放后，农发行、农行等 10 多家银行与平陆运河集团签订战略合作协议，约定在项目自身及沿河沿线经济带开发等多个领域开展合作，平陆运河经济带开发被按下"加速键"。

（三）取得的成效

1. 打通项目资金堵点，保障项目大额资金需求

2022 年 8 月，在平陆运河项目通过国家发改委审核，纳入政策性、开发性金融工具项目清单后，国家开发银行仅用 4 天时间便完成基金审批投放等各项工作，以股权投资的形式向平陆运河项目投放国开基础设施基金 72.73 亿元，这是广西单笔投放额度最大的政策性、开发性金融工具，成功打通了项目资金堵点，助推项目开工建设。

2023 年 2 月，国家开发银行完成平陆运河项目（JCSS 基金配套）授信 200 亿元，通过"国开基础设施基金+中长期项目贷款"的组合拳保障国家重大项目融资需求。

2. 加快项目审批工作，助力项目开工建设

一是加快项目审批和专题批复。截至 2022 年 12 月项目环评、水保、先行用林、用地预审、用海预审等 26 项专题研究均已获得批复或评审验收。2022 年 12 月项目初步设计获得自治区交通运输厅批复，为进一步推动平陆运河项目用林、用地批复和施工招标工作奠定了坚实基础，有力助推了项目全面开工建设。

二是推进项目实质性持续性建设。2022 年 8 月 28 日平陆运河建设动员大会在钦州市灵山县旧州镇马道枢纽现场召开，标志着平陆运河正式进入开工建设阶段。

二 创新点

（一）银政企协同发力完善项目推进机制

广西各级各相关部门把争取政策性、开发性金融工具支持作为解决项目资本金筹措的重要方式，主动担责、协调联动，形成推动平陆运河项目申报和实施的强大合力。一是创新合作机制协同发力。自治区发改委、交通运输厅，国开行广西分行和平陆运河集团搭建"三级联络人"机制，充分整合政府组织协调优势、开发银行融资融智优势和平陆运河集团工程专业优势，形成了"1+1+1>3"的高效协同体制。二是创新工作流程并行推进基金申报。自治区党委政府统一部署，指导基金申报工作从"串流"向"并流"转变。针对基金申报各项前置审批工作，自治区发改委、交通运输厅、国开行广西分行等有关单位多线并进，提前与平陆运河集团对接获取项目信息，适度超前开展项目审批工作，压缩项目资料流转时间；平陆运河集团实时跟踪各单位审批进展，统筹落实基金申报条件，确保各项审批顺利"交接棒"。

（二）善借东风解决项目资金堵点

平陆运河集团虽是自治区直属国有企业，但受限于成立时间较短、股东出资尚未完全到位等情况，存在一定融资短板。同时，中央补助资金申请尚需时日，项目资本金存在较大缺口，项目开工资金压力较大。国开行广西分行巧借政策性、开发性金融工具"东风"，构建以国开基础设施基金为引擎，基金配套贷款为驱动的"投贷联动"融资模式，成功打通项目资金堵点，助推项目开工建设。同时，随着基础设施基金和配套资金陆续到位，项目筹资结构进一步闭合，平陆运河集团在此基础上抢抓国家大力支持重大项目建设、发挥有效投资关键作用的窗口期，积极争取中央补助资金、地方政府专项债券等配套资金，与国开基础设施基金和中长期配套贷款等资金一起为项目提供资金保障，进一步扩大了项目资金来源。

三 应用价值

（一）为推动广西重大基础设施项目融资提供借鉴

一是抢抓政策窗口期推动项目融资工作。长期以来，受限于财政实力，广西重大项目普遍存在资本金缺口严重、后续配套贷款难以落实的情况，资金堵点难题十分突出。平陆运河项目抢抓政策性、开发性金融工具政策窗口期，通过国开基础设施基金补充项目资本金，并以此撬动银行配套贷款，为后续自治区重大基础设施项目建设提供了融资新思路。

二是以丰补歉推进市场化融资进程。重大基础项目虽然正外部性突出，但项目现金流往往难以实现自平衡，市场化融资能力较弱。在推进平陆运河项目中长期配套贷款授信过程中，国家开发银行针对项目自身还款现金流不足的情况，深入挖掘客户各板块经营现金流，通过统筹谋划、综合算账，实现项目现金流平衡，为重大项目市场化融资提供了项目构建新思路。

（二）助力发挥重大基础设施项目稳经济促发展作用

重大基础设施项目具有投资总额大、建设期限长、外溢效应突出的特点，是国家推动经济高质量发展、实施逆周期调节、稳定宏观经济的重要手段。国家开发银行通过"投贷联动"的融资模式助推平陆运河项目开工建设，一是迅速激活项目稳就业、稳投资的作用。截至2023年3月末，72.73亿元国开基础设施基金已支付完毕，仅一期工程便带动常驻人员接近3000人，在场机械800余台，实物工作量迅速累积；整个运河项目建设期内，预计将有效拉动 727.3 亿元钢材、水泥、砂石、机械、用工等生产要素市场需求，通过优先使用区内要素资源，助力区内中小微企业发展。二是西部陆海新通道的发展上限获得极大拓展。平陆运河

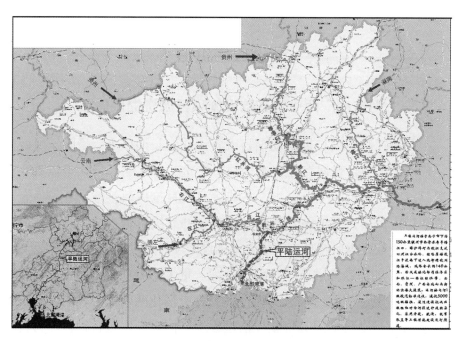

图 1　平陆运河地理位置图

图 2　马道枢纽

建成后，广西江海联运大通道将被直接打通，西部陆海新通道的物流方式将更加多元化，西南乃至西北各省区市与东盟的贸易往来也将更加便捷；北部湾国际门户港的辐射腹地将迅速拓展至云贵川黔等西南省份，为广西打造面向东盟的金融开放门户将提供极大助力。

图3　青年枢纽

本文主创团队：国家开发银行广西壮族自治区分行

执笔人：张霄虹、宫畅璘、张龙业

面向东盟的"海运互市贸易"
跨境人民币结算业务

中国工商银行防城港分行以服务国家、自治区发展战略为己任，敢于创新，借助广西建设面向东盟的金融开放门户及边境区域优势政策，成功落地全国首笔"海运互市贸易"跨境人民币结算业务。以金融之力服务国之大者，为促进广西跨境人民币业务高质量发展拓宽了金融服务空间与发展新思路，为推进广西跨境人民币结算高质量发展、地方经济高质量发展开辟了更广阔的空间与机遇。

一　案例简介

（一）背景情况

2022年，伴随着防城港市新冠疫情的反复持续，东兴市边民的日常生活受到较大影响，与越南的通关情况未见好转，经营困难明显增加。此时急需通过创新贸易方式解决通关以及跨境结算的困难。

越南贸易政策的调整，使得其他东盟国家互市商品无法通过东兴—芒街互市区通关过境，国家拓展互市贸易进口商品来源地的政策将无法落地，东盟十国互市商品种类丰富、价格低廉、品质优越的优势也将荡然无存。为全面贯彻落实国家边境贸易创新发展和兴边富民工作部署，坚持新发展理念，东兴市创新海运方式进出口互市商品，将互市贸易商品进口来源地扩展至东盟十国，打破了越南贸易对我国的限制，极大促进了边境贸易和边境产业发展。

中国工商银行防城港分行始终深入贯彻落实金融服务重点进出口企业发展要求，充分发挥国有大行优势，不断丰富跨境金融服务内涵，加大金融改革创新力度。快速响应政策，立足于业务创新，加快"海运互市贸易"项下进口人民币结算业务的落地。

（二）主要做法

1. 深入了解，快速响应客户需求

在疫情防控常态化的特殊形势下，多轮次的疫情导致防城港东兴边民的日常生活受到巨大冲击，对该市人民的生产、生活造成了较大的影响。中国工商银行防城港分行高度重视金融服务的质量与效率，及时缓解边境口岸跨境车辆通行与疫情防控压力，支持边境落地加工业发展。在了解到该市某进口企业客户长期与东盟国家有业务往来，并有较好的物流条件，此次受互市组委托，向东盟国家代理进口相关海产品，并且了解到客户有代理进口海产品需求后，中国工商银行防城港分行快速响应，提前与客户沟通业务内容，并积极与中国人民银行防城港市分行沟通，了解相关政策，得到了该银行的大力支持。

2. 建立工作机制，加强工作部署

中国工商银行防城港分行设立海运互市贸易业务专项小组，完善工作推进机制，以贸易创新推动重点工作高效落实，以能力作风提升开创工作新局面。

3. 制定展业规范，把握合规方向

为推动边境贸易创新发展，规避边境疫情频繁扰动，防城港市开展了以海运方式进口互市商品试点，打破了以往互市贸易进口商品仅限于毗邻国家的限制，将互市贸易进口来源地拓展至东盟十国。在中国人民银行防城港市分行的指导下，建立了防城港市银行外汇业务和跨境人民币业务展业自律机制，自主制定并审议通过了全国首个《海

运互市贸易进口结算业务展业规范》（以下简称《展业规范》）（见图1）。《展业规范》从客户识别到风险提示都提出了指导意见，办理业务流程方面，从客户准入到审核材料提出了加强互市贸易进口结算业务审核、切实防范跨境资金流动风险等要求，为业务的顺利办理打下了基础。

图1　防城港市银行外汇业务和跨境人民币业务展业自律机制
召开2022年第一次工作会议，通过了全国首个
《海运互市贸易进口结算业务展业规范》

业务场景：某企业长期经营黑虎虾等海产品进口业务，受疫情以及我国与越南外汇结算政策的影响，企业有意向向东盟十国扩展进口业务规模，但以往的边贸业务政策限制范围为毗邻国家，企业无法向泰国、马来西亚等国家和地区进口相关海产品。《海运互市贸易进口结算业务展业规范》政策出台后，打破了以往互市贸易进口商品仅限于毗邻国家的限制，将互市贸易进口来源地拓展至东盟十国。中国工商银行防城

港分行于 2022 年 6 月 24 日在中国人民银行防城港市分行指导下为防城港某企业成功办理了一笔"海运互市贸易"项下进口熟冻黑虎虾人民币结算业务，成功向泰国供货商支付人民币 60 万元，实现了该项业务的突破，标志着广西"海运互市贸易"跨境人民币业务结算渠道顺利打通。

（三）取得的成效

"海运互市贸易"项下进口人民币结算业务是在满足相关监管条件下，以海上运输方式进口互市商品，由边民或边民合作社（互助组）办理互市贸易商品进口报关，委托采购代理人对外支付人民币的创新性业务。该业务打破了以往互市贸易进口商品仅限于毗邻国家的限制，将互市贸易进口来源地拓展至东盟十国。该业务为深入推进防城港市"海运互市贸易"进口试点工作提供了结算指引，有利于促进边境贸易创新发展，深度释放创新活力，加快推进人民币国际化进程。

《海运互市贸易进口结算业务展业规范》为后续"海运互市贸易"进口试点工作落地提供了结算指引，推动实现市场自律、业务发展、风险防范动态互补和良性循环，有效帮助企业规避汇率风险。同时通过信息服务平台（互联互通平台）对应相应报关电子信息办理核验手续，为该笔业务的合规性保驾护航。

二 创新点

"海运互市贸易"项下进口人民币结算业务是以海上运输方式进口互市商品，由边民或边民合作社（互助组）办理互市贸易商品进口报关，委托采购代理人对外支付人民币的创新性业务，该业务的创新点主要有以下几点：

（一）建立管理服务工作机制，定牢试点"标尺线"

一是强化顶层设计。建立防城港市银行外汇业务和跨境人民币业务展业自律机制，印发全国首个《海运互市贸易进口结算业务展业规范》，明确了海运互市贸易结算业务"了解你的客户""了解你的业务""尽职审查"等"展业三原则"，对客户识别、风险提示、具体审核等事项进行规范，推动实现市场自律、业务发展、风险防范的动态互补和良性循环，为实现"海运互市贸易"项下进口人民币结算业务落地提供制度保障。二是全国首创边贸结算新模式。在确保交易链条可追溯的前提下，允许采购代理人代理边民办理对外付款，突破主体一致性，深化了跨境人民币结算与海市互市贸易的融合，实现了"海运互市贸易"项下进口人民币结算从无到有的突破，有利于规避汇率风险，进一步增强人民币作为全球支付货币的功能。2022年6月24日，中国工商银行防城港分行为防城港某采购代理人企业办理一笔"海运互市贸易"项下进口熟冻黑虎虾人民币结算业务，向泰国供货商支付人民币60万元，标志着广西"海运互市贸易"跨境人民币业务结算渠道顺利打通。

（二）构建边贸结算规范体系，打造行业"风向标"

一是建立客户主体资格确认机制。采购代理人以及边民个人、边民合作社、边民互助组为办理海运互市贸易进口结算的客户，银行根据营业执照和市场监督管理、商务等部门系统披露的商事主体登记及备案信息，确认客户海运互市贸易的主体资格，并建立采购代理人及合作报关主体的客户身份台账档案。二是建立健全进口采购结算流程。边民个人、边民合作社、边民互助组与采购代理人签订采购委托协议书后，采购代理人前往东盟十国货源产地进行采购。采购代理人代为办理出口货物订舱等相关事宜，并将货物运至互市区，由边民个人、边民合作社、边民互助组到互市区进行申报。若为预付货款的付款方式，则采购代理人在完成对外采购后前往金融机构进行结算；若为货到付款的付款方式，则采购代理人在货物到港后前往金融机构进行结算。三是构建业务办理审查规范体系。银行根据货到付款或预付货款两类付款方式的特点，在业务办理前或业务办理后通过广西边境口岸互市贸易结算互联互通平台等渠道核验客户的交易凭证、结算凭证等相关信息，确保单证真实一致。业务存续期间，银行持续跟踪客户主体身份变化，并及时对客户留存资料、台账进行变更。

（三）健全业务办理防控体制，打造交易"安全港"

一是建立客户业务常态化监管机制。对客户的异常交易行为，银行通过事前走访调查、事后抽查回访等方式，对客户的结算资金来源进行尽职调查，定期向监管部门报告异常业务办理情况及调查结论。对关注客户和高频、大额等异常业务，银行通过尽职调查客户背景、分析业务合理性，函询监管、海关、商务、税务、公安等相关部门，以多种手段穿透式了解客户资金来源情况。二是实行差异化管理措施。银行通过人民币跨境收付信息管理系统查询采购代理人是否为激活企业和跨境人民币业务重点监管名单内企业，通过货物贸易外汇管理相关系统查询企业名录及分类管理状态。对于跨境人民币业务重点监管名单内或货物贸易外汇管理分类为 B/C 类的采购代理人，从严审慎办理结算业务。三是构建风险防控机制。对于涉及高风险地区的交易，银行通过监管部门、第三方机构和本行反洗钱数据库，按照客户交易对手是否属于受制裁名单，交易商品是否属于国际禁运，资金是否涉及洗钱、逃税或恐怖融资的"三核查"原则进行核查，一经查实，按有关部门相关规定办理。

按照"海运互市贸易+落地加工"模式，突破进口东盟国家农产品跨境越南"三原"问题，全面提升与 RCEP 成员国的货物贸易发展水平。提高边民参与度，充分利用边民互市"整车整进"和集中申报政策，动员更多的边民到海关进行备案登记。推动互联互通数字平台应用，通过信息服务平台对应相应报关电子信息办理核验手续，简化办理流程，为业务的合规性保驾护航。2022 年中国工商银行防城港分行办理海运互市贸易跨境结算业务 720 万元人民币，该业务打破了原有互市贸易进口商品仅限于毗邻国家的限制，将互市贸易进口来源地拓展至东盟十国，拓展了边民互市集装箱业务，为促进中国—东盟经贸合作提供了有益探索，进一步助力产业聚集落地，带动边民增收致富。

三　应用价值

防城港市是与东盟国家海路相连的门户城市，是国家港口型、路上边境口岸国家物流枢纽布局承载城市。西部亿吨大港——防城港，是全国 27 个沿海主要港口之一，现建成万吨级以上泊位 54 个、20 万吨级泊位 4 个，与世界上 100 多个国家和地区、250 多个港口通商通航。拥有 5 个国家一类口岸和 5 个边民互市贸易区（点）。防城港市外贸依存度达 109%（外贸依存度为年度外贸进出口额除以 GDP），对外贸易在防城港市具有举足轻重的地位。跨境金融"边"的特色日益突出，落地实施全国首个《海运互市贸易进口结算业务展业规范》，创新开展覆盖东盟十国的海运方式进口互市商品结算试点，加快推进人民币国际化进程，为防城港市涉外经济高质量发展贡献更多金融力量。

（一）立足海边，创新模式

中国工商银行防城港分行充分利用建设面向东盟的金融开放门户、东兴国家重点开发开放实验区等开放合作平台优势，立足"边海"经济，释放"海"的潜力，做足"边"的文章，拓展跨境人民币结算新模式，服务跨境贸易新需求新格局。中国工商银行防城港分行于 2022 年 6 月成功办理了全国首笔海运互市贸易项下结算业务，开创了海运互市贸易项下进口人民币结算业务的先河，也标志着防城港市海运互市贸易跨境人民币业务结算渠道顺利打通且迈向了规范化，同时边贸结算新模式也将有效推动边境贸易规模进一步扩大。截至 2022 年末，中国工商银行防城港分行海运互市贸易项下结算达 720 万元人民币，当地同业排名第一。中国工商银行防城港分行正积极构建跨境金融服务新发展格局，助力境内外汇业务首选银行战略稳健实施。

（二）打破越南贸易规定的限制，拓宽进口互市商品来源地

海运互市进口结算方式突破了越南不允许东兴边民互市贸易区进行"暂进再出"贸易、转口贸易的规定，打破了原互市贸易进口商品仅限于毗邻国家的限制，使东盟十国成为新的互市商品进口来源地。

（三）发挥互市商品优势，推动落地加工产业布局升级

海运互市贸易进口结算方式，绕开了越南贸易壁垒，把东盟十国品种丰富、价格低廉、品质优越的商品通过互市贸易方式进口入境，极大地促进了地方特色优势产业发展，推动落地加工产业布局升级，促进边民互市贸易恢复增长，为推动边境地区经济发展、乡村振兴和稳边固边做出了贡献。

（四）规范业务操作流程，提升互市贸易业务风险防控水平

《海运互市贸易进口结算业务展业规范》的出台，推动实现市场自律、业务发展、风险防范的动态互补和良性循环，为实现业务落地提供了制度保障。银行通过广西边境口岸互市贸易结算互联互通平台核实业务背景真实性，构建了业务办理审查规范体系。

图 2　2022 年 6 月 24 日，中国工商银行防城港分行与防城港市
商务局、中国人民银行防城港市分行负责人共同现场办
公，推动防城港市"海运互市贸易"首笔跨境人民币
结算业务成功在中国工商银行防城港分行落地

图 3　中国工商银行防城港分行经办员办理
"海运互市贸易"首笔跨境人民币结算业务

本文主创团队：中国工商银行防城港分行

中国人民银行防城港市分行

执笔人：宋俞、赵珂琦

组建中国太平—东盟保险共同体

为加速构建双循环新发展格局，推动中国与东盟国家之间的友好交流和商业发展，践行共建"一带一路"倡议，紧密把握 RCEP 重大机遇，中国太平保险集团有限责任公司东盟保险服务中心（以下简称"中国太平东盟保险服务中心"）作为全国保险行业首家面向东盟的区域性总部，围绕国家和广西重大开放战略实施，秉承"共享太平"发展理念，以跨境特色促进发展，高质量实施应用 RCEP 规则，提升与 RCEP 国家的合作水平，构建保险"双循环"生态圈。中国太平东盟保险服务中心与东盟国家主流保险公司建立业务联系并签署合作协议，开展合作交流，成功组网中国太平—东盟保险共同体。

一　案例简介

（一）背景情况

随着共建"一带一路"倡议实施的不断深化，一方面"百年未有之大变局"为我国"走出去"企业的境外经营发展提出挑战，客观上对于海外风险防控，提升安全保障水平的需求与日俱增，另一方面近年来"双循环"新发展格局加速构建，绿色发展、"双碳"战略、RCEP等新理念的持续发展，境外中资企业纷纷开始转变发展模式，"一带一路"建设项目以"高标准、可持续、惠民生"为目标，这也为我国金融保险业深度参与"一带一路"建设提供了广阔的想象空间。基于此，中国太平东盟保险服务中心本着为"一带一路"建设创造价值的理念，以高质量发展为引领，以产品、服务和模式创新为抓手，从境内外生态圈构建发力，2022 年采取了一系列高质量服务"一带一路"建设的举措，获得了企业客户和境内外合作伙伴的高度评价。

（二）主要做法

为解决东盟地区保险机构赔付能力和抗风险能力较弱、中资企业和华人侨胞获得的风险保障服务不足等弊端，中国太平保险集团与东盟十国中菲律宾、柬埔寨、老挝、马来西亚、缅甸、泰国等 9 个国家共 11 家保险公司签署 MOU 合作协议，并将东盟地区保险公司集合在中国太平东盟保险服务中心平台，实现对东盟国家跨境保险业务的覆盖。中国太平—东盟保险共同体通过中国太平保险集团与东盟地区保险共同体成员伙伴通力合作，为东盟地区的中资企业和华人侨胞提供包括人寿保险、财产保险、再保险、资产管理在内的一站式综合跨境金融服务。

1. 组网中国太平—东盟保险共同体

东南亚地区是中资企业"走出去"的重点海外区域，其中又以东盟十国为中心，聚集了一大批央企承包商、电力能源和地方龙头性企业在该区域内开展国际化业务，近年来逐渐汇聚为"一带一路"的发展重心。东盟十国政治制度、法律规定、商业文化、风险状况、地质水文条件等各不相同，对于属地金融服务的要求既要具备国际化的金融视野和专业产品团队支持，也需要能够了解各地商业管理和民俗文化，能够统筹境内外资源因地制宜开展工作。

2020 年 9 月起，中国太平东盟保险服务中心便开始酝酿如何发挥自身在东南亚地区的区位和机构优势，为加速构建保险业"双循环"新格局的创新商业模式，经过几个月的反复探讨和打磨，在当年底正式确立"组建东盟保险共同体"的项目立项，历经大半年与东盟各国主要保险合作方的反复磋商，终于在 2021 年 9 月 9 日，中国太平保险集团与东盟各国龙头险企成功组网建立中国太平—东盟保险共同体，这是中国保险业拓展面向东盟区域合作的一次标志性事件，也是中国与东盟地区跨境保险合作模式的首创，为多方深化合作、共同推进保险业服务"一带一路"建设提供了强有力支撑（见图1）。

图1　2021年9月9日中国太平保险集团与东盟各国龙头险企成功组网建立中国太平—东盟保险共同体

2. 实现境内境外业务协同

一是创新境外出单境内保险模式。在跨境业务方面，由于法律和金融监管规定通常要求工程类保险服务需在当地国家出单，所以落地的时候往往需要当地保险公司牵头协助保险项目落地，以便更好地让保险服务"走出去"。中国太平—东盟保险共同体通过当地保险机构出单、中国太平保险集团提供保险服务的境内境外联动模式，实现了跨境保险业务的合规化。在收益共享方面，东盟地区的保险共同体成员伙伴通过为当地的中国企业做配套服务，可以获得一定收益；在风险分摊方面，由于东盟国家保险市场较小，抗风险能力较差，而大型的基建类项目容易发生赔付，当地保险机构与中国太平保险集团合作可以有效克服瞬时赔付能力较弱的困境。

二是打造境内境外资源互补机制。通过与东盟地区保险公司合作，境内保险机构可以及时了解风险、消除隐患，在理赔的时候当地公司也可以第一时间协助拿到相关资料。同时，中国太平保险集团较强的风险判断经验、理赔经验、纠纷处理能力和人才保障也是对当地保险公司的有效补充，例如在损失评定方面，中国太平保险集团可以利用自身的全球网络进行前端的风险查勘评估和后端理赔之后的损失评定。

（三）取得的成效

1. 为"一带一路"各项建设提供境内境外一体化商业保险服务

中国太平保险集团与保险共同体成员伙伴通力合作，陆续落地了一系列东盟地区的重点项目，为"一带一路"各项基础设施建设提供跨境风险保障服务。例如，落地首单马来西亚合作项目，为中铁建马来西亚吉隆坡人民广场综合开发工程项目提供风险保障1.6亿元，该项目建成后将成为吉隆坡的地标建筑；在越南，由共同体成员越南油气保险公司当地出单，中国太平保险集团为华电集团越南沿海二期运营期综合保险项目提供风险保障18亿元；在老挝，由共同体成员老挝富得凯诚保险公司当地出单，中国太平保险集团为中国南方电网老挝南塔河1号水电站运营期综合保险项目提供风险保障17亿元。

2. 推动广西与东盟保险合作领域提质增效

中国太平—东盟保险共同体成功组网推动广西成为连接共建"一带一路"国家和地区的重要桥梁纽带。截至2022年底，中国太平保险集团已在广西设立各级机构55家，拥有员工1.2万人，在广西累计投资规模约67亿元，管理职业年金资产约59亿元。中国太平东盟保险服务中心已累计在越南、印度尼西亚、新加坡、泰国、柬埔寨及马来西亚6个东盟国家和加蓬、南非、科特迪瓦3个非洲国家以及秘鲁1个南美国家等共建"一带一路"沿线国家和地区，为37个中资大型基础设施和产能合作项目提供境外财产、人员相关风险保障服务，累计提供风险保障 422 亿元。服务中资海外客户数量、首席承保项目数量、风险保障和赔款支出金额均处于广西保险行业第一位，是名副其实的共建"一带一路"保险服务主力军。

3. 带动跨境产品和服务模式的进一步创新

一是产品创新方面，2020 年起中国太平东盟保险服务中心开始关注并研究新冠疫情导致的相关保险保障需求，通过国内相关新冠类保险产品的开发运营经验，确定了从意外险、健康险和责任险等方面入手，开发相关产品模板雏形。彼时从相关部门了解到未来国产疫苗在海外开展接种的可能性很大，并得到了中国太平保险集团印度尼西亚公司的侧面印证，经过与印度尼西亚使馆、中资企业和华人组织的多方协调，2021 年在业内率先开发印度尼西亚地区"太平—春苗保"产品，为国产新冠疫苗在印度尼西亚的下一步民众接种提供保险保障，为国际合作抗击疫情尽绵薄之力。二是服务模式创新方面，太平—印度尼西亚医疗站项目早于 2020 年落地并开始启动，2022 年通过与中国太平保险集团兄弟公司太平印度尼西亚开展深度境内外协同合作，进一步做实印度尼西亚太平医疗站创新保险+服务模式，在国家能源集团印度尼西亚资产项目原有保险产品保障的基础上，通过附加配套医疗站服务方案，一举解决了"一带一路"项目建设中，当地医疗条件艰苦、项目地偏远、医务资源不足等问题，截至 2022 年底，已累计服务中印员工人数接近3000 人次，不仅为中资企业境外项目现场员工，更为周边群众提供专业医疗服务，为中国企业在当地创造了较好的品牌和社会效应。

二 创新点

（一）具有全国首创性

中国太平—东盟保险共同体成功组网，是中国—东盟地区跨境保险合作模式的行业首创，通过境内外保险机构区域协同和业务联动，实现信息共享和资源互补，为东盟地区的中资企业和华人侨胞提供包括人寿保险、财产保险、再保险、资产管理在内的一站式综合跨境金融服务。中国太平—东盟保险共同体的成立，有利于加速构建双循环新发展格局，有利于加强中国与东盟之间的"五通"交流和共同发展，能切实服务"一带一路"各项基础设施建设。

（二）推动"走出去"企业在东盟地区的高质量发展

中国太平—东盟保险共同体成功组网不仅为推动中国—东盟金融保险监管交流、跨境创新业务试点、国际保险研究和人才队伍建设创新创造了有利条件，同时也能在今后为我国"走出去"企业在东盟地区的经营发展提供符合国际一流标准、契合当地商业文化、兼具中国高质量发展特色的专业风险管理和保险保障服务。

中国太平—东盟保险共同体能够为该地区中资企业和华人侨胞，通过境内+境外两个市场不同主体间的合作，提供包括财产保险、再保险、人身保险在内的融合式跨境金融服务，从产品形态上符合国际法律监管要求、兼顾当地和中国文化习惯；从产品保障功能上，多个保险主体参与使得保障更为充分、全面；从跨境资源整合角度，通过绑定当地优质保险公司，以联盟形式增强规模协同效应，降低跨境交易成本，提升中资保险品牌影响力，联合其他医疗、救援、旅游、教育等行业供应商，共同提升境外服务水平和资源协调能力；从跨境合作市场准入方面，打通了不同市场法律监管障碍，使中资企业能够获得更加广阔的保险供给，也为中国保险行业进入当地市场提供了绿色通道；从人才培养方面，共同体可以作为交互平台，促进境内外监管、同业合作等方面的交流和互通，从而进一步提升中国太平保险集团服务"一带一路"各项基础设施建设的能力，紧密把握 RCEP 生效实施重大机遇，助力加速构建国际国内双循环新发展格局，为中国和东盟的高质量合作与发展贡献太平力量。

三　应用价值

中国太平保险集团以组建中国太平—东盟保险共同体为契机，进一步拓展与东盟保险主体的战略合作关系，完善跨境风险保障体系，已经开始逐步发挥超预期作用。

中国太平—东盟保险共同体从 2020 年筹备之初开始已经逐步发挥超预期作用。一是落地广西东盟跨境业务快速发展。充分利用中国太平保险集团境外服务网络优势，加强境内外协同，联动积极拓展东盟国家市场业务。2022 年落地广西 9 个海外项目，保费 1131 万元，提供国际风险保障 161 亿元，成为广西市场东盟跨境业务最多的保险公司。二是助力广西"走出去"企业海外业务取得新突破。成功承保习近平总书记与科特迪瓦总统在中非论坛上敲定的国家财政部"一带一路"项目库的重点项目、广西区内最大的海外工程项目南宁轻工科特迪瓦可可豆加工厂建设项目，为其提供一揽子国际化风险保障 15.5 亿元；并为国家电力公司开发的、中电建公司建设的中电建越南金瓯 1 号风电项目运营期财产险提供 30 亿元风险保障，助力"走出去"的绿色民心项目，助力民心相通工程。三是帮助太平财险获批菲律宾再保险经营许可资质。2022 年依托中国太平—东盟保险共同体实现了国际网络突破，太平财险获批菲律宾再保险经营许可资质，成为国内首家在菲律宾拥有再保险经营资质的中资直保公司，能够依法合规地与菲律宾保险公司直接开展再保险业务合作。中国太平保险集团也正式完成东盟十国全部服务网络的搭建工作，能够为东盟国家提供更加专业、便捷、全面、合规的保险保障服务。四是中国太平—东盟保险共同体组网成功被多家主流媒体报道，同时得到中国"一带一路"再保险共同体高度认可，作为保险业服务"一带一路"创新举措报送银保监会备案。未来，中国太平—东盟保险共同体可与银保监会指导下成立的中国"一带一路"再保险共同体进行有机衔接,作为共同体的有效补充,增添行业跨境业务发展动能。

本文主创团队:中国太平保险集团有限责任公司

东盟保险服务中心

执笔人:王渺、莫丽娟

糖料蔗完全成本保险和种植收入保险 服务国家食糖供应安全

为深入贯彻落实中央关于"三农"工作的决策部署，推进农业供给侧结构性改革，国家金融监督管理总局广西监管局坚持"人民至上"的根本立场，力争把监管工作做好，把服务人民群众的实事办好，把服务经济社会的事办实，协同自治区财政厅、自治区糖业发展办公室率先在全国落地糖料蔗完全成本保险和种植收入保险，广西糖料蔗成为三大主粮作物之后纳入中央补贴开展完全成本和种植收入保险的农产品，是我国首个试点完全成本保险和种植收入保险的地方特色农产品，进一步推动了广西糖业高质量发展和服务保障国家食糖供应安全。

一 案例简介

（一）背景情况

1. 完全成本保险和种植收入保险的定义

完全成本保险是指保险金额覆盖物化成本、土地成本和人工成本等农业生产总成本的农业保险。种植收入保险是指保险金额体现农产品价格和产量，覆盖农业种植收入的农业保险。原则上，完全成本保险和种植收入保险的保障水平最高可达糖料蔗种植收入的80%。

2. 开展糖料蔗保险是服务广西重点产业的重要举措

一是糖业是广西的传统优势产业。糖是食品等产业的重要原料，是必保的重要农产品，战略地位突出。党的二十大报告提出，巩固优势产业领先地位，在关系安全发展的领域加快补齐短板，提升战略性资源供应保障能力。2021年4月，习近平总书记在广西视察时强调，甘蔗等重要农产品要扶持保护。习近平总书记的系列重要指示精神，为加快推动糖业高质量发展提供了思想指引和根本遵循。全国每三勺糖就有两勺来自广西，2017年以来，国家划定糖料蔗生产保护区1500万亩，其中广西1150万亩，占比77%，进一步强化了广西在糖料供给体系中的重要地位。

二是稳定糖料蔗种植面积仍然面临较大压力。近年来，广西蔗农种植收入稳定在250亿元以上，糖料蔗种植是蔗农重要的、稳定的收入来源。但受产业集中度不高、耕地资源禀赋差、户均种植规模小、机械化推广难度大等因素影响，广西糖料蔗种植成本高，原料成本占蔗糖生产总成本的80%左右，有资料显示糖料蔗种植的亩均净利润已经降到300多元，农民种蔗收益和积极性不断下降，稳定糖料蔗种植面积难度大。

三是中央及各部委大力支持广西开展糖料蔗保险。2022年中央一号文件《中共中央 国务院关于做好2022年全面推进乡村振兴重点工作的意见》中明确提出"探索开展糖料蔗完全成本保险和种植收入保险"。财政部、原中国银保监会、农业农村部联合印发《关于在广西开展糖料蔗完全成本保险和种植收入保险的通知》，支持广西开展糖料蔗完全成本保险和种植收入保险。原广西银保监局站稳人民立场，主动作为，以问题为导向，以稳定种植面积为目标，联合自治区财政厅、自治区糖业发展办公室多次召开专题会议，研究糖料蔗完全成本保险和种植收入保险实施方案，明确了完全成本、种植收入的标准、费率、保险范围及组织实施模式。

（二）主要做法

一是高度重视，加强领导。自治区党委、政府对开展糖料蔗完全成本保险和种植收入保险试点工作高度重视，把其作为一项重点工作来抓，并列入督办事项加以推进。原广西银保监局与自治区财政厅、糖业发展办公室协同配合，推动糖料蔗完全成本保险和种植收入保险首次纳入 2022 年中央补贴品种，中央财政补贴比例为 45%，有效降低了自治区各级财政负担成本，为糖料蔗完全成本保险及种植收入保险的落地实施注入强劲动力。

二是充分调研，科学设计。完全成本保险和种植收入保险对于广西糖业行政管理部门和蔗农来说，是一个全新的理念。既要考虑现行糖料蔗种植保险和糖料蔗价格指数保险运行以及衔接的问题，又要考虑蔗农的接受程度及保费负担，还要考虑保险公司可操作性的实际。方案历时近 6 个月反复研究，多方听取意见，经历了从保险方案设计、修改完善到政策协调等许多环节。2022 年 6 月，经自治区人民政府同意，原广西银保监局联合自治区财政厅、糖业发展办公室印发了《糖料蔗完全成本保险及种植收入保险试点实施方案》，推动糖料蔗保险转型升级。

三是稳步推进，保障实施。原广西银保监局指导保险行业组成课题组，根据推动糖料蔗完全成本保险和种植收入保险实施方案要求，借鉴参考三大主粮作物示范条款，研究制定全国首个糖料蔗完全成本保险和种植收入保险示范条款，并及时向监管部门报备产品，确保及时落地承保。此外，原广西银保监局牵头制定并印发《广西政策性糖料蔗完全成本保险定损标准》，强化标准化建设，确保承保理赔工作的科学性、合理性，保障了糖料蔗完全成本保险和种植收入保险的有效实施。

四是强化宣传，合力推进。原广西银保监局联合自治区财政厅、糖业发展办公室印发《关于加大糖料蔗完全成本保险工作宣传力度的通知》，推动广西糖料蔗完全成本保险落地、落实、落细。联合制定《糖料蔗完全成本保险政策解答》，及时制作宣传材料，并要求各乡镇及下属村委会将手册发放到户，提高政策的知晓率及普及率。各级财政、糖业、保险监管部门积极配合，利用各类新闻媒体、网络平台、村级通告设施发挥先导作用，加大宣传力度。充分发动制糖企业参与到保险宣传工作中，发挥蔗管员作用，打通宣传"最后一公里"。要求各级承保机构用通俗易懂的语言向广大农户宣传糖料蔗完全成本保险的重要意义、责任单位、保险金额、费率赔偿标准和操作流程等主要内容，积极做好糖料蔗完全成本保险承保工作。

五是加强联动，发挥效能。原广西银保监局联合自治区财政厅印发《广西糖料蔗"政策性保险+政策性担保"融资工作试点方案》，以"政府引导、市场运作、协同推进、客观真实"为基本原则，建立"保险+担保"双重保障机制，充分利用糖料蔗完全成本保险和种植收入保险的增信功能，提升信贷资金支持糖业发展效能，稳定农户种蔗收益。糖料蔗规模经营主体担保贷款余额在 10 万元~300 万元之间，最高不超过 1000 万元，政策性农担贷款可用于糖料蔗种植等生产经营性支出。

（三）取得的成效

一是充分发挥财政资金的杠杆作用。糖料蔗完全成本保险和种植收入保险中央财政补贴 45%，地方财政补贴 35%，相较糖料蔗种植保险及价格指数保险分别提高 5 个和 10 个百分点。截至 2022 年末，广西糖料蔗完全成本保险和种植收入保险中央财政承担保费补贴资金 2.79 亿元，地方财政承担保费补贴资金 2.17 亿元，提供风险保障 186.4 亿元。保险保障金额与各级财政投入资金相比，财政资金杠杆放大倍数超过 37 倍，财政资金放大效应显著，发挥了财政资金"四两拨千斤"的作用。

二是显著提升糖料蔗保障水平。截至 2022 年末，在险种首开的仅 6 个月时间里，广西糖料蔗完全成本保险便实现承保面积 632 万亩、种植收入保险实现承保面积 124 万亩，合计占全区糖料蔗种植面积的近六成，截至 2023 年 1 季度末，累计赔付支出 7751.81 万元，在很大程度上发挥了农业保险"助推器"和"稳定器"的作用，对于增强蔗农风险抵御能力、稳定蔗民收入、提高蔗农种蔗积极性有明显作用。

三是有效落实中央对广西糖业的支持政策。2021 年，财政部金融司赴广西扶绥县专题调研了糖料蔗保险情况，与当地糖业主管部门、糖厂、蔗农开展座谈，充分了解蔗农对风险管理的需求，明确保险方案设计的方向。增强财政金融协同力度，与崇左、柳州等主产区上下联动，提前部署，指导保险行业针对糖料蔗种植特点，加大方案宣传力度，提升蔗农知晓率，提高保险覆盖范围，确保最大化稳定蔗农种蔗积极性。

四是助力保障国家食糖供应安全。食糖是关系国计民生的重要农产品，也是人们不可或缺的生活物资。广西是糖料蔗主产区，种植面积和蔗糖产量在全国占比超过 60%，糖料蔗完全成本保险及种植收入保险的推行，分散了蔗农种植风险，稳定了收入预期，既体现了党中央、国务院对广西的大力支持，也突出了广西保障国家食糖供应安全的重任，有助于稳定糖料蔗种植积极性，保障糖料蔗原料供给，端稳全国"糖罐子"。

二　创新点

（一）糖料蔗完全成本保险和种植收入保险为全国首创农业保险产品

一是产品条款为全国首创。完全成本保险及种植收入保险均为创新型保险产品，全国范围内主要在三大主粮作物推广。糖料蔗作为地方特色农产品，在无参考无经验的情况下，结合广西糖料蔗的实际，首创了全国首个糖料蔗完全成本保险及种植收入保险的示范条款，具有地方特色且对全国其他特色农产品形成示范效应。该两款产品按照中央补贴型农业保险产品管理，报原中国银保监会备案实施。

二是定损标准为全国首创。为配合新开发的糖料蔗完全成本保险产品，全国首创糖料蔗完全成本定损标准。明确定损标准适用于在实际理赔过程中争议较大的冻灾、冰雹灾害、洪涝灾害、风灾、火灾。以灾害类型分类，明确不同灾害的定义、表征，区分苗期、分蘖期、伸长期、成熟期四个糖料蔗生长阶段的不同定损比例，确保定损标准的科学合理，增强可操作性。

（二）糖料蔗完全成本保险和种植收入保险为生产端和产出端最高水平的保险形态

一是保障范围更为宽泛。相对于传统糖料蔗种植保险，完全成本保险新增了酸雨、野生动物损毁等责任，并进一步提升了苗期、分蘖期、伸长期三个期间的赔付标准，可保障自然灾害、意外事故、病虫鼠害及野生动物毁损等因素导致的产量下降风险。在保产量的基础上，种植收入保险进一步将价格波动因素纳入保险责任，大幅拓宽保障范围，更有利于保护蔗农利益。

二是保障程度更加充分。在原有传统糖料蔗种植保险的基础上，进一步围绕农户的物权收益和劳动力收益，着力提升保险的保障水平。糖料蔗完全成本保险和种植收入保险覆盖物化成本、土地成本和人工成本等全部生产成本和种植收入，糖料蔗完全成本保险保险金额为 2400 元/亩，保障水平大幅度提升，覆盖了种植成本的 80% 以上，为蔗农提供了高水平的风险保障。

（三）糖料蔗为全国首个试点完全成本保险和种植收入保险的地方特色农产品

一是纳入中央财政保费目录补贴品种。2022 年，糖料蔗完全成本保险和种植收入保险首次纳入中央财政补贴保险品种，中央财政保费补贴比例为45%，相较糖料蔗种植保险及价格指数保险分别提高5个和10个百分点，减少了自治区财政负担比例，为提升保险覆盖面奠定了良好基础。

二是着力提升蔗农投保积极性。2022年，自治区财政对全区44个乡村振兴重点帮扶县中央财政补贴险种予以倾斜支持，下调县级财政保费承担比例5个百分点。同时，免除2020年当年脱贫的建档立卡贫困户自缴保费。上述减免部分由自治区财政承担，降低了生活困难蔗农的保费负担，提升了投保积极性。

（四）糖料蔗完全成本保险和种植收入保险构建了财政金融协同的联动机制

糖料蔗完全成本保险和种植收入保险保单价值高，征信提升作用强。通过"保险+信贷""保险+担保"等模式，开展糖料蔗"政策性保险+政策性担保"融资工作试点，创新构建"政府+银行+保险+担保"四位一体支持糖业发展的综合金融服务体系，使"小保单"发挥"大作用"，撬动更多金融资源进入广西糖业，解决蔗农生产种植环节资金需求，提升广西糖业资金供给能力，为稳定糖料蔗种植面积、促进广西糖业发展做出重要贡献。

三　应用价值

（一）为地方特色农产品试点完全成本保险和种植收入保险提供了广西经验

在广西推行糖料蔗完全成本保险和种植收入保险标志着两类险种实施范围由传统的主粮作物拓展到经济作物，突破了过去主要在主粮作物里提高保额的界限，为其他经济作物农险提供了创新思路和发展空间。广西糖料蔗成为三大主粮作物之后纳入中央补贴开展完全成本保险和种植收入保险的农产品，成为我国首个试点完全成本保险和种植收入保险的地方特色农产品，得到了财政部、农业农村部、国家金融监督管理总局的支持和关注，为国家调整大宗农产品农业保险保费补贴政策提供了试点经验，有利于广西进一步争取中央财政补贴支持，也为全国其他地区地方特色农产品探索试点完全成本保险和种植收入保险提供经验借鉴。

（二）为利用保险工具支持大宗农产品健康发展提供了广西方案

糖料蔗完全成本保险和种植收入保险有效结合了国家支持农业保险创新政策，属于国际贸易认可的"绿箱政策"，促进了一二三产业的融合与发展。开展糖料蔗完全成本保险和种植收入保险，建立糖料蔗产业风险保障机制，可以有效应对糖价波动对糖料蔗市场价格的冲击，有助于稳定蔗农生产收益预期，有利于确保糖企顺利开榨，也有利于实现市场供求平衡，是支持广西糖料蔗生产、推进蔗糖产业持续健康发展的重要举措，对稳定广西乃至国家蔗糖业发展具有重要意义。

（三）为财政金融协同加大新型农业经营主体扶持力度提供了广西模式

国家金融监督管理总局广西监管局充分发挥金融服务广西糖业高质量发展的作用，争取了更多信贷资源和优惠政策向糖业倾斜。开展糖料蔗完全成本保险和种植收入保险，发挥保险的增信作用，利用"保险+银行+担保"多种金融工具，银行、保险公司与农担机构强化业务合作，签订保单业务合作协议，按照风险共担、资源共享、优势互补、合作共赢的原则共同服务好糖业经营主体，是多方共赢的机制探索，为全国利用金融工具支持地方特色产业发展提供了蓝本。

图1　央视新闻报道糖料蔗完全成本保险和种植收入保险

图2　保险公司为蔗农验标承保

本文主创团队：国家金融监督管理总局广西监管局

自治区财政厅

自治区糖业发展办公室

执笔人：陈冬、全庄园

"数字场景+技术要素+金融应用"
数字金融信用科技创新

一 案例简介

（一）背景情况

1. 深化面向东盟的金融开放门户建设

近年来，广西金融以建设面向东盟的金融开放门户为主线，统筹推进跨境金融、绿色金融、直接融资、保险创新等改革试点，广西金融集聚效应持续增强。受益于开放门户建设的各项创新举措，广西金融改革推深向实。

筹备带有广西特色的本土信用服务机构，立足广西、面向全国、辐射东盟提供信用报告、信用评估、信用信息咨询等服务，为金融信息服务基地建设添砖加瓦做出较大贡献。

2. 后疫情时代小微金融需求冲突凸显

近年来国家相关部委围绕增量扩面、减费让利、提质增效三个维度强化政策供给，大力提倡增加小微信贷供给、降低企业融资成本、提升机构服务能力、扶持普惠金融创新。一方面，中小微企业（尤其是小微企业和个体经营户）仍存在生存危机考验，信息匮乏和抵押物不足导致的融资难、融资贵的困境迟迟无法改善，另一方面，金融机构深陷小微金融"不可能三角"，金融产品同质化程度高、服务面小。风控难、灵活性低与日益增加的资金需求形成巨大反差。

随着信贷规模的增长和多方面政策的引导，加之大数据、云计算等新兴技术的日益成熟，金融机构由传统金融向金融科技服务转型成为必然。支持征信业发展，充分肯定持牌机构提供的专业、合规、高效第三方服务，打破信息壁垒，助力金融风险防控和实体经济高质量发展成为金融科技应用的主流方向。

3. 持续推动"政府+市场"征信体系建设

2022 年 1 月开始施行的《征信业务管理办法》（以下简称《办法》），系人民银行健全覆盖全社会的征信体系的重要举措，是"政府+市场"双轮驱动发展模式的具体体现，推动金融信用信息基础数据库和市场化征信机构协同发展、互相补充有助于满足日益丰富的多元征信需求。《办法》明确从事企业征信业务的机构应依法办理备案，金融机构不得与未取得合法征信业务资质的市场机构开展商业合作获取征信服务。

截至 2022 年 2 月末，中国人民银行按照"有稳定数据来源、有先进信息处理技术、有明确市场需求"的原则依法为全国 134 家企业征信机构办理备案。传统金融机构与数据机构"断直连"的政策机遇，加之互联网金融、消费金融等新型金融业务发展衍生的新增需求，使企业征信行业发展驶上了快车道。

（二）主要做法

应运时代号召，在政策文件指引、市场业态转型、金融科技技术突破的三方加持下，中国—东盟信息港股份有限公司（以下统称"中国东信"）牵头成立了广西联合征信有限公司（以下统称"广西联合征信"），致力于打造数字金融信用工具，以科技赋能金融服务、区域经济和支柱产业发展，服务国家社会信用体系建设战略、国家普惠金融创新战略和企业供应链信用管理。2020 年 12 月，广西联合征信完成央行备案，系广西首家且目前唯一的持牌征信机构。

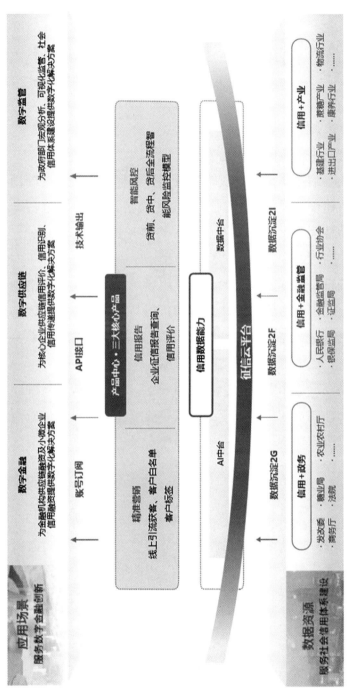

图 1 广西联合征信 "1+3+3" 战略

广西联合征信践行"1+3+3"战略，聚焦数字金融、数字供应链和数字监管三类数字化场景，搭建两大核心能力平台——征信云、易融云，打造信用报告、精准营销和智能风控三大核心产品，首创"数字场景+技术要素+金融应用"数字金融信用科技创新模式，在全国征信公司中脱颖而出。

1. 以数字场景为依托

广西联合征信打造了三类数字化场景：

一是服务国家社会信用体系建设战略的数据资源场景。数据资源场景围绕社会信用体系建设形成信用+产业、信用+政务、信用+金融三类数据资源入口，推动替代类信息归集及应用，将政务数据、金融数据、产业数据转化为政务信用、金融信用、商业信用。

二是服务国家普惠金融创新战略的金融应用场景。归集、挖掘市场主体信用信息，充分应用金融信用科技在金融机构与市场主体之间架起"信息金桥"，推动数据驱动模式的金融创新，服务各个支柱产业平台的数字信贷场景建设，让金融活水触达产业末端。

三是服务企业供应链信用管理的企业应用场景。围绕供应链金融应收账款融资、货权质押融资和信用融资三大核心业务模式，搭建供应商评价管理系统，应收账款融资平台，订单、运单、货单质押平台，引入融资型保理、服务型保理等配套供应链金融服务。

2. 以技术要素为手段

2021年12月，中国人民银行印发《金融科技发展规划（2022—2025年）》，确定金融科技是深化金融供给侧结构性改革、增强金融服务实体经济能力的重要引擎。广西联合征信自2018年12月筹备以来，就开始积极探索大数据、云计算、隐私计算、区块链、数据治理、数据建模等前沿科技的应用。

广西联合征信持续打磨两大核心能力平台和三大核心产品，针对2B企业供应链管理需求，提供供应链信用管理平台解决方案；针对2G

政府社会服务和大数据分析需求，提供融资综合服务平台、可视化监管平台、宏观分析报告；针对 2F 金融机构市场营销和风险管理需求，提供信用管理、精准营销和智能风控产品。

2022 年 12 月，中共中央国务院下发《关于构建数据基础制度更好发挥数据要素作用的意见》（简称"数据二十条"），从数据产权、流通交易、收益分配、安全治理等方面构建数据基础制度，提出 20 条政策举措。基于数据管控机制的实施，各数据持有主体、主管部门等对于数据共享持审慎态度，各类市场上通用的数据中台已经无法满足市场需求。广西联合征信依托联邦学习、多方安全计算等技术进行隐私计算平台技术攻坚，在保护数据不泄露的前提下，打磨和沉淀同态加密技术、差分隐私技术、群体决策技术、智能合约等核心技术，面向数据流通和应用提升能力，构建"数据可用不可见，用途可控可计量"的数据可信流通范式。目前广西联合征信已完成隐私计算平台 1.0 版本建设。

3. 以金融应用为目标

广西联合征信依托股东资源整合产业场景和数据，研发了数个数字金融创新模式，形成了一系列产业数字金融产品，包括围绕建筑产业的数据确真不确权业务模式，围绕航运产业的船舶估值报告和风险评估报告，围绕烟草订货场景的烟草贷，围绕发票开票场景的发票贷等。

除上述标准信用产品外，广西联合征信也提供数据驱动精准营销、360 度企业全息画像、供应链场景白名单、产业链白名单、数据贷、风险监控预警、数据核验等多样化的产品，支持产品订阅服务、API 直连、解决方案及定制化建设服务等多种服务模式，帮助金融机构和类金融机构在数据安全可控、用途合规的情况下，拓宽替代信息的获取渠道，创新数据信贷产品，提升普惠金融服务能力和效率。截止 2023 年 12 月，广西联合征信已与 60 余家金融机构达成业务合作。

（三）取得的成效

1. 征信服务次数超两千万

广西联合征信坚持聚焦依托数字场景整合特色数据，充分发挥股东产业生态优势，联合金融机构开发聚焦特定产业特定场景的小微企业信用报告。2022年广西联合征信开发上线了发票、航运、基建、电力等信用模型，与工商银行、建设银行、网商银行等36家金融机构联合上线了"航运贷"、"路桥劳务贷"、"发票贷"、"烟商贷"和"电力贷"等线上小微信贷产品，截至2023年12月，广西联合征信企业信用报告累计调用量超2795万次，服务小微企业客户超460万家，服务小微企业融资规模超2300亿元。

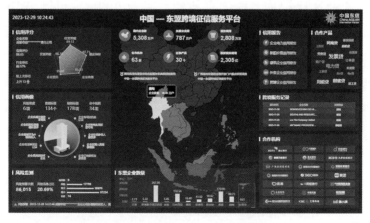

图2　广西联合征信成效可视化

2. 服务省级信用信息中枢

广西联合征信承建了"桂信融"北部湾经济区金融服务平台、广西中小企业"信易贷"融资综合服务平台、中国—东盟跨境征信服务平台、广西边境口岸互市贸易结算互联互通信息平台等自治区重大信用信息平台。依托信用信息服务平台实现数据互联互通、资金精准投放、政策有效供给，最终实现征信促融的目标。

3. 业务创新得到社会肯定

广西联合征信建设运营的跨境征信全国试点——中国—东盟跨境征信服务平台，荣获广西面向东盟的金融开放门户重点示范项目、2022年广西面向东盟的数字化典型案例，作为2021年第四批改革典型经验在全区推广；建设运营的易融云平台入选《2020-2021年全国供应链优秀企业及杰出个人白皮书》；建设的广西边境口岸互市贸易结算互联互通信息平台入选广西建设面向东盟的金融开放门户2019年度十大创新案例。

二 创新点

1. 首家本土持牌征信机构

广西联合征信是广西首家也是目前唯一一家本土化的完成央行备案的企业征信公司，牌照凸显合规，资质彰显实力。

2. 首创"数字场景+技术要素+金融应用"业务模式

广西联合征信围绕资源、技术、客户资源禀赋首创的"数字场景+技术要素+金融应用"业务模式，为全国企业征信公司提供了可借鉴的市场化运营渠道。

一是资源上，具备资质资源和数据资源。《征信业务管理办法》为征信业务持牌和监管提供了红利。

二是技术上，实现了"数据治理+数据建模+隐私计算+金融风控产品标准化"四维能力沉淀，提高了离线实时一体化数据湖架构下统一的全链路开发治理能力，打造了高效地模型构建和模型训练能力，探索了数据可信流通范式，构建了规范化、标准化、数智化、高效化的企业征信服务平台。

三是客户上，支持国有行总行、互联网银行总行、股份制银行总行的标准化产品服务，深度为城商行总行、非银金融机构提供"数据+产品应用"提供定制化解决方案。

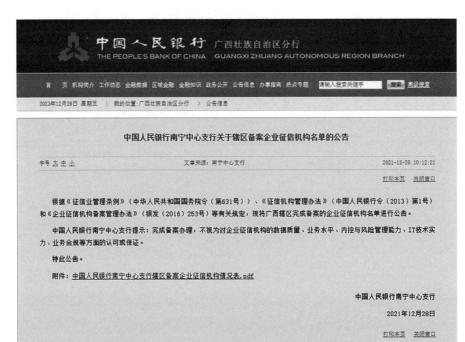

中国人民银行南宁中心支行辖区备案企业征信机构情况表

序号	机构名称	统一社会信用代码	备案地	备案时间	营业场所	业务范围	注册资本	主要股东及其出资额	高管人员	信用信息系统安全等级
1	广西联合征信有限公司	91450100MA5NJ0RG36	广西	2020/12/7	南宁市青秀区古城路4-1号古城馨园小区1号楼B座B2403号	企业信用信息采集、整理、保存、加工、网络技术服务；计算机信息技术服务；企业管理咨询（不含金融、证券、期货的投资咨询）；数据处理和仓储服务（除危险化学品）；接受委托从事信息技术外包、接受委托从事业务流程外包、接受委托从事知识流程外包。	1000万元	广西东信数字科技有限公司，510万元；广西金融电子结算服务中心，340万元；广西聚慧鑫科技咨询服务有限公司，150万元。	董事长兼总经理黄碧琴；董事：李乾、郑玉波、肖彦、杭乃毅；监事：魏晨、匡云芸。	三级

图3　广西联合征信备案证明

3. 创新"政务+金融+产业"融合服务模式

传统模式下，政务数据资源分散在国家及地方部委办局、大数据局、地方政务信息共享平台等不同渠道，各行业、各部门间的数据壁垒仍然存在，金融机构若想获取数据存在较大的信息不对称，且需要加大投入渠道扩展力度、重复开展接口对接，浪费人力物力。与此同时，产业

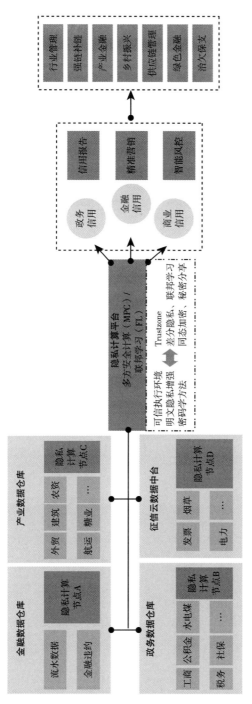

图 4 广西联合征信 "政务+金融+产业" 融合服务

数据资源分布在全国不同产业的互联网平台，这些平台对数据的存储和使用缺乏安全合规的规范性操作流程指引，金融机构在与其合作时存在极大风险。

如图 4 所示，广西联合征信充分应用资源、技术、客户，引入 2G 政务、2F 金融、2I 产业渠道数据资源，整合建筑、外贸、航运、烟草等特色产业场景数据和企业税务发票、用电缴费等信息。通过信息融合应用打造的"数据确真不确权"数据驱动型供应链金融服务模式位居全国前列，该模式以交易数据佐证交易背景真实性，在核心企业不确权或弱确权的条件下，实现供应商融资与金融机构风控的诉求。

三　应用价值

1. 服务金融监管一体化

现存模式下政府监管端核心痛点在于数据互联互通难度大、效率低，进而影响监管效率。从单个监管部门需求来看，各部门需求主体一致，产品可复制程度高。

通过运用广西联合征信的数字金融信用科技，一是可实现各类政务、产业和社会信用数据的联通和融合；二是支持建立更高效的监管数据反馈机制，提升宏观分析深度和广度；三是可以充分应用隐私计算平台实现数据要素的跨平台、跨主体安全流通，进一步服务于数据融合应用。

2. 服务普惠金融综合化

广西联合征信的数字金融信用科技可帮助金融机构实现普惠金融的综合化。

一是依托多维度产业数据源和外部数据资源，搭建更敏捷、更便利、更多维的信息汇聚平台，可向金融机构提供高效的信用信息服务，有助于减少信息不对称，降低交易成本，创新融资模式，提升普惠金融领域的获客效率及业务边际收益，扩大金融总量；

二是通过信用信息的融合应用，可以形成企业信用画像，构建市场拓展服务体系，为金融机构提供端到端的精准营销模式；

三是提供联邦建模、隐私计算等，实现高效智能的风控手段，独家导入细分领域特色数据，帮助金融机构掌握客户风险，辅助经营决策。

3. 服务企业管理数智化

大中型企业对其供应链管理能力愈发重视，越来越多产业链核心企业选择自建生态。广西联合征信的数字金融信用科技可以帮助核心企业建立自有商业信用评价体系，提供较精准的产业链上下游商业决策参考依据，降低信任成本；同时，建立资金融通的渠道，有助于核心企业提升自身在生态内的影响力，提升生态质量。

本文主创团队：广西联合征信有限公司

执笔人：黄小钰、蓝熙

创新转贷方式 引入国际组织资金
支持广西开放型经济发展

党的二十大提出要"推进高水平对外开放"，中国进出口银行广西分行发挥政策性金融作用和外经贸领域优势，大力创新转贷方式，在不增加地方财政支出和地方政府债务负担的情况下，成功引入国际多边金融组织贷款，为广西稳大盘及开放型经济发展提供了国际增量资金，开拓了外资入桂新渠道，为全区持续扩大国际金融合作、加速打造面向东盟的金融开放门户提供了良好的示范和经验模式。

一 案例简介

（一）背景情况

习近平总书记指出"广西发展的潜力在开放，后劲也在开放"。近年来，国家出台一系列政策措施支持广西开放发展，其中，《西部陆海新通道总体规划》提出推动"一带"和"一路"有机衔接，打造陆海内外联动、东西双向互济的桥梁和纽带。《中国（广西）自由贸易试验区总体方案》提出将广西自贸区打造成为引领中国—东盟开放合作的高标准高质量自由贸易园区，西部陆海新通道、广西自贸区等开放发展重点领域存在较大的资金需求。2022 年，新冠疫情反复、外部需求减弱，对广西开放发展领域重点项目建设产生冲击，运用国内外资金多措并举支持广西开放发展及重点项目建设，有效对冲外部风险，成为金融行业特别是政策性金融机构支持稳经济大盘的重要着力点。

加强与国际多边金融机构合作，创新合作机制，运用国际机构资金支持我国特别是广西重点项目建设成为当前金融行业的重要课题。近年来，我国大力参与国际多边金融组织建设，亚洲基础设施投资银行、金砖国家新开发银行等多个国际金融组织成立或设立并运行，在推动国际多边金融合作、促进国际资金融通方面发挥了重要作用，其中，金砖国家新开发银行由巴西、中国、南非等金砖国家于 2015 年共同发起成立，启动资金是 500 亿美元。成立 7 年多来，已经批准贷款总额超过 340 亿美元，有力支持了新兴市场国家和发展中国家的基础设施建设和可持续发展。预计 2022~2026 年，金砖国家新开发银行计划通过贷款、股权投资和其他融资工具，为成员国提供 300 亿美元资金支持。

中国进出口银行作为国家政策性银行，扎实践行新发展理念，继续加强与多边金融机构合作，更好地发挥自身职能作用，聚焦国家重大项目建设，持续助力区域协调发展战略。中国进出口银行总行与金砖国家新开发银行签署了两行间合作谅解备忘录，为更好地发挥彼此资源优势和专长，开展广阔深入合作，共同支持绿色金融、可再生能源、基础设施等领域可持续发展奠定了坚实基础，也为广西分行加强总分行联动，聚焦广西开放发展重大战略，创新引入国际金融组织转贷资金提供了平台。

（二）主要做法

1. 研究政策，找准切入点

中国进出口银行广西分行深入贯彻习近平总书记赋予广西的"三大定位"新使命、"五个更大"要求等系列重要指示精神，坚持政策性金融政治性、人民性定位，深入落实 2022 年自治区政府稳大盘扩开放、"以商招商"的工作要求，充分发挥中国进出口银行支持对外经贸和国际合作政策性银行的优势，将引入国际组织资金作为支持稳大盘扩开放的重要突破口；深入研究《广西壮族自治区国民经济和社会发展第十四个五年规划和 2035 年远景目标纲要》《西部陆海新通道总体规划》《关于以中国（广西）自由贸易试验区为引领加快构建面向东盟的跨境产业链供应链价值链的实施意见》《落实跨周期调节进一步稳外贸实施方案》等自治区相关开放发展规划，以及《国际金融组织和外国政府贷款赠款管理办法》等国际贷款规章制度，结合本行政策性定位和国际金融组织资金投向要求，确定西部陆海新通道、广西自贸区等"一带一路"互联互通和外经贸发展相关基础设施、绿色信贷等领域作为国际转贷的重点领域；并对自治区层面统筹推进重大项目、各地市开放发展重点项目进行清单式地毯式分析研究，拟定符合条件的重点推进项目清单，有针对性加强项目对接，做深做实前期工作。

2. 大力宣讲，扩大影响

针对区内企业普遍存在的与国际多边组织业务联系少、对国际转贷业务了解不多、对国际转贷申请流程不熟悉等实际情况，中国进出口银行广西分行加大国际转贷业务宣讲，2022 年，分行会同相关主管部门、相关地市联合举办政策性金融支持稳大盘扩开放信贷政策专场推介会、国际转贷业务培训对接会等活动，邀请中国进出口银行总行转贷部专家面向政府部门、实体企业详细介绍国际转贷业务优势、特点、流程，相关培训通过视频方面延伸到地市一级，覆盖面广、针对性强，产生了广泛的影响，为相关部门、企业深度了解、参与、申报国际转贷业务提供了平台。

3. 引入资金，加速投放

中国进出口银行依托主权信用评级优势，通过加强总分联动，大力引入国际组织转贷资源，增加转贷额度，中国进出口银行广西分行依托全行扁平化管理体系下总、分两级审批链条短、审批效率高的特点，加快项目审批流程，对涉及"一带一路"互联互通、外贸相关基础设施等符合政策性金融主责主业的项目，设立"绿色通道"，加速全流程工作进度，国际转贷款从企业申贷到贷款发放周期从 1~2 年缩短至 6 个月以内，2022年中国进出口银行广西分行实际投放的国际转贷款实现当年申请、当年审批、当年发放的比例达到100%。

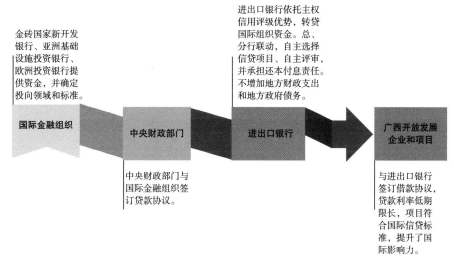

图1 国际金融组织转贷款流程

4.加强评估，提升效用

积极发挥与国际金融机构在国际合作、引资、引智等方面的业务优势，及时总结归纳评估方法，积极探索既符合国际标准又具有政策性银行特色的项目执行标准。发挥中国进出口银行支持外经贸和国际合作主力银行作用，积极以国际组织资金"引进来"促进广西金融服务"稳下去"，以转贷促广西项目品质提升，进而逐步引领带动行业标准提升。积极探索对国际转贷执行项目在社会、环境等相关领域的评价，注重社会效果和经济效果，持续加大与金砖国家新开发银行、亚洲基础设施投资银行、欧洲投资银行等国际多边金融组织对接，为广西开放发展引入更多国际金融"活水"。

（三）取得的成效

1.成功实现第一期国际转贷资金落地

2022年，中国进出口银行广西分行通过创新转贷模式，成功推动第一期1.8亿元金砖国家转贷资金投放，拉动当地项目投资金额13.45亿元，产生了良好的示范作用。引入国际组织资金服务广西特色项目的创新举措，获得了自治区政府肯定。

图2　中国进出口银行广西分行运用转贷款支持的南宁国际铁路港项目

2. 加快开放发展特色项目的建设进度

引入国际转贷资金支持3个开放发展特色项目。一是支持南宁国际铁路港公路港电商物流区项目建设，形成"电商产业园+物流园"融合发展新模式，打造"中国—东盟区域性国际物流基地"以及西部陆海新通道海铁联运重要节点枢纽。二是支持南宁综合保税区跨境电商展示中心项目，支持广西依托南宁保税区平台，大力发展跨境电商等外贸新业态，培育和打造面向东盟的外贸综合服务基地。三是支持百色平果风电新能源项目，特别是在百色防疫复工复产第一时间提供转贷资金支持，以新能源发电为支点，积极撬动百色沿边重点开放开发试验区绿色低碳发展。得益于国际转贷资金的及时到位，相关项目在稳大盘的背景下实现了加速建设。

3. 有效降低企业融资成本

运用成本加成等定价模型，最大限度降低企业的融资成本，通过提供稳定国际转贷资金，最大限度节约企业财务成本。

4. 建立对接国际转贷的机制和渠道

通过第一期国际转贷成功实践，建立健全了承接国际组织贷款的机制，畅通了国际转贷渠道，为后续持续大力引进国际组织资金打下了基础、提供了示范，也为广西重点特色项目充分利用国际组织资金搭建了桥梁。

二　创新点

（一）创新转贷机制，降低地方政府债务负担

如果通过地方政府转贷国际组织贷款，会不同程度增加当地政府财政支出事项，创新转贷模式有效避免了这个问题。根据《财政部关于进一步加强地方政府主权外贷预算管理的通知》（财国合〔2020〕19号）等文件规定，政府承担偿还责任的外贷收入、支出、还本付息付费纳入政府一般公共预算管理，债务余额纳入地方政府债务额度管理。而对于地方政府负有担保责任的外贷，地方政府依法承担有关担保责任。针对2022年稳经济大盘背景下各级地方财政支出增加、地方政府债务额度有限的实际情况，在本模式下，通过转贷产品创新，由中国进出口银行广西分行作为转贷主体，以中间信贷方式转贷国际金融组织贷款，国际资金引入无须地方财政部门担保，在保持国际转贷效用一致的同时，减轻了地方财政压力和地方债务负担，也为稳大盘、扩开放形势下盘活地方财政资源提供了较大空间。

（二）创新引资渠道，开拓外资入桂新路径

近年来，广西坚持"政策为大、项目为王、环境为本、创新为要"，制定了"以商招商"等支持政策措施，推动"三企入桂"等工作

取得成效。本模式下，中国进出口银行广西分行创造性落实"以商招商"的政策要求，通过发挥中国进出口银行在国际上享有的主权评级优势，推动国际金融合作，成功将招商范围拓展至国际多边金融组织，开拓了引资入桂的新渠道。本次引入资金采用成本加成等定价模型，坚持保本微利原则，极大地降低了企业融资成本，并引领带动商业性金融共同支持项目，形成了较好的示范效应，发挥了较大的撬动作用。

（三）创新转贷币种，有效降低汇率风险

外币贷款为国际转贷的主要形式，国际金融组织中提供人民币资金的占比小，开展人民币业务的国际金融组织人民币业务量比例不高。外币转贷导致承贷企业面临较大的汇率风险，特别是 2022 年以来，美元进入加息周期，美联储快速、大幅加息带动美元资金回流美国，美元指数上涨，外币汇率风险尤为突出。针对以上情况，本模式下，中国进出口银行广西分行为企业引入人民币转贷资金，降低了汇兑损失，成功为企业规避了汇率风险。

（四）创新工作流程，提高国际转贷落地效率

在传统国际转贷模式下，由地方相关主管部门制订国际转贷项目规划、国际金融机构对接以及贷款谈判等工作，前期准备工作较长。在本模式下，项目申报阶段，由中国进出口银行广西分行作为转贷主体，结合国际金融组织的贷款投向领域等要求，择优确定承贷企业和项目；在项目审批阶段，由中国进出口银行开展独立评审，发挥中国进出口银行作为唯一一家设立转贷部，专门从事国际金融组织和外国政府贷款转贷业务银行的制度优势，依托扁平化管理体系下总、分两级审批链条短、审批效率高的特点，加快项目审批流程，对涉及"一带一路"互联互通、外贸相关基础设施等符合政策性金融主责主业的项目，设立"绿色通道"，加速全流程工作进度，国际转贷款从企业申贷到贷款发放的

周期大大缩短，能较好实现当年申请、当年审批、当年发放，国际转贷资金快速到位加速了项目建设进程。据测算，由于贷款加速投放，相关开放发展项目建设提速，推动当年新增加的实物工作量大幅提升。

三　应用价值

（一）促合作，为广西引入国际资金探索新路径

中国进出口银行广西分行通过创新国际转贷担保模式、缩短转贷项目审贷周期等，探索了一条高效、高质量运用国际资金服务广西开放发展的新路子，进一步密切了广西和国际金融组织的相关合作。在稳经济大盘、推动高水平扩大开放的大背景下，通过国际金融组织资金，丰富了广西开放发展所需、资金来源，增强了引领示范作用。

（二）建渠道，完善了广西吸收国际资金工作机制

通过本轮国际转贷工作实践，形成了较为完善的国际转贷联动机制，包括项目需求、贷款申报、贷款审批、贷款使用及监督在内的全流程均取得了实际成果。中国进出口银行广西分行邀请转贷领域专家，开展政银企参与的业务培训，精心设计融资方案，提升了转贷对接的可得性和精准度。相关部门围绕转贷项目征集工作，进一步充实了广西国际转贷项目库，为下一步更大力度获得国际转贷资金提供了便利条件。

（三）扩影响，提升广西企业国际合作影响力

通过本轮国际转贷工作，将金砖国家新开发银行支持项目的工作理念和工作标准更深入地引入广西。金砖国家新开发银行等多边金融组织在支持新兴市场国家、发展中国家的基础设施建设和可持续发展等方面，具有较强的国际视野，通过加强相关合作，进一步增强了中方金融

机构跨境贷款能力，提升了相关企业在国际合作方面的水平，同时为广西企业未来开展境外投资、境外承包工程等"走出去"活动提供了参考模式。

本文主创团队：中国进出口银行广西分行

执笔人：蒋涛、白金

财政创新"政策性担保+政策性保险"联动支农模式 服务广西农业高质量发展

"民族要复兴，乡村必振兴"。实施乡村振兴战略，是党的十九大作出的重大决策部署，是决胜全面建成小康社会、全面建设社会主义现代化国家的重大历史任务，是新时代"三农"工作的总抓手。财政是国家治理的基础和重要支柱，广西壮族自治区财政厅（以下简称"自治区财政厅"）坚决贯彻落实党中央、国务院和自治区党委、自治区人民政府实施乡村振兴战略的有关决策部署，充分发挥资源配置中市场决定性作用和政府引导作用，创新财政和金融协同支农机制，构建具有广西特色的"财政+N"支农政策体系，通过创新"政策性担保+政策性保险"联动支农模式，发挥财政资金"四两拨千斤"效应撬动更多金融资源投入农业领域，解决农业风险大、融资难等现实问题，完善农业支持保护制度，加快助推广西农业现代化进程。

一　案例简介

（一）案例背景

一是落实国家乡村振兴战略的时代要求。党和国家高度重视"三农"工作，始终把解决好"三农"问题作为全党工作重中之重。金融是现代经济运行的血液，全区乡村振兴战略实施需要资金大力保障，中央一号文件连续19年（2004~2023年）有关于农业保险发展方面的政策指导意见、连续 8 年（2016~2023 年）对农业信贷担保工作提出要求，农业保险与农业信贷担保成为国家支农政策的重要战略工具。自治区财政厅将两大支农金融工具组合，创新打造"政策性担保+政策性保险"支农模式，不断提升财政资金的管理和使用效益，引导银行、保险机构加大对农业的投入，推动全区农业农村发展投入规模不断增加，农户生产风险保障机制不断健全，进一步提供了完善地方财政助力乡村振兴战略的多元化投入机制的新思路。

二是满足全区农业高质量发展的现实需要。一方面，农业具有天然高风险属性，生产经营受气候季节、自然灾害等因素影响大。广西多山沿海、季风气候明显，台风、洪涝、泥石流等自然灾害频发，叠加近年非洲猪瘟、新冠疫情等影响，区内农业生产发展面临很大阻碍。另一方面，农业融资具有散、小、频、急等特点，受信息不对称、有效抵押物不足等因素制约，信贷效益低、风险大，金融机构不愿贷、不敢贷，信贷供给不足是制约广西农业产业高质量发展的重要因素。"政策性担保+政策性保险"通过实施保险保费补贴，在分散农业生产经营风险的同时还能较好发挥农业保险衍生的增信功能，提高农户信用等级，缓解农户"贷款难、贷款贵"的问题，从而实现产业发展过程中信贷供给和收益保障的畅通循环，精准破解制约广西农业产业高质量发展瓶颈。

三是服务面向东盟的金融开放门户的区域选择。《广西壮族自治区建设面向东盟的金融开放门户总体方案》提出要加强金融服务实体经济，加强财政政策、产业政策与金融政策统筹协调，支持广西培育经济发展新动能。自治区财政厅紧紧围绕服务实体经济、防控金融风险、深化金融改革三项任务，进一步加大财政支持力度，强化财政金融统筹联动，转变财政资金投入方式，通过财政直补调整为"以拨改担"，利用财政资金撬动金融资本和社会资本投入农业经营生产，解决产业发展融资难题，有力助推农业产业高质量发展，这也是落实"财政政策、产业政策、金融政策"三者统筹联动要求的举措。

（二）主要做法

1. 创新顶层设计，强化工作统筹协调

一是出台纲领性文件。报请自治区人民政府印发《加快推进全区农业信贷担保体系建设助推乡村振兴的实施意见》《进一步发挥广西农业信贷担保体系作用助推农业高质量发展实施意见（2023～2025年）》，制定《广西农业保险高质量发展工作方案》等文件，明确支持农业信贷担保体系建设、加快广西农业保险高质量发展的目标、要求、措施。二是建立工作机制。自治区层面建立推进广西农业信贷担保体系建设助推乡村振兴厅际联席会议制度和农业保险厅际联席会议制度，各市县落实分管领导负责制，参照自治区联席会议成员构架建立市级联席会议制度。三是建立三大保障机制。牵头推动落实联席会议成员单位责任清单机制，印发《推进全区农业信贷担保体系建设助推乡村振兴重点目标任务责任清单》等；牵头研究制定每年农业保险和农业信贷担保体系建设工作要点，推动工作绩效考核；积极争取中央财政资金保障，累计争取中央财政支持农担体系建设资金超过 20 亿元，近三年累计争取中央财政农业保险保费补贴资金 39.79 亿元。

2. 打造支农新格局，构建多方协同支农生态圈

自治区财政厅依托政策性担保和政策性保险构建"政银担保企"多方位合作模式，指导广西农业信贷融资担保有限公司（以下简称"广西农担公司"）先后与 11 个设区市政府、85 家银行业金融机构、50 家重点龙头企业签订"总对总"合作协议，其中，与 11 个设区市政府合作金额超过 100 亿元，银行业金融机构对广西农担公司授信超过 1000 亿元，与农业龙头企业合作金额超过 67 亿元。聚焦地方产业特色，构建"政府引领、担保撬动、保险保障、产业带动"的"凌云模式""永福模式"，汇聚"政府+担保+保险+银行+龙头企业"多方力量支持农业高质量发展。

3.精选地方优势特色，"政策性担保+政策性保险"联动合力支糖

糖是国家重要战略物资，广西糖料蔗种植面积、蔗糖产量均居全国第一，93个县（市、区）种植糖料蔗，涉蔗农民2000多万人。以糖为着力点，构建"政府+银行+保险+担保"支持糖业发展的综合服务体系。一是印发《广西糖料蔗"政策性保险+政策性担保"融资工作试点方案》，助力广西糖业高质量发展。二是建立"政保担"合作机制。自治区财政厅牵头成立工作专班，按照"政府牵头推进、保险推送名单、机构对接服务、多方协调联动"思路，在全区组织开展糖料蔗"政策性担保+政策性保险"融资工作。三是建立白名单推荐机制。保险机构将纳入政策性保险的种植大户名单推荐给广西农担公司，广西农担公司联合银行精准提供信贷支持。四是建立绿色服务通道。广西农担公司以保险单或保险凭证作为核实申请人糖料蔗种植情况的主要依据，以信用担保为主，不需要担保抵质押物；依据糖料蔗保险保额快速测算担保授信额度，年化担保费率优惠至0.5%，为投保政策性保险的种植户提供快速、便捷的融资服务。

（三）主要成效

1."引资入农"规模快速增长

截至2022年末，广西农担公司累计提供担保贷款252.03亿元，支持5.63万户新型农业经营主体，资本金放大5.09倍；2022年新增投放75.53亿元、同比增长6.67%，新增担保户数1.70万户、同比增长6.15%，充分发挥了财政资金"四两拨千斤"效应，财政支农政策效应不断放大。

2.政策性农业保险精准有效

2022年，全区农业保险保费规模47.4亿元，同比增长29%，保费增速排在全国第8位，保费规模排在全国第13位，累计为790.15万户次农户提供风险保障2623.68亿元；风险保障同比增长12.18%，已累

计向 132.72 万户次受灾农户支付赔款 33 亿元，分别同比增长 50.1% 和 35.7%。农业保险支持农业产业发展、助推乡村振兴，特别是在疫情期间为农户保基本发挥了重要作用。

3. 金融支持农业产业服务作用突出

围绕重点核心企业、地方特色产业、专业市场构建三大"1+N"体系，政策性农担机构累计服务优势特色产业经营主体 2.39 万户，撬动近 100 亿元金融资源重点支持大米、糖业、林木、生猪、水产、果蔬等优势特色农业发展。例如，协同各方力量支持梧州茶产业 7993 万元，推动梧州六堡茶实现"小产业大发展"，吸引《农民日报》以纪实文章深度报道；通过"市场+商户"支持玉林中药市场超过 9000 万元，推动中药材企业与基地对接形成稳定供求关系。

4. 脱贫攻坚成果巩固明显

强化政策引导，有效对接乡村振兴重点帮扶县融资需求，为全区各重点帮扶县累计提供担保贷款 107.09 亿元，脱贫县业务覆盖率达 100%，直接或间接带动 10 万农户实现增收，成为地方政府产业巩固脱贫和支持农业发展的重要载体。打造乡村振兴重点帮扶县"凌云模式"，构建"政府引领、产业带动、担保撬动、金融支持"县域产融发展模式，仅 2 个月时间通过"凌云模式"实现担保放款金额 5548 万元，支持凌云县产业转型升级工作信息得到财政部和自治区财政厅专题宣传。

5. 降费让利惠农效果显著

坚持政策性定位，响应政府落实降费要求，将平均担保费率由 3% 降至 0.39%。通过协议约定推动银行农业担保信贷年化平均综合成本低至 5.03%。落实自治区"稳财金惠实体"攻坚战，支持符合"桂惠贷"（贷款利率不超过 2.85%）客户 2220 户、22.19 亿元。推进"我为群众办实事"活动，畅通农业"信贷直通车"线上申请平台，受理贷款 2890 户、20.66 亿元。广西农担公司累计为农业经营主体节约融资成本约 7 亿元，切实为农业融资带来实惠。

在财政支持下，政策性农担机构创新"桂农担""1+N"支农模式得到自治区党委、政府及有关部门认可，自治区领导多次对广西农担工作给予肯定性评价、批示；"桂农担—龙头保"产品在 2020 年度服务实体经济优秀信贷产品评选中获"优秀信贷产品二等奖"；"建档立卡切实解决农户融资难题"案例在自治区党委党史学习教育"我为群众办实事"实践活动基层案例评选中获优秀奖，被编入《人民至上》出版；在南宁市融资担保行业协会开展的 2021 年度评选表彰活动中获评"普惠金融先锋奖"和"社会责任贡献奖"；"广西农担创新融资模式助力糖业高质量发展——《振兴路上：有了农担 不差钱》"在中央广播电视总台农业农村频道宣传报道；《全区首创"担保+银行+糖企+蔗农"糖业融资新模式》入围中国普惠金融典型案例，收录于《融普惠新金融 中国普惠金融典型案例集锦（2022）》；政策性农担机构工作成效多次获财政部和《农民日报》《广西日报》《中国担保杂志》等媒体及网站平台转载报道。

二 主要创新点

（一）实现财金联动长效支农

政策性农业保险和政策性农业信贷担保均是国家创新财政支农机制，引导金融资金投入农业，放大财政支农政策效应的重要创新举措。通过构建"政策性担保+政策性保险"的协同支农机制，将财政资金由直接投变为间接投、分散投变为重点投、行政决策变为市场决策，能将有限的财政资金作为杠杆支点，撬动更多金融"活水"支持经济社会发展，实现财政资金循环有效使用，为构建财政和金融可持续、良好互动提供了实践经验。同时，以金融组合工具替代单一的财政工具，发挥各自优势，农担为农业经营主体筹集经营发展资金，拓宽了农业经营主体的融资渠道；农业保险托底提供保障，提升了抵御风险的能力。

（二）实现产业链条精准惠农

突出优势特色糖产业，构建"政府搭台，保险推荐，农担担保"的"3+N"糖业融资模式，精准切入解决蔗糖产业种植风险大，种植端、收购端资金不足等问题。一是保险机构从政策性投保甘蔗种植户中，择优选择种植面积大、种植经验丰富、有融资需求的甘蔗种植大户，推荐给政策性农担机构，农担机构联合银行独立开展尽职调查，有效解决种植户融资需求。二是发挥糖企"离蔗区最近、联蔗农最紧"的优势，重点联合南华集团、湘桂集团、东糖公司等区内重点糖企，以糖企为中心，筛选出一批信誉良好、经营稳健的下游种植户或甘蔗收购户，解决生产经营融资难题。

（三）实现多渠道风控稳健护农

一是构建广西农担公司、农业龙头企业和银行三方稳定风险分担模式，各市县政府建立风险准备金并承担 30% 风险代偿责任；纵向引入国家农担联盟公司、广西融资再担保公司开展再担保业务合作，构建多层次的风险化解机制。二是落实银担业务共管机制，建立银担 2∶8 比例、银担 7∶3 比例、批量限额担保、银担企 5∶3∶2 等多种分险模式，银担设不良率 2% 预警线、3% 暂停线，锁住业务风险范围。三是依托龙头企业对上下游客户的产业链优势，与龙头企业项目共选、风险共担，贷款用途定向监管，形成资金闭环，防控产业链担保风险。四是利用保险风险保障为授信依据，担保机构以农业保险保额快速测算担保授信额度，依据保险单或保险凭证核实申请人糖料蔗经营的真实性。

三　应用价值

（一）创新资金使用方式，提升财政金融联动效能

一是通过财政"以拨改担"机制，解决了财政资金有限、使用效益低、受众面窄等问题，实现了财政资金的放大、循环、高效使用。自治区财政多渠道筹措资金，通过对政策性农担机构资本金补充、业务奖补、风险补偿等方式，支持农业信贷担保机构做大做强做优，解决担保机构规模小、实力弱、风险应对能力不足导致的发展不可持续问题，弥补信贷领域担保主体市场空缺。二是通过财政保费补助机制，稳定农业生产经营预期，使农业生产经营主体敢于通过政策性农担机构担保贷款，投入农业生产、扩大规模投资，提升农业规模及生产水平，打造自有品牌，促进农业现代化。

（二）发挥逆周期调节，平抑农产品市场价格波动

在农业行情周期波谷、天灾、疫情等影响下，通过农担政策工具，推动行业在逆周期中实现平稳调整。在糖价低迷期，农担机构联合湘桂集团、南华集团等糖企，加强对糖业种植户和收购户担保增信，解决糖企糖料蔗兑付款的燃眉之急；在非洲猪瘟困难期，联合力源集团、双胞胎集团、正邦集团、扬翔公司等重点养殖企业开展"公司+农户"模式合作，助力全区生猪养殖产业恢复和发展；在鸡鸭行情低迷期，联合广西实隆公司等龙头企业支持养殖户获得经营资金，增强养殖户信心；在桑蚕丝绸产业价格暴跌期，配合自治区党委、政府出台生丝质押担保贷款工作方案，助力生丝价格快速回暖（三个月生丝价格上涨幅度超过30%）。

（三）疏通产业堵点，推动解决蔗糖结算难题

自治区财政厅指导广西农担公司为支持广西糖业高质量发展。针对蔗糖行业特点，创新出台"桂农担—甜蜜保"产品，首创"担保+银行+糖企+甘蔗收购户或种植户"蔗糖供应链担保模式，支持广西糖业的银行个数从上榨季的 5 家增加到 10 家，四个榨季累计撬动近 100 亿元资金投入广西糖业，引导其他金融机构同步提供近 200 亿元贷款，为糖业经营主体提供充裕的结付资金。同时，放款效率缩短到 7 个工作日以内，甘蔗款兑付效率缩短至 3~5 天，甘蔗实时兑付率超过 98% 以上，解决困扰广西糖业已久的蔗糖结算痛点。

（四）合理风险分担，消除银行"三农"信贷顾虑

指导政策性农担机构按照"风险分担、不存保证金、利率优惠"原则开展银担业务合作，通过财政补贴、业务奖补、贴息贴费、风险补偿等政策保障，不断壮大担保实力，增强风险防控水平，与银行开展差异化的比例分险合作，为商业银行化解支农支小不良贷款提供了第三种可能性措施和制度性安排，实现银行机构不良贷款的"账外拨备"，提高商业银行消化不良资产能力的同时，有效缓解信贷配给紧张，解决了银行"不敢贷""不愿贷"和"不能贷"的问题。

（五）"双保"驱动发力，助力农户实现降本增收

一是财政农业保险保费补贴降低农业经营主体保费支出，为农业经营主体提供成本保障。当出现理赔事项后，农户可以从保险机构获得保险赔偿恢复再生产。二是指导政策性农担机构自身保持低费率水平的同时，利用客户自主选择银行的竞争机制引导银行提供优惠利率，积极推荐担保主体名单享受"桂惠贷"贴息，让更多农户获得低成本的信贷资金。三是发挥农业龙头企业优势，构建利益联结机制，通过"龙头

企业+家庭农场（合作社、村集体）+农户"模式支持产业发展壮大，为农户创造更多就业岗位、获得更好的经营管理技术，带动农户增收致富。

本文主创团队：广西壮族自治区财政厅

广西农担公司

执笔人：蒋瀚逸、程美燕

创新跨境电子银行承兑汇票业务
助推面向东盟的产业链供应链融合发展

为深入贯彻落实《广西壮族自治区建设面向东盟的金融开放门户总体方案》精神，在广西壮族自治区地方金融监督管理局（以下简称"自治区地方金融监管局"）、中国人民银行广西壮族自治区分行（以下简称"人民银行广西区分行"）、国家金融监督管理总局广西监管局和上海票据交易所股份有限公司（以下简称"上海票交所"）的精心指导下，桂林银行股份有限公司（以下简称"桂林银行"）秉承"国之大者"，始终坚持金融工作的政治性和人民性，牢牢把握金融工作"三大任务"，率先落地全国首笔NRA账户跨境电子银行承兑汇票业务（以下简称"跨境电票业务"）。该项创新业务采用"电子银行承兑汇票+NRA账户"方式，依托全国统一的电子商业汇票系统（ECDS），将境外主体人民币NRA结算账户作为载体，实现票据跨境签发、承兑、支付等全流程业务办理，开创了我国电子银行承兑汇票（以下简称"电票"）跨境使用的先例，为解决涉外企业跨境交易结算与风险管理等市场需求起到了良好的典型示范效应。

一　案例简介

（一）背景情况

中国和东盟建立对话关系30年来，双方在经贸合作领域不断深入，互为第一大贸易伙伴，贸易投资便利化水平大幅提升，产业链相互依存、交融共生，已成为世界范围内极具影响力的经贸合作典范。2018 年，《广西建设面向东盟的金融开放门户总体方案》正式获批，广西开始加快推进各项金融改革创新，进一步深化金融供给侧结构性改革，面向东盟的人民币跨境结算、货币交易和跨境投融资服务水平不断提升，对服务我国与东盟国家间的经贸合作、深化双方战略伙伴关系提供了强有力的金融支撑。随着 2021 年中国东盟建立全面战略伙伴关系、2022 年 RCEP 正式生效实施，中国—东盟区域产能合作和跨境产业链供应链联系更加紧密，人民币在东盟区域的话语权日益提升，在跨境贸易支付、投融资、储备和计价、汇率避险等方面的功能全面增强，东盟国家对人民币使用的需求持续增加，市场基础更加广泛扎实。

为深入贯彻落实习近平总书记对广西"五个更大"重要要求，加快打造服务国内国际双循环市场经营便利地，在服务和融入新发展格局上取得更大突破，广西制定了《广西建设面向东盟的金融开放门户五年实施规划（2019—2023 年）》和《广西金融业发展"十四五"规划（2021—2025 年）》等多个发展规划，实施了《关于加快发展"五个金融"的实施意见》《金融支持中国（广西）自由贸易试验区建设的若干政策措施》等配套举措，围绕"本币驱动、服务实体"的基本原则，提出了加快推进跨境人民币业务创新、便利人民币在东盟的使用等相关重点任务，进一步夯实了跨境人民币业务的制度基础，人民币跨境使用政策环境愈发优化和完善。

在重大战略机遇交汇、重大支持政策叠加的黄金发展期，如何将政策优势转化为发展成果及企业红利，成为广西金融机构共同面临的重要课题。传统的国际贸易结算方式手续相对烦琐、费用较高、条款专业性强，且受国别政治风险的影响较大。票据作为具有银行兑付保障的国内信用支付工具，手续费低、结算效率快、支付安全性高，具备成熟的系统设施和广泛的市场基础。因此，探索将票据结算工具引入对外贸易，打通商业汇票在境内外两个市场间的流转，成为人民币国际化优先在东盟国家推广的重要突破口。

（二）主要做法

1. 聚焦国际贸易前沿，探索人民币跨境结算新路径

2020 年，广西壮族自治区人民政府（以下简称"自治区人民政府"）出台《加快建设面向东盟的金融开放门户若干措施》，提出"支持跨境金融服务创新，鼓励离岸金融业务发展"。根据自治区政府工作部署，在业内无成熟经验模式可循的情况下，自治区地方金融监管局、人民银行广西区分行、国家金融监督管理总局广西监管局联合指导桂林银行针对国际市场商品价格波动加剧、汇率双向波动常态化等国际贸易现状，跳出内贸结算工具只能服务境内市场主体的思维定式，探索在保持原有产品框架和账户体系的基础上，推出一款能被跨境产业链链属企业广泛接受的新型结算工具，并初步确立了跨境电票的研究方向。为进一步论证跨境电票的可行性，桂林银行深入当地市场开展调研，特别针对人民币跨境使用频率较高的行业，重点考察其使用跨境电票进行外贸结算的意愿，最终选定产业链采购端布局在境外的有色金属冶炼加工产业和"走出去"设立子公司或合资公司的"双循环"企业作为试点，着手推动跨境电票各项软硬件设施建设。

2. 聚焦业务流程重塑，打造高效稳定的跨境电票新生态

传统跨境结算主要通过跨境支付清算系统将境内资金支付至境外主体账户，清算路径长、费用相对高，且面临的国别风险环境具有不确定性。桂林银行结合 NRA 账户与电票两者优势，"两个转变"重构跨境电票业务流程。一是转变清算路径。基于境内主体与 NRA 账户间的资金划转视同跨境业务管理的监管规定，将 NRA 账户作为叙

做跨境电票交易的搭载账户，实现跨境清算路径由境外转为境内，减少对境外支付清算体系的依赖，大幅提升了跨境资金清算效率和便利性。二是转变结算账户。电票除具有远期付款、信用传递等票据通用属性外，还具有业务处理全量线上化、标准化、规范化的特点，为打通跨境电票业务全流程运行链路，桂林银行在业务运行和系统建设上积极寻求上海票交所支持，推动 NRA 账户成功接入电子商业汇票系统，实现接收电子银行承兑汇票、资金清算等功能，支持境内出票人（进口商）依托电子商业汇票系统，以数据电文形式向境内承兑行申请，再由境内承兑行在指定日期无条件支付确定金额给境外持票人（出口商）（见图 1）。

图1 桂林银行跨境电票业务流程

3. 聚焦"技防+人防"管理升级，建立跨境电票风控新机制

桂林银行在符合国家政策导向的前提下开展跨境电票业务创新，充分履行创新业务事前报备流程，"三个推动"全面落实各项风险防控措施。一是推动跨境电票业务制度化。按照金融监管机构在客户准入、账户管理、数据报送和反洗钱管理等方面的具体要求和指导意见，集结内外贸骨干力量梳理内部管理制度，出台《桂林银行跨境票据通业务管理办法》，为业务合规开展搭建起完备的制度框架。二是推动报数规范化。借助第二代人民币跨境收付信息管理系统（RCPMIS）上线契机，全面厘清后台系统取数逻辑和申报规范，确保跨境电票在银行承兑付款节点的涉外申报及时、准确、完整。三是推动风险管控精细化。强化事中事后管理，设置专人专岗落实跨境电子商业汇票付款责任，建立业务明细台账并紧密跟踪开票后资金流

向，对结清后业务进行定期回溯分析，实现跨境电票风控策略的动态优化。

（三）取得的成效

1. 成功落地全国首笔 NRA 账户跨境电票业务

2022 年 3 月 22 日，桂林银行成功为广西大锰锰业集团有限公司办理全国首笔 NRA 账户跨境电子银行承兑汇票业务。2022 年 4 月 27 日，该项金融创新成果获得了自治区地方金融监管局肯定，向桂林银行发来贺信："开创我国跨境电票使用先例，获得区内外广泛关注，推动广西跨境电票市场发展，为我区跨境金融创新提供了有力支撑，推深做实面向东盟的金融开放门户建设。" 2023 年 2 月 27 日，自治区人民政府发文公布中国（广西）自由贸易试验区第四批自治区级制度创新成果，"全国首笔境外机构人民币银行结算账户（NRA 账户）跨境电子银行承兑汇票业务"获评最佳实践案例。2023 年 12 月 8 日，中国（广西）自由贸易试验区建设指挥部发文通报表扬 2023 年制度创新获奖单位，桂林银行跨境电票相关金融实践获得中国（广西）自由贸易试验区 2023 年制度创新 B 类成果。

2. 跨境电票融资应用场景实现新突破

首笔跨境电票业务落地后，桂林银行立即开启了电票在跨境背书转让、跨境融资等领域的探索，致力于将跨境电票打造成为集增信、避险、结算、融资于一体的综合性跨境金融产品，制定了"跨境电票+境外贷款"的全新方案支持境外中资企业融资，即境内银行以境外企业持有的跨境电子银行承兑汇票项下的远期应收账款权益为质押，通过人民币 NRA 结算账户为其发放贷款，质押票据到期后/境外贷款到期后，境外企业通过 NRA 账户进行还款。该方案得到了人民银行广西区分行、国家外汇管理局广西区分局的认可和支持，已完成境外贷款业务相关备案工作，并取得了国家外汇管理局广西区分局同意桂林银行开展境外贷款业务的备案回执。

二 创新点

NRA 账户跨境电子银行承兑汇票业务属全国首创，创新了跨境支付结算载体，打破了银行承兑汇票只能在国内使用的地域限制，开辟了跨境产业链金融服务新路径，为人民币成为国际计价货币增添了新标的，成为继电汇、托收、信用证后新的国际贸易结算方式。

（一）创新跨境结算方式，促进跨境贸易便利化

传统的国际贸易结算方式主要通过跨境支付清算系统将境内资金划付至境外主体账户，清算路径长、费用高、条款专业性强。相比之下，跨境电票业务以境外主体开立在境内的人民币 NRA 账户作为介质，将结算方式由传统的国际信用证、跨境电汇，转换为电票结算，实现了跨境清算路径由境外转换为境内，符合国内企业交易习惯，安全高效且手续费较低，大幅提升了资金跨境清算效率和贸易便利性。

（二）创新票据应用场景，提升跨境产业链韧性和安全水平

跨境电票业务将银行承兑汇票引入对外贸易，延展了国内票据使用的对象和场景，利用票据具有国内银行兑付保障的属性，帮助国内进口商实现远期付款，有利于将银行信用传递至跨境产业链上的中小企业，更好地引导资金流向实体经济，降低企业融资成本，减少营运资金占用，加快商品流通和资金周转，促进购买力释放和生产规模扩大，赋能本土优势产业链向境外强链、补链、延链。

（三）创新人民币跨境支付渠道，助推人民币国际化

监管规定 NRA 账户与境内账户之间的资金划转视同跨境业务管理，但相对普通跨境业务其更具灵活性、便利性。跨境电票结清后，在贸易

背景真实的前提下，境外主体可凭支付指令，直接将 NRA 账户内的人民币收款划至境外使用或用于境内采购，有效提高了境外主体使用人民币意愿，由此可引致人民币交易结算需求增加，进而推动人民币面向东盟跨区域使用，促进人民币境内外畅通循环。

（四）创新贸易风险规避方式，稳住外贸外资基本盘

跨境电票业务运用人民币计价结算，不存在币种转换操作，能有效规避汇率风险，特别是对于跨国集团公司，使用人民币结算可提高集团资金使用效率，保障资产价值。另外，跨境电票业务依托上海票交所强大的系统运作机制，通过二代支付系统进行清算，不受境外法律管辖，能摆脱对境外支付清算体系的依赖，防范国别政治风险。

三 应用价值

本案例真正打通了内外贸业务融合边界，依托跨国供应链网络拓宽客户群体和业务范围，实现了国内主流贸易结算工具与跨境产业链有机衔接，有效增强了外向型企业的金融服务能力，是广西地方监管机构联合地方金融机构，共同为提升广西跨境电票市场影响力、面向东盟推广票据结算业务走的一步先手棋，也是广西金融业在促进畅通国内国际双循环方面实现的新突破，为其他金融机构发展跨境金融开拓了新思路，具有重要的应用价值和市场空间。

（一）能够在全国范围内可复制、可推广

跨境电票业务基于电票体制机制健全、市场认可度高和操作标准化的特质，具备广泛的应用场景，适用于货物贸易、服务贸易、大宗商品等多种贸易形式和各类外贸市场主体，尤其是在海外设立子公司或合资公司的企业以及跨国集团内部采购。NRA 账户作为境外企业参与境内

市场开放的重要抓手，手续简单、办理便捷，在境外合法注册的企业均可申请办理，区别于 FT 账户只能在自由贸易试验区开立的地域限制，其能够在全国范围内可复制、可推广。

（二）打造面向东盟的全链条跨境电票业务应用场景

跨境电票服务实体经济的能力和优势明显，结算功能仅仅是最基础的服务手段，背书转让、贴现、再贴现、转贴现等功能的拓展还存在广阔空间，打造从结算前端到融资后端的跨境电票全链条应用场景，将惠及跨境产业链上更多实体企业，从而推动监管机构、金融同业、各类型企业共同参与到跨境电票生态系统的建设中来。特别是在服务中国—东盟经贸合作领域，可由普通货物贸易向对外承包工程项目采购、自贸区融资租赁费跨境支付、贸易融资跨境资产转让等方向拓展，进一步丰富跨境产业链配套金融服务体系，以金融创新工作的延续性和持久性，最大程度地激发跨境电票商业价值。

（三）做大做强面向东盟的国际跨境电票市场

全国首笔 NRA 账户跨境电子银行承兑汇票业务的落地，为广西全区金融机构开展同类型业务提供了示范模板，随着国有大行、股份制银行等金融同业加入跨境电票的复制推广工作，依托其在东盟国家设立的海外机构网络，更有利于拓展跨国集团以外的客户群体，充分利用境内外两个市场、两种资源，推动对外投资和银行间跨境票据转贴现等特殊场景的实现，通过金融同业间的交流合作与优势互补，进一步扩大广西跨境电票市场影响力，为搭建面向东盟的贸易融资和票据转让服务平台奠定基础。

本文主创团队：桂林银行股份有限公司

执笔人：唐飞、秦茜

创新铝产业链电费证模式
助力广西铝产业高质量发展

一 案例简介

（一）项目背景

1. 政策背景

2021 年 4 月，习近平总书记视察广西时强调，广西铝产业在全国具有较强竞争力，要推动全产业链优化升级。2022 年 9 月 23 日，自治区人大通过《关于促进铝产业高质量发展的决定》（以下简称《决定》），提出广西铝产业要坚持延链补链强链、集群式发展，大力推动铝产业从中低端向中高端迈进，实现高质量发展。《决定》明确支持广西投资集团有限公司（以下简称广投集团）等国有企业优化整合企业内部铝板块业务，通过并购、参控股等方式跨省区、跨国境布局铝产业链，打造成为有全国影响力和国际竞争力的铝产业龙头企业。

2. 广西铝产业发展现状

广西是传统的铝业资源大省。从产业链角度来看，广西铝产业具有铝土矿资源集中保障度高、氧化铝产业集中竞争力强、电解铝产能集中保持稳定但竞争力较弱、预焙阳极产能集中供需平衡、铝加工规模较大但附加值不高等特点。

2021 年底，广西拥有铝土矿储量 26348 万吨，占全国的 37%，暂居全国第一，保障年限约 12 年；主要分布在百色地区。2022 年广西铝土矿用量 3500 万吨，其中本地矿 2200 万吨，进口矿 1300 万吨，进口矿占比 37%。

2022 年底，广西氧化铝产能达到 1430 万吨/年，占全国的 14%，位列全国第三。分地区来看，主要集中在百色地区，百色产能 1130 万吨/年，占全区的 79%，防城港产能 200 万吨/年，崇左产能 100 万吨/年。分企业来看：广西铝业集团 240 万吨/年、信发 300 万吨/年、天桂 250 万吨/年、中铝股份 450 万吨/年、龙州新翔 100 万吨/年、田东锦鑫 90 万吨/年。

广西电解铝产能 279.5 万吨/年，占全国的 6%，位列全国第七。分地区来看：百色 229.5 万吨/年、来宾 50 万吨/年；分企业来看：广西铝业集团达到 70 万吨/年、百矿 130 万吨/年、中铝股份 40 万吨/年、信发 32 万吨/年、翔吉 7.5 万吨/年。2022 年产量达到 204 万吨，整体运行较为稳定，但用电成本高、清洁能源不足的"铝电"矛盾依然突出，制约了广西电解铝行业发展。

2022 年底，广西铝用碳素产能达到 143.5 万吨/年，占全国的 5%。全部集中在百色，分企业来看：广西铝业集团达到 90.5 万吨/年、中铝股份 13 万吨/年、百矿 40 万吨/年。广西电解铝满产情况下，年预焙阳极需求量约 130 万吨，供应基本平衡。

2022 年底，广西铝加工总产能达到 565 万吨/年，其中：铝板带箔材 80 万吨/年、占比 14%，铝型材 240 吨/年、占比 42%，铝棒材产能 245 万吨/年、占比 43%，初级产品占比大，附加值不高。分地区来看：南宁 44 万吨/年，百色 408 万吨/年，来宾 57.5 万吨/年，柳州 54 万吨/年，贺州 1.8 万吨/年。主要企业为：广西铝业集团 103 万吨/年、平铝 55 万吨/年、百矿 10.5 万吨/年、南南铝业 23 万吨/年、信发 10 万吨/年。

3. 企业情况介绍

为深入贯彻落实习近平总书记重要指示精神和自治区人大《关于促进铝产业高质量发展的决定》，2023 年 4 月 18 日广投集团旗下广西铝业集团有限公司（以下简称广西铝业集团或公司）正式揭牌成立。广西铝业集团是广西区内唯一具有全产业链布局的铝产业集团，形成了铝土矿—氧化铝—电解铝—铝初加工—铝精深加工和铝基新材料研究一体化的全产业链发展格局，产业体量居广西本土铝企业首位。广西铝业集团紧紧围绕工业强桂战略，按照"做优上游、做精中游、做强下游"的原则，持续优化产业布局，发挥铝产业龙头企业的牵引带动作用，提升"强链、补链、延链"能力，推动广西铝产业加快转型升级。

广西铝业集团旗下的广西南南铝加工有限公司（以下简称南南铝加工）是广投集团铝产业链下游精深加工企业，习近平总书记分别于2010年和2017年先后两次到南南铝加工视察，作出国有企业"三个排头兵"重要指示。南南铝加工以习近平新时代中国特色社会主义思想为指导，深入践行"新模式、新业态、新技术、新产品"制造业四新发展要求，牵引和带动广西铝先进制造业的高质量发展。

4. 融资产品创新背景

纵观整个铝产业链，电解铝企业作为铝产业链的"链主"，发挥着为下游铝精深加工龙头企业南南铝加工高端制造持续提供关键性基础材料安全保供的重要功能。电解铝属高载能行业，电力成本占生产成本的40%。目前，广西电解铝用电价格位居全国第一，电力成本高企严重制约了广西电解铝企业的生存发展，使得广西电解铝企业效益承压，行业竞争力不强，每月大额电费现金结算进一步加重企业财务负担，不利于广西发展做强下游铝精深加工产业和广西铝产业链的安全保供。同时，受行业信贷政策影响，电解铝企业拓展外部融资渠道困难，难以通过其自身融资弥补支付电费的压力。

（二）主要做法

2021年，南方电网旗下全资企业南方电网互联网服务有限公司（以下简称南网互联网公司）正式推出"电费证"产品。A银行广州分行是南方电网指定银行，用电企业可以通过向 A 银行申请开立国内信用证，由南网互联网公司作为受益人开展电费融资业务。但电解铝企业在 A 银行未获批授信额度，致使南方电网"电费证"业务无法办理。

为化解电解铝企业融资困境，突破 A 银行授信额度限制，公司充分挖掘和利用现有银行授信额度，深度梳理各行现有融资产品，充分对比融资成本及融资期限，力求解决电解铝企业每月高昂电费结算支付问题。经认真研究公司产业链特点，对比多家银行产品，发现 B 银行授信额度较大，且其供应链金融服务平台完全契合公司全产业链经营特点，并能跨银行系统兼容。公司积极推动 A、B 两家银行分行跨省跨产品合作，最终实现 B 银行的供应链金融服务平台与南方电网"电费证"线上平台的无缝对接，成功创新了"铝产业链电费证"融资模式，彻底解决了电解铝企业融资难的问题，提升了产业链资金运营效率。具体业务操作模式如下（见图 1）：

（1）广西铝业集团使用 B 银行南宁分行供应链融资额度。

（2）广西铝业集团向电解铝企业采购铝水形成应付账款。在 B 银行的"供应链金融服务平台"签发账单，并将账单发送至上游电解铝企业。

（3）电解铝企业签收"供应链金融服务平台"账单，将应收账款转让给 B 银行获得融资额度。

（4）电解铝企业收到当地供电局的电费缴纳凭证，向 B 银行南宁分行提出融资。

（5）南网互联网公司与广西电网公司签署了相关代收费业务合作协议，可代收广西电网辖区内企业电费。电解铝企业通过 B 银行"供应链金融服务平台"向南网互联网公司开立国内信用证。

（6）南网互联网公司收到信用证后，向 A 银行广州分行办理信用证项下福费廷业务。电解铝企业向 A 银行广州分行交单，A 银行广州分行审单完毕后通知 B 银行南宁分行承兑。

（7）A 银行广州分行将福费廷资金转入南网互联网公司账户。

（8）南网互联网公司将福费廷资金作为电费资金清分至地方供电局完成电费结算。

（9）广西铝业集团在 B 银行"供应链金融服务平台"账单到期后向电解铝企业支付货款。

（10）电解铝企业收到货款后，归还 B 银行到期融资款。

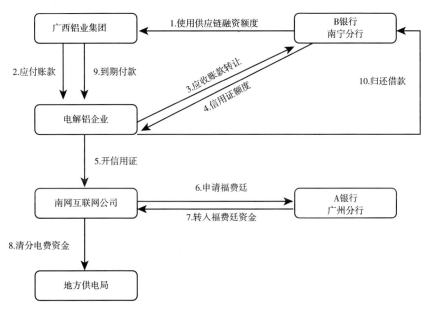

图1 "铝产业链电费证"融资操作模式

（三）取得的成效

"铝产业链电费证"是基于传统信用证的创新，相对于银行的传统流动资金贷款，目前信用证融资成本普遍低于同期贷款利率，在一定程度上也降低了企业的融资成本，可有效降低财务费用，为实体经济提供低成本资金。

2022 年广西铝业集团成功落地首笔"铝产业链电费证"1.65 亿

元，这也是南方电网当时全国单笔最大"电费证"供应链融资业务。2022 年共计成功开展 9.95 亿元"铝产业链电费证"业务，置换电解铝企业其他高成本融资，助力电解铝企业融资利率下降 119 个基点，财务费用同比下降 24%。同时，相比于电费现金结算，"铝产业链电费证"在"电费证"的基础上进一步延长付款期限，提升了内部产业链资金周转效率，大大缓解了生产企业资金压力。

二　创新点

（一）基于产业链协同特点，进一步延伸供应链金融服务长度

近年来，供应链金融受到国家、地方政府的高度重视，围绕我国供应链金融行业的发展，已陆续推出一系列政策文件，引导金融机构积极推进供应链金融支持实体经济。但目前供应链金融模式依然以标准化为主，无法匹配差异化需求。传统的供应链金融模式往往基于买卖双方"一对一"的交易模式构建，链条较短，无法深度服务产业链多家企业。

广西铝业集团创新"铝产业链电费证"融资模式，打破传统供应链金融仅基于买卖双方"一对一"短链条交易融资模式，利用全产业链的购销业务背景打造"一对一再对一"式产业链融资模式，延长供应链金融服务的深度和长度，充分发挥供应链金融作用，助力产业链稳健发展。

（二）通过金融同业协同，搭建"一链一策"特色供应链金融桥梁

"电费证"业务是在国家"双碳"政策、电力市场交易化背景下探索的电费交易场景供应链金融业务，打破了企业电费只能现金结算的传统模式。但传统的"电费证"只能通过一家银行完成，如企业在该

银行没有授信额度，则该企业将无法办理。

公司创新的"铝产业链电费证"模式在原有"电费证"模式基础上突破单一合作银行限制，强化金融赋能促进铝产业高质量发展。通过金融同业协同，B银行南宁分行与A银行广州分行同业合作与业务联动，搭建"一链一策"特色供应链金融桥梁，拓宽企业融资渠道的同时，进一步提高了企业资金使用效率，更好服务实体经济发展。

（三）利用金融科技优势，打好跨银行线上平台综合服务的"组合拳"

目前各家银行都推出了自己的供应链金融线上平台，但线上平台之前并未实际打通，产业链上下游企业通过银行办理供应链金融业务需分别登录各家银行的线上平台操作，对产业链较长的众多产业链企业而言，操作烦琐复杂，各家银行线上平台业务的相互隔断对企业并不友好，严重影响了产业链众多企业的融资效率。

公司创新的"铝产业链电费证"模式通过B银行的供应链金融服务平台和A银行的"电费证"线上金融服务平台相互打通，推动跨银行线上平台无缝对接，真正实现办理产业链融资业务不受地域、时间、跨系统限制，全流程线上高效快速办理，进一步便利和优化了企业融资办理手续，极大提升了金融服务实体经济的效率。

（四）落地粤桂合作供应链融资新模式

公司积极践行《广西壮族自治区建设面向东盟的金融开放门户总体方案》，落地跨区域供应链合作融资模式。公司创新的"铝产业链电费证"模式成功实现粤桂产融协同，将位于广西南宁、来宾和百色的生产企业及供电局、B银行南宁分行，与位于广东广州的南网互联网公司、A银行广州分行开展跨省深入协同，既解决了电解铝企业融资难、融资贵问题，又提高了电网公司的电费结算效率，真正实现了粤桂产融的互利共赢。

三　应用价值

（一）有力保障产业链供应链资金安全，提升产业链供应链韧劲

广西毗邻珠三角、港澳地区，是中国唯一与东盟陆海相邻的省区，是西南地区最便捷的出海通道，拥有"沿海""沿边""沿江"三位一体的独特区位优势。广西正处在推动铝产业从中低端向中高端、从原材料向新材料、从低附加值向高附加值迈进的关键阶段。"铝产业链电费证"创新模式实现了产业链上下游企业的资金和融资协同，有力保障了产业链供应链资金安全，有效提升了产业链供应链韧劲和安全，助力下游铝精深加工企业资金保供和安全生产，持续提升"强链、补链、延链"支撑能力，有力地支持了广西铝产业高质量发展，是对自治区人大《关于促进铝产业高质量发展的决定》的贯彻落实，助力广西制造业做大做强。

（二）为广西区内用电企业非现金支付电费和区内银行创新供应链金融产品提供先行经验借鉴

广西铝业集团充分利用现有存量授信额度，联合银行与南方电网互联网公司，通过线上平台进行电费结算场景供应链融资模式创新探索，一是打破了电费现金结算的传统支付方式，提供了新的电费供应链融资可借鉴的创新模式，在突破用电企业电费现金结算单一模式的探索上积累了新的可复制经验；二是在突破单一银行授信限制上为多家银行打通跨行线上平台互联互通、提升金融服务效率上提供可借鉴的先行经验，后续区内其他银行纷纷借鉴推出类似金融产品，进一步满足了广西区内用电企业多元化的电力支付需求，也为供应链金融服务实体经济起到了良好示范效应。

（三）为供应链金融支持广西中小制造业企业起到示范效应

中小企业受规模小、可抵押资产不足以及缺少优质的信用担保等因素影响，很难获得银行等金融机构贷款支持，普遍面临融资困难。供应链金融区别于传统融资，主要为核心企业及其上下游企业提供金融服务方案，供应链金融使银行信贷资金回归本源，使服务面向实体经济。目前广西铝企业整体"小散弱"，单一企业难以获得金融机构支持，通过搭建供应链金融模式，能有效促进区域融资环境的优化。本次公司创新的"铝产业链电费证"融资模式，切实为产业链上融资难、融资贵的生产企业解决了融资难题，为供应链金融支持广西中小制造业企业起到了示范效应。

（四）借助互联网金融的先进技术，打通跨银行金融科技平台，提升金融服务效率和防范金融风险水平

在互联网时代下，企业可以通过搭建电子信息化平台，利用互联网电子信息技术将供应链上的各项数据进行整合，使其成为经营战略落实的服务支撑，帮助企业降低经营风险。同时，通过互联网电子信息技术，可以更加快捷采集企业信息，通过"串珠成链"实现供应链上各企业间的协同效应，既可以帮助核心企业稳定上下游关系，促进货流、物流、资金流高效融合，降低供应链主体的经营风险，也为金融机构推动供应链金融的创新发展提供底层资产支持，通过跨银行金融科技平台的无缝对接，进一步实现金融服务实体产业的效率提升。同时，通过银行与银行之间线上平台的对接，也有利于企业在办理供应链金融业务时，银行间通过线上平台信息共享，有效防控供应链金融虚假交易和重复融资风险，提高供应链金融融资风险管控能力。

本文主创团队：广西铝业集团有限公司

执笔人：赖莹莹、李炫崴

Ⅱ 优秀案例

创新型厂商融资租赁数字化转型
助力实体经济高质量发展

广西柳工机械股份有限公司（以下简称"柳工股份"）深入参与面向东盟的金融开放门户建设，紧紧围绕服务实体经济及防控金融风险的任务，联合下属全资子公司中恒国际租赁有限公司（以下简称"中恒租赁"），充分发挥金融服务实体产业的"一体、两翼、三支撑"的作用，主动出击，优化业务布局，拓展市场空间；以新金融理念推进数字化创新，深化金融体制改革，重构风险管理体系和融资租赁业务模式，着眼服务于柳工股份合作伙伴和设备终端客户，通过金融科技在业务及风控领域的实施，为融资租赁行业金融创新注入新活力，实现风控体系和业务模式的数字化转型，助力广西面向东盟的金融开放门户建设。

一　案例介绍

（一）背景情况

2021年4月26日，习近平总书记视察柳工股份时强调，制造业高质量发展是我国经济高质量发展的重中之重，建设社会主义现代化强国、发展壮大实体经济，都离不开制造业，要在推动产业优化升级上继续下功夫。只有创新才能自强、才能争先，要坚定不移走自主创新道路，把创新发展主动权牢牢掌握在自己手中。

遵照习近平总书记教导，结合广西建设面向东盟的金融开放门户发展前景，2022年广西柳工股份及其中恒租赁深入贯彻"科技强基"理念，探索普惠、开放、共享的现代金融服务体系，通过先行先试、自主研发的方式重塑业务流程，构建智能风控风险管理体系，打造"开山"AI业务平台和"凤眼"智慧风控体系，充实和加大了金融供给，加"数"推进工程机械业务实现高质量发展。

（二）主要做法

1. 搭建数字化"凤眼"智慧风控体系，提高业务运转能力，提升风控精细化管理能力

"凤眼"智慧风控体系是立足工程机械行业，结合专家行业经验，利用大数据和人工智能等技术搭建的智能风控平台，专注于服务柳工股份终端客户、经销商及厂商，适用于融资租赁业务及其他信用销售业务。

"凤眼"智慧风控通过大批量、快速、精准的风险事件过滤或预测，实现了标准化流程和系统化控制，打造了客户差异化管理能力，提升了业务运转效率、信用管理水平和管理效果，业务赋能显著。

"凤眼"智慧风控系列产品包括贷前凤眼查风险初筛、凤眼审批、凤眼预警、凤眼催收等产品，通过对融资客户、融资组合和业务人员等要素的智能检测，实现全客户、全产品、全流程的有效风险管控（见图1）。将智能化手段融入三道防线建设中，全面贯彻落实"主动防、智能控、全面管"职责，形成敏捷响应、逐步完善、稳妥包容的智能风控体系建设机制。

（1）风险初筛。凤眼查是一项快速识别客户信用风险的工具，通

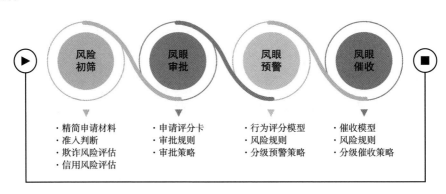

图1 "凤眼"智慧风控体系

过将部分风险调查前置，实现"早发现、早排除和早治疗"三大目的。凤眼查主要应用在预审批阶段，服务对象是经销商的销售和信用人员，具有输入信息少、反馈结果快和风险数据全面及时等特点。凤眼查上线实现了经销商赋能，解决了经销商风险识别能力弱、消耗时间长的痛点，提高了客户满意度。

（2）凤眼审批。凤眼自动审批利用知识图谱、机器学习、生物指标、关联分析等技术，获取更充分的信息，搭建数据驱动申请评分模型、标准审批流程和策略，审批决策更科学；实现了全天24小时审批，突破了人工审批的时间限制；提高了审批效率，平均单笔审批时限由半个小时缩短至"秒级"，方便客户及经销商报单人员，实现人性化和集约化业务处理，决策更高效；不受审批人员主观感受、情景、情绪等影响，决策更客观。

（3）贷中贷后管理。相比贷前，柳工股份设备租赁贷中贷后的管理更为复杂，不同机构需要形成合力，共同推进数字化转型落地。在相关领导的带领下，建立了"1+1+N"的部门联动机制，加强协调推进，横向打破部门或机构壁垒，纵向上下联动协同，组建跨机构跨部门专业团队，推动业务和科技深度融合，突破传统贷中贷后业务模式与管理机制，整合信息收集渠道，充分调动各机构各部门工作积极性，将数字化转型智能风控切实运用到贷中贷后风险管控的具体场景中。

贷中管理兼具风险防控和客户价值挖掘的作用，是一个整体与细分相结合的体系，不仅可以有效提高风险识别的时效性和准确性，提前发现风险、处置风险，还能深入挖掘客户提升信贷资产质量，促进金融机构在风险、收益、资本三方的平衡，实现客户的精细化和科学化管理。凤眼预警主要通过行为评分模型和预警规则按月扫描正常还款客户，实现自动风险预警、预警执行跟踪等。

贷后催收是四位一体的系统化工程，包含模型、策略、系统和运营四个层面，四个层面相互支撑，相互促进。根据客户逾期时长，催收评分模型以及风险规则对客户进行分级，针对不同层级客户，输出差异化催收建议，并配合多种催收渠道，实现标准化、精细化、智能化的催收，达到降低坏账损失、提高催收效率的目的。

2. 打造共生、共享、共赢的"生态"系统，实现健康、高效、良性发展

"开山"的愿景使命是围绕工程机械用户金融服务场景，打造以客户为中心，开放、包容、多元、共生、共享的开山 AI 业务平台，为客户与伙伴创造价值。开山项目将"科技赋能"和"流程再造"有机结合，在中恒租赁融资租赁业务实践经验的基础上，通过多种金融科技手段应用，为客户与伙伴提供自动化、智能化、电子化、合规化的全流程服务。

开山平台打造微信公众号和小程序，入门级操作使客户可自行注册、下单，提升信息准确性及更新及时性，增强客户参与度及守约意识；通过 OCR 影像识别技术，只需上传照片，即可自动识别及录入信息，方便快捷，减少客户及经销商工作量；与国内有资质的行业顶尖企业合作为客户、经销商等提供电子签约服务，签约过程真实有效，客户只需要刷脸+按键，5 分钟轻松搞定，提升了满意度及签约效率；对接

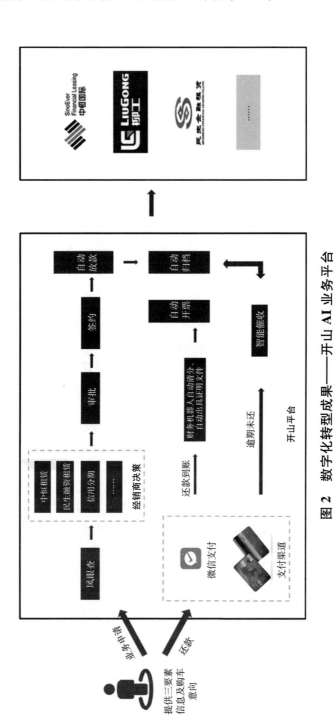

图 2　数字化转型成果——开山 AI 业务平台

税务系统完成发票在线自动认证，保证发票认证准确性，认证通过即可先行放款，发票原件限期补寄至中恒租赁，减少放款等待；系统自动发起放款则规避放款数据失准及遗漏的风险，由每周1~2次人工发起放款改为每日定时系统自动发起放款，提升了放款效率；建立集中、统一、规范、高效的电子化档案管理工作平台，分类管理、集中存储、合法合规共享。

（三）取得的成效

柳工股份和中恒租赁围绕高效率、低风险、低成本的"一高两低"经营策略，全面推进数字化转型，用数据说话、数据改善业务、数据驱动业务，实现资金与资产连接，以客户为中心，不断进行管理创新，提高业务运转效率，贴合客户需求，加强风险管理的主动性和前瞻性，提升精细化管理水平，赋能客户与伙伴，构建智慧租赁生态圈，持续为客户与伙伴创造价值，在自身经营管理及推动实体经济高质量发展的实践中得到了很好的检验，带动柳工股份业务发展稳步向前，实现了经济效益和社会效益双提升。

智慧风控的落地实现了业务秒级审批，审批效率相比人工审查提高了360倍，大大提高了业务运转效率；在提高效率的同时，智慧风控也实现了风险控制目标，业务逾期率控制在1%以内；实现了多方位自动化，节省了公司内部人力成本和合作伙伴经销商以及产品线的风险管理成本，年度共节约管理成本约500万元。凤眼催收的上线，将线下催收工作及管理线上化，规范了催收流程，实现了信息穿透及整合、科学风险分级，落实了柳工股份底线管理思维，促进了合规运营，对经销商的管理及其工作思维逐渐由被动转向主动。

开山业务平台2022年累计服务客户12654个，向厂商放款1251批次，放款金额39亿元。中恒租赁融资业务的放款流程由15步精简至8步，中恒租赁放款效率由平均30天缩短至最快24小时，在年39亿元投放时资金占用成本减少约210万元，使主机厂提升周转期限约25天，中恒租赁年投放39亿元时按年利率6%计算可增加资金收益1667万元。经销商在合同印刷费、快递费及车辆补贴、人力成本等方面的支出明显减少，年销量500台的经销商约减少支出12万~15万元/年。2022年电签覆盖率达90%，有效解决了疫情期间销售签约工作的健康保障问题。厂商及经销商对中恒租赁的满意度由2021年的86分提升至2022年的93分。平台绑定工程机械用户突破一万个，为柳工股份精准营销储备了资源。开山平台在中国外商投资企业协会租赁业工作委员会主办的《融资租赁通讯》上被提及，行业内口碑良好，具有引领地位，民生金租、兴业金租等银行系金租及越秀租赁等第三方渠道多次来访交流。

二 创新点

柳工股份和中恒租赁在数字化转型中不断利用数据和技术进行应用创新，尝试从产业链全局视角出发，探索应用科技手段重构业务流程和风险管理机制，促进产融结合，促进企业内部从思想到行动、从顶层到基层的深层次改革。

（一）深植数据资产，凤眼智慧风控以"数"为源构建新引擎

中恒租赁持续构建数据中台，健全和完善数据资产管理体系，创新业务管理，引入大数据，完善信息收集标准，加强数据治理，建立数据治理机制和专业联动治理机制，提升数据信息的完整性、真实性和有效性。深化数据资产应用，做活数据资产，从数据中挖掘价值、获取价值、创造价值，完善风险视图、客户画像，实现风险信息的多维度、多层次、可视化展示，逐步改变传统的管理理念，改变风控手段靠人的局面，形成"用数据说话、用数据决策、用数据管理"的数字化风险管理机制。

凤眼智慧风控平台以优秀业务创新，展示了融资租赁服务实体经济

的风貌,在 2022 年(第二届)全国融资租赁创新案例大赛中荣获"优秀创新案例"奖(见图 3)。

图 3 凤眼智慧风控平台获全国"优秀创新案例"奖

(二)构建跨业务模式金融创新机制,形成凤眼智慧风控覆盖全业务模式的"柳工平台机制"

柳工股份持续加强金融合作创新,依托厂商资源禀赋,以推动柳工产品销售以及风险控制为主线,强化销售渠道、融资渠道协同联动,利用中恒租赁开山平台和凤眼风控平台管理融资租赁、分期以及全款等不同模式的业务,有力支持柳工多业态发展格局,引领工程机械产业发展,夯实面向东盟的金融开放门户建设的基础。

(三)构建金融机构联动机制,形成新形势下服务实体经济合作共赢的"柳工金融方案"

围绕贯彻落实面向东盟的金融开放门户这一国家战略,按照资源集聚、竞合发展、服务实体、开放创新、防控风险的原则，加强跨机构金融联动，创新引进民生金租等第三方融资渠道，利用中恒租赁开山平台和凤眼风控平台开展业务，逐步构建柳工国内国外金融序列，采取统筹优化、加力提效、创新突破等方式，联合第三方金融机构共同服务于工程机械产业，形成金融跟着产业走、产业推着金融走、方案围绕效果走的合作共赢良性循环。

三 应用价值

在当前加快构建以国内大循环为主体、国内国际双循环相互促进融合发展的新格局下，各企业亟待探索新路径，革新商业模式。柳工股份积极探索，着力产融结合，深度进行跨区域交流与合作，为促进装备工业产业高质量发展提供了经验。

（一）为客户和合作伙伴创造价值

企业要发展，就必须提升与客户和合作伙伴的相关性，革新服务，革新数字化，革新平台，为客户创造更多的价值。

1. 助力小微企业成长

以设备租赁为切入口，专注于满足客户需求，通过搭建数字化业务平台和风控平台，为客户提供最新、最优质的服务，提升服务效率和服务水平，助力小微客户生产设备的更新换代与技术升级，提高客户的全生命周期价值。

2. 助力供应链企业发展

在大的生态系统和商业模式背景下，不局限于客户，积极地让每个环节的利益相关者参与进来，确保他们在获得利润的同时也能实现自己的目标，共同创造更大的行业价值，这便是供应链金融的精髓。柳工股份在数字化改革中，将设备生产厂商、经销商以及第三方供应商紧密结合在一起，精准服务各利益方，打造共生共创共享的业务模式，助力合作伙伴发展，提升行业整体价值。

（二）积极服务绿色产业，加快推进节能减排

面对碳达峰、碳中和的国家战略要求，柳工股份持续引领行业电动化转型，目前电动装载机、电动挖掘机、电动宽体车均已全面投向市场，为绿色环保做出了积极贡献。柳工开山融资租赁平台积极为绿色装备提供绿色通道，通过低成本、绿色审批等特殊机制积极引导客户购买电动设备，引导资金流向节约资源生态保护领域，促进人与自然和谐共生。

（三）科技赋能金融，助力打造新型融资租赁生态

面向东盟的金融开放门户建设，依托数字金融创新推动构建具有广西特色的数字经济生态是其中重要一环。柳工股份利用物联网技术、人工智能、大数据、云计算、区块链等信息技术与金融业务深度融合，通过优化自身业务布局，重塑租赁公司经营模式、业务流程，打造"融资租赁+金融科技"模式将是长期来看租赁公司发展的必然趋势。通过将信息技术深度应用到融资租赁业务中，可以改变传统的获客方式、风控模式和资产管理模式，可以切入融资租赁最重要的业务场景，打造具备自身特点的智能租赁平台，形成围绕服务实体经济、洞察客户需求和风险度量的新型融资租赁生态。

（四）为柳工股份发展东盟融资租赁业务提供了可复制样本

2022 年是柳工股份提出并实施"建设开放的、国际化的柳工"战略目标的 20 年，柳工股份完成了中国工程机械行业海外规模最大、覆盖面最广的国际化布局。乘着共建"一带一路"的东风，柳工股份紧抓机遇，积极推动工程机械产品"走出去"，布局相关海外市场的产

业链、供应链，东盟作为柳工股份最早进入的海外市场之一，是柳工股份国际领域的核心市场，中恒租赁开山业务平台和智慧风控平台为东盟融资租赁业务提供了可复制的样本。

本文主创团队：广西柳工机械股份有限公司

执笔人：刘学斌、余洋

组建中国人保—东盟跨境再保险共同体

习近平主席指出，中国与东盟关系成为亚太区域合作中最为成功和最具活力的典范，成为推动构建人类命运共同体的生动例证。东盟是我国高质量共建"一带一路"重点地区和最大贸易伙伴，随着"一带一路"和 RCEP 政策红利持续释放，中国与东盟经贸往来不断扩大，各类保险服务需求日益增长。广西银保监局紧抓 RCEP 实施新机遇和广西毗邻东盟区位优势，积极向上争取政策，加强对保险公司窗口指导，推动中国人保—东盟跨境再保险合作以共同体模式成功组网落地，一方面有效提升了区域风险管理能力和承保供给能力，为中国与东盟及"一带一路"沿线国家和地区的经贸合作、发展安全提供了多层次风险保障；另一方面，搭建了跨境合作交流平台，扩大了跨境保险交流互动及合作领域，为中国东盟保险合作向更高水平发展提供了新的实施路径。

一　案例简介

（一）项目背景

2022 年是中国—东盟全面战略伙伴关系开局之年，双方经贸往来更加密切，东盟已连续 3 年保持我国第一大贸易伙伴地位，2022 年我国与东盟贸易总值达 6.52 万亿元，占我国进出口总值的比重达 15.5%，占我国对其他 RCEP 成员国进出口总值的 50.3%，占我国对"一带一路"沿线国家进出口总值的 47.1%。随着 RCEP 政策红利持续释放，中国与东盟经贸往来将不断扩大，经济融合持续加深，人文交流更加密切，各类保险服务需求也将日益增长。一是在 RCEP 新规则落地实施推动下，大量东盟国家基建项目的开展，将在建设阶段带动工程险、在项目运营阶段带动责任险相关需求。二是 RCEP 关于原产地的新协议将吸引更多国际化制造企业投资，包括经营中断条款在内的财产险保障需求也将增多。三是贸易活动的丰富将带动企业对货运险、水险和出口信用保险等商业险种的需求。四是随着数字化基础设施和跨境电子商务的快速发展，地区供应链演变加速，各类新型风险衍生将伴随新的保障需求。而与之对应的是，东盟多数国家经济发展水平相对落后，缺乏完善的金融服务体系，中国保险业通过合作模式机制创新，推进跨境保险服务竞争优势明显。综上，在 RCEP 全面实施背景下，探索新型跨境保险合作机制，将为保险业务创新发展和促进区域间投资及贸易活动提供不竭动力。

（二）主要做法

为解决东盟地区保险机构赔付能力和抗风险能力较弱、中资企业和华人侨胞获得的风险保障服务不足等弊端，广西银保监局推动中国人民保险集团股份有限公司（以下简称"中国人保"）与 7 个东盟国家及 RCEP 成员国的共 12 家保险公司签署共同体协议，整合东盟保险机构保险服务并上线共同体交易平台，实现对东盟国家跨境保险业务的覆盖。

1. 研究顶层设计，明确共同体定位与运行宗旨

在组织形式上，明确再保险共同体基础定位是中国与东盟地区再保险业务合作的非法人组织，宗旨是在 RCEP 背景下通过业务资源、承保能力、专业技术、服务网络的全面合作与共享，实现优势互补、协作共赢，满足"走出去"企业跨境金融保险服务需求，为中国—东盟经贸重大项目提供充分、稳定的风险保障。在运行机制上，共同体对外统一平台拓展业务，即以中国人保名义承接业务，各成员机构在框架内开展跨境业务多边协同分保合作，维持独立的核保权与决策权，各自对投放承保能力、经营结果负责。

2. 领先全国创立共同体管理模式，探索跨境再保险市场定价机制

设立再保险共同体成员大会管理机构，中国人民财产保险股份有限公司（以下简称"人保财险"）为管理机构执行方，各东盟和 RCEP 成员国保险机构为参与方。管理机构根据成员大会授权，行使包括出台共同体管理办法，确定承保、理赔及结算规则，确认共同体成员并签订合作备忘录及双边协议，召开共同体成员大会，以及日常事务管理等相关职能。

3. 上线共同体交易平台，创新再保险交易数字化运营管理

充分利用现有中国人保再保险交易平台的资源与技术，对现有共同体临分与合约交易功能进行东盟个性化改造，于 2022 年 12 月成功上线中国人保—东盟跨境再保险共同体交易平台。平台建设分为以下三个阶段：第一阶段实现平台的基础交易功能，第二阶段实现平台与业务系统对接功能，第三阶段实现平台账单结算等功能的扩展与完善。目前已完成第一阶段功能的升级改造。

（三）取得的成效

1. 与东盟头部保险主体签署合作备忘录，组网建立共同体扩大我国保险国际影响力

积极对接东盟头部保险/再保险机构，截至目前，已成功与东盟 16 家头部保险/再保险公司建立合作伙伴关系，完成共同体合作备忘录的签署工作，2022 年 9 月，在自治区政府、银保监会相关领导见证下，中国人保—东盟跨境再保险共同体正式组网成立，有效扩大了我国保险的国际影响力，推进了保险业服务"一带一路"建设。

2. 为"一带一路"建设提供境内境外一体化商业保险服务

通过与东盟地区保险公司合作，境内保险机构及时了解风险、消除隐患，在保险理赔方面，东盟地区保险公司可以第一时间协助获取相关资料，在风险判断、纠纷处理和人才保障方面，共同体成员间相互补

充，为"一带一路"重点项目建设特别是中资项目提供全方位跨境风险保障服务。共同体成立至今，累计为越南、菲律宾等国家的15家中资企业20余个工程项目（中国国家电网—菲律宾25输电线路运营权项目、印度尼西亚金川WP镍矿项目、大唐米拉勿电站项目等）提供风险保障超95亿元。

3. 搭建共同体运营管理平台，实现东盟再保险业务精细化管理

共同体运营管理平台是共同体成员公司之间进行信息交流、数据分享、再保合作的统一平台。平台重点围绕共同体成员在信息披露、财务管理和风险控制方面的实际需求，探索提升业务数据响应能力以及业务数据质量，实现再保险业务管理平台与业务系统的高效、安全连接，从而实现东盟再保险业务精细化管理。

4. 开展跨境保险研究，为跨境保险发展提供有益参考

在共同体框架内，积极开展东盟国家保险市场研究以及保险政策法规、保险机制体制、保险产品及服务创新模式等专题研究，探索跨境保险创新发展的新路径、新机制，同时辅助"走出去"企业加强境外项目的风险管理。

二　创新点

（一）首创四方联动跨境保险模式，实现境内境外业务协同

中国人保—东盟跨境再保险共同体成功组网，是监管引领下"保险集团、财险子公司+境外机构+省分公司"四方联动跨境保险模式的创新尝试。共同体由中国人保发起，人保财险、中国人民保险（香港）有限公司（以下简称"人保香港"）、中国人民再保险股份有限公司（以下简称"人保再保"）三家子公司合力打造，中国人民财产保险股份有限公司广西壮族自治区分公司负责跨境业务的具体落地和实施。共同体下

设中国东盟保险合作项目工作组，项目组由中国人保战略客户部作为主责部门，人保财险作为主责机构，人保再保、人保香港参与项目建设。通过与共同体成员伙伴通力合作，为东盟地区的中资企业和跨境人员提供包括人寿保险、财产保险、资产管理在内的一站式综合跨境金融服务。

（二）创新中国东盟跨境保险合作模式，提升跨境保险服务水平

中国人保—东盟跨境再保险共同体是国内大型保险公司与海外同业机构的跨国合作创新尝试，是首个落实 RCEP 的中国东盟保险合作组织，是中国与东盟保险合作的重要成果。共同体的成功组网是中国保险业拓展面向东盟区域合作的一次标志性事件，将进一步服务 RCEP 高质量实施，扩大中国与东盟跨境保险交流互动及合作领域，推动构建双循环新发展格局，加强中国与东盟之间的"五通"交流和共同发展，为推进保险业服务"一带一路"建设提供强有力支撑。

（三）缓解区域内保险供需矛盾，推动保险业供给侧结构性改革

东盟地区自然灾害风险高，地缘政治情况较复杂，当地保险市场基础设施建设和监管体系尚不完善，在 RCEP 生效实施及后疫情时代经济复苏加快推动基础设施建设的大背景之下，保险供需矛盾日益凸显，"走出去"企业在东盟地区的经营面临多重压力。中国人保—东盟跨境再保险共同体可为东盟市场提供较为充足的承保能力，带动东盟区域内保险市场技术发展，缓解供需矛盾，解决东盟地区保险机构赔付能力和抗风险能力较弱、中资企业和跨境人员获得的风险保障服务不足等弊端。此外，共同体通过整合成员的属地服务网络、建立区域风险研究中心、应用区域风险成果等方式来加强当地保险主体的风险管理能力，带动当地保险行业实现跨越式发展。

（四）加快国内险企"国际化"布局，拓展国际化发展空间

中国人保—东盟跨境再保险共同体以中资企业海外保险需求为先导，为跨国企业客户提供全球一体化保障服务，将进一步加速国内险企全球化网络布局，推进险企从国内保险产品提供商向全球保险服务提供商的角色转变。截至目前，人保财险已向印度尼西亚、越南、菲律宾、柬埔寨派驻了海外工作组，围绕共同体进一步开展跨境业务合作。

三　应用价值

中国人保—东盟跨境再保险共同体设立的初衷，是通过制度化安排和商业化模式，聚焦海外风险管理亟须但国内技术相对薄弱的特殊风险领域，聚集保险业力量，补齐保障短板，推动政策落地，搭建服务平台，增强保险业服务"一带一路"建设的能力和水平，是支持"一带一路"沿线国家和地区发展的重要组织基础和制度保障。

（一）中国人保—东盟跨境再保险共同体是保险业全方位服务"一带一路"建设的重大举措

中国人保—东盟跨境再保险共同体聚焦海外风险管理亟须但国内技术相对薄弱的特殊风险领域，补齐行业保障短板。同时，中国人保—东盟跨境再保险共同体还承担完善顶层设计、推动政策落地的政策工具和施政抓手职能，搭建行业交流平台，增强服务"一带一路"建设的能力和水平。

（二）中国人保—东盟跨境再保险共同体是保险业服务"一带一路"建设的重大机制创新

中国人保—东盟跨境再保险共同体业务范围横跨多个领域，根据

"先行先试、逐步拓展"的原则，未来共同体的经营范围将覆盖更多险种；采取合理的保障机制，既可以有效避免逆向选择的发生，又可以兼顾业务操作的灵活性；组织架构上设置了核保核赔、海外合作、风险管理、政策研究四个工作组，充分调动理事公司积极性，为共同体代表开展海外合作、政策研究等工作奠定了组织基础。

（三）激发产品创新活力，彰显中国保险品牌影响力，解决了东盟地区中资利益应保未保的问题

国内大型保险公司可借助产品研发经验，结合东盟地区中资客户需求开发新的保险产品，为我国"走出去"企业在东盟地区的经营发展提供符合国际一流标准、契合当地商业文化、兼具中国高质量发展特色的专业风险管理和保险保障服务，解决东盟地区中资利益应保未保的问题。通过创新型共同体组织机构及稳定的运行机制，整合区域保险行业力量，并优先提供再保承保能力支持，激活保险行业发展动力，提升国内保险企业海外服务能力及国际竞争力。

（四）促进国内险企加强国际业务人才和技术储备

中国人保—东盟跨境再保险共同体与海外同业接洽的常态化，对国内保险企业人才素质及技术水平提出了更高要求，这将进一步推动国内保险企业加强国际化人才队伍建设和技术储备，促进国际业务承保、理赔、风险管理等方面服务的经验积累。国内头部保险公司可为东盟各保险主体提供核保核赔、风险评估等方面的专业技术支持，并开展东盟区域风险研究，共享区域风险研究成果，以共同提高域内风险管理能力。

（五）有助于发展共同体内部再保险市场

利用中国人保—东盟跨境再保险共同体平台资源，建立平台信息发

布机制，为成员公司之间提供再保支持，发展共同体内部再保险市场，助力东盟及"一带一路"沿线国家和地区保险业互联互通。中国人保—东盟跨境再保险共同体通过整合属地服务网络，搭建行业跨境服务平台，形成稳定可靠的海外出单和服务体系，提升属地化服务的覆盖面和能力水平。

（六）探索组建区域风险研究中心

在第七届中国东盟保险论坛上，中国人保—东盟跨境再保险共同体经多方见证成功组网，进一步深化了中国与东盟保险监管交流合作，同时依托共同体这一形态，可进一步探索组建区域风险研究中心或合作新形态，整合区域风险数据，开展区域风险研究，识别并预判跨境业务风险，助力"走出去"企业加强境外项目风险管理。

本文主创团队：国家金融监管总局广西监管局

人保财险广西分公司

执笔人：侯永峰、赵清明

单株林木碳汇保险 助推"青山"变"金山"

——中国太平洋财产保险股份有限公司广西分公司
全国首单单株林木碳汇保险项目

为全面贯彻落实党的十八大以来历次会议精神，深入贯彻习近平总书记系列重要讲话精神，牢固树立新发展理念，全面落实党中央、国务院关于碳达峰碳中和战略决策，充分发挥森林"碳库"的重要作用，中国太平洋保险自 2020 年底开始积极探索，成为财产保险行业首个明确提出可持续保险战略规划并体系化进行实践的公司。中国太平洋财产保险股份有限公司广西分公司（以下简称"广西分公司"）深耕可持续保险，将 ESG 因素融入保险产品的开发和承保过程中，在能源科技创新、传统行业低碳转型、应对气候变化、环境治理等领域加大保险产品和服务创新力度。

2022 年 6 月，在"落实双碳行动，共建美丽家园"柳州市全国低碳日主题宣传活动现场，广西分公司与柳州市生态环境局携手签订了《广西单株林业碳汇保险协议》。作为全国首单单株林木碳汇保险、广西首创的碳汇乡村振兴项目，标志着在联合主管部门探索"碳普惠+保险"模式方面跨出了行业的第一步，为生态产品价值的实现提供了新路径，具有深远意义。

柳州乡村振兴碳汇项目作为柳州碳汇特色公益项目，依托国家"双碳"政策，通过林木碳汇价值的实现，助力乡村振兴，防止易贫人员返贫。项目 2022 年计划完成柳州辖内 4 县 5 村约 380 户林户的单株林木碳汇开发。广西分公司针对暴雨等自然灾害、林木的有害生物、野生动物损毁三类情况导致的林木碳汇损失提供保障，有效保护了单株林木的碳汇富余价值。通过项目建设，可有效为林户带来生态碳汇的额外长期收益，实现生态产品的碳汇价值，有效防范林户返贫，促进共同富裕，实现柳州市碳汇能力的提升。

一 案例简介

（一）背景情况

森林碳汇是实现碳中和的有效途径。广西是全国重要的森林资源富集区、森林生态优势区，2019 年森林覆盖率达到 62.5%，居全国第 3 位；净二氧化碳吸收量约占全国的 6.5%，居全国第 4 位。面对新发展阶段的新要求，为探索将碳达峰、碳中和愿景与建设美丽广西、乡村振兴目标相融合，把林业优势资源有效转变为经济资源，探索具有广西特色的"碳中和"道路，2020 年柳州市生态环境局组织编制了广西首个单株林木碳汇计量方法学，并在柳州市三江县成功试点了碳汇精准生态扶贫项目。

开展林业碳汇项目试点，是在当前深入落实碳达峰碳中和重大战略决策背景下，充分发挥森林"碳库"作用，助力实现"双碳"目标的客观要求和必然行动。

（二）主要做法

ESG 发展理念是强调客观约束下的可持续发展理念，既包括对整体发展平衡性的追求，又包括对个体发展韧性和行为外部性的考量。

保险业作为社会稳定器和经济减震器，是服务于平衡性和韧性的一种有效机制，正是基于对 ESG 内涵和保险作用的认知。

广西分公司以 ESG 项目为依托，积极开发碳汇价值相关保险，充分利用保险补偿机制，联合地方政府发展规划与生态恢复专业机构，开发损失与生态恢复保险与服务方案，保障林业碳汇开发稳健发展。延伸林业外溢价值，探索"乡村振兴+碳普惠"、绿色共富新模式。

此外，结合交易机制，配套开发森林碳汇价格险、收入险，进一步发挥保险稳定器在绿色经济、林业碳汇中的作用。同银行、投资机构等进一步深化合作，配套开发金融服务方案，包括绿色投融资、抵押贷款等绿色金融新模式，促进森林碳汇交易发展。前瞻性创建碳远期、碳期货等林业碳汇相关配套环境，为未来区域森林碳汇参与金融市场做好配套建设。

（三）取得的成效

2022 年 6 月，广西分公司为柳州市生态环境局签发了全国首单单株林木碳汇保单，承保面积 732 亩，保额 24.15 万元，分别为暴雨等自然灾害、林业的有害生物、野生动物损毁三类情况导致的林木碳汇损失提供保障，当事故发生后，单株林木的碳汇富余价值损失，可按照保险合同约定赔付。该保单可用于向银行抵押申请贷款，银行以保单所承保的碳汇总量评估价值发放贷款，所贷资金用于支持相关林木种植产业发展、林木价值开发等。

项目得到地方政府认可，中国太平洋财产保险股份有限公司柳州中心支公司与柳州市生态环境局签订了战略合作协议，携手探索"双碳"计划。

单株林木碳汇项目的落地，不仅是积极探索的新模式，更是打通了森林碳汇生态价值实现的"主渠道"，后续也能通过实施单株林木碳汇项目，不断探索、完善碳汇交易流程和机制，在保护生态的基础上，让农户实现增收。

二　创新点

（一）创新引用单株林木碳汇计量方法学

单株碳汇计量方法学是针对单株林木计量碳汇，可以计量个别林户和农村所有的较为零散森林的碳汇价值；而传统的林业碳汇计量方法，基本只有大型林场成片的森林才能达到可计量的标准，它是针对成片的林木计量碳汇价值，且对每亩林木的株数有较高的要求。而针对单株碳汇开发的碳汇保险，能更好地服务林农林户，鼓励更多人参与到生态建设中，通过林业种植和碳汇额外经济价值，创造乡村振兴新模式，在助力区域防返贫方面做出积极探索，是"碳普惠"理念的又一次深入实践。

（二）搭建银行与保险公司合作的新模式

一般的保单抵押贷款项目，保单承保的是实实在在的固定资产，比如树木、养殖物等。单株林木碳汇保险承保的是在日常生活中难以感受到的碳汇，赋予碳汇实际可计量的价值，增加了贷款资金的可获得性。

（三）创新金融支持林草碳汇价值实现方式

结合项目实际，通过单株林木碳汇探索可行的绿色金融手段，推动实现履约市场、资源市场和普惠市场相连相通，解决林草碳普惠怎么算、怎么保等问题，拓展林木碳汇项目开发金融渠道，破解持续发展的难题。

（四）科技赋能碳汇保险

根据广西碳排放交易权单价，测算总固碳量的市场价格，作为参考保额。该险种以碳汇损失计量为补偿依据，将因火灾、冻灾、泥石流、山体滑坡等合同约定灾害造成的森林固碳量损失指数化，通过卫星遥感技术，以光谱形式呈现森林植被生长情况，监测日常固碳状态，监测过程以行政区域进行划分，能够高效了解碳汇规模，及时获取碳损失信号，统计受灾数据。林业碳汇指数保险以当地林业主管部门作为投保人与受益人，其赔款可用于对灾后林业碳汇资源救助和碳源清除、森林资源培育及加强生态保护修复等与林业碳汇富余价值生产活动有关的费用支出。出险后保险公司可通过引用遥感卫星、大数据、巨灾模型、物联网、无人机等科技工具，与林业主管部门联合查勘定损，可在灾后第一时间将赔款支付到位，为灾后减损、固碳能力修复争取宝贵时间，极大提高防灾防损及理赔处理能力，为受损林木提供技术保障。

三 应用价值

开发单株林木碳汇保险，是贯彻落实党中央、国务院关于实现"双碳"目标战略部署的重要举措，是实现生态产品价值、助力绿色产业发展的新路径。通过单株林木碳汇保险及抵押贷款，政府、保险、银行、森林资源持有主体充分合作，形成了以生态价值为基础的绿色金融生态圈，能够有效与绿色发展、经济转型、产业升级对接，为绿色金融可持续发展注入强劲动能。

（一）助力国家"双碳"目标如期实现

气候变化威胁人类生存和发展，受到世界各国人民和政府的高度重视。中国政府提出 2030 年实现"碳达峰"，2060 年实现"碳中和"的目标，在关键性、颠覆性能源技术还没有取得突破之前，以生态系统碳汇巩固和提升来换取维持经济发展和国家安全的基础性人为碳排量空间，将成为实现"双碳"目标的有效途径。

开展 ESG 项目—单株林木碳汇保险产品是响应国家号召的具体体现，可以进一步提升林木经营企业积极性，提高林木固碳能力，助力碳达峰、碳中和目标实现。

（二）探索林业价值实现新路径，助力乡村振兴新发展

广西森林资源丰富，截至 2022 年 3 月份，广西森林蓄积量达到 9.69 亿立方米，森林覆盖率 62.55%，居全国第 3 位，除传统的伐木造材之外，如何利用好林业的价值，直接关系到能否充分发挥森林"碳库"的重要作用，也对实现乡村振兴至关重要。

开发碳汇价值保险，可以在不伤害森林资源的基础上，开辟林业价值实现新路径。一方面，与传统森林保险不同，单株林木碳汇保险聚焦林木的富余碳汇价值，为增强森林蓄积量和固碳能力，改善生态环境提供了有力保障；另一方面，相关保单可用于向银行抵押贷款，为相关村集体增加了收入，也为村民开辟了一条用"碳汇"增收的新道路，助力实现乡村振兴，所贷资金可用于当地林业的开发，进一步推动了绿色产业的良好发展。

（三）深化"双碳"认识，推动碳汇产品改进升级

推出全国首单单株碳汇保险，是保险行业在"碳普惠+乡村振兴"方面的创新探索，广西分公司代表行业走出了第一步，为生态产品价值实现提供了新路径。

同时，该项目的落地，对保险在金融服务实体经济中的作用、对林业产业发展的支持和风险管理机制有了更深刻的认识，更多的碳汇

创新，将结合首单单株林木碳汇保单签发的成功经验，积极开展对碳普惠、碳中和项目的多元化探索，完成碳汇产品的改进和升级，构建广西林业生态链一揽子金融服务。

（四）拓宽林业碳汇开发融资渠道

当前，国家正在探索拓宽林业生态建设投融资渠道，出台了关于进一步利用开发性和政策性金融推进林业生态建设的政策措施，大力推进林业供给侧结构性改革，充分发挥市场在资源配置中的决定性作用，积极创新林业投融资机制及金融产品和服务。通过单株林木碳汇保险项目的保障，促进地方碳汇产业开发，保障"双碳"落地，协助推进区域性林草生态产品价值核算评估体系的建立，吸引金融机构创新金融产品和服务方式，有利于形成多元化投入机制，提高林业项目建设管理水平，加快推进生态文明建设。

（五）完善林业碳汇指数保险制度

持续探索林业生态碳汇价值实现机制保障模式，提升碳汇能力，保障碳汇产业发展，完善林业保险和林业碳汇指数保险产品库及制度，为探索建立碳汇产品价值实现机制保驾护航。

建立碳汇保障多元化体系，以碳汇种植、碳汇价格指数等多元化保险作为工具，充分利用保险补偿机制，联合地方政府发展规划与生态恢复专业机构，开发损失与生态恢复保险与服务方案，保障林业碳汇开发稳健发展。延伸林业外溢价值，探索"乡村振兴+碳普惠"、绿色共富新模式，助力乡村振兴发展。

（六）绿色保险复合提升区域气候适应性

全球气候变化背景下，气候变化带来的区域性巨灾事故频发，通过保险与再保险的风险分散功能，能够有效缓解区域性巨灾带来的生态环境被破坏的影响。试点区域受到环境轻微扰动时，生态碳汇项目的建设，能够有效提升试点区域应对气候变化的抵抗力和稳定性，环境本身具备一定的韧性，能够在气候变化背景下提升环境稳定阈值。当环境受到较大程度扰动时，通过保险等绿色金融创新工具与试点项目联合模式运作机制，能够在区域内对较大程度的扰动进行正向反馈，部分消解较大程度气候扰动对区域生态的影响。当环境受到极端扰动遭到破坏时，保险等绿色金融工具能够充分发挥补偿功能，加快区域生态与林业碳汇恢复与建设。绿色金融工具的加入，同生态碳汇项目深度结合，能够促进区域绿色经济发展，从生态、金融、风险管理等多维度复合提升试点区域应对气候变化的适应性，因此是实现生态产品价值的绿色金融风险管理创新工具。

通过该项目的建设，可以为当地林户带来生态碳汇的额外长期收益，通过碳汇项目生态产品经济价值的实现，防范了林户的返贫，同时实现了柳州市区域碳汇能力的提升。

下一步，广西分公司将结合柳州市气候投融资试点工作，继续加强与各地市生态环境局等相关部门的合作，系统规划和整体推进绿色保险建设，深耕绿色保险。同时，持续推进生态文明建设，加快推动 ESG 理念融入负债端、投资端以及自身运营端等多个维度，发挥主业优势，在保护生物多样性、能源科技创新、传统行业低碳转型、应对气候变化、环境治理等领域加大保险产品服务创新力度，以实际行动为绿色发展持续注入强劲动能，全面助力国家双碳目标实现，持续探索创新森林碳汇交易模式，破解交易难题，深化银行、投资机构合作，配套开发金融服务方案，包括绿色投融资、抵押贷款等绿色金融新模式，促进森林碳汇交易发展。前瞻性创建碳远期、碳期货等林业碳汇相关配套环境，为未来区域森林碳汇参与金融市场做好配套建设，将"绿色青山"转为"金山银山"。

图1 全国首单单株林木碳汇保险项目签约现场

图2 国家林业和草原局报道全国首单单株林木碳汇保险落地广西

本文主创团队：中国太平洋财产保险股份有限公司广西分公司

执笔人：米超、谢典霖

"创新担保+供应链金融"双线贷款生态圈支持食糖产业发展

习近平总书记提出："产业是发展的根基，产业兴旺，乡亲们收入才能稳定增长""要着力振兴实体经济，糖、铝等传统优势产业是广西经济发展的家底，要加大技术改造力度，加快产业重组，推动这些产业实现'二次创业'"。糖业作为广西最具特色的支柱产业，全区糖料蔗种植面积超过1100万亩，全产业链辐射受益人口超过广西总人口的一半以上，创新推动广西糖业高质量发展对保障国家糖战略物资供应，实现广西乡村振兴战略具有至关重要的作用。2022年，中国农业发展银行南宁分行（以下简称"农发行南宁分行"），通过模式创新、担保创新、监管创新实现线上、线下双线支持广西泛糖科技有限公司（以下简称"泛糖科技"或"核心企业"）白糖现货交易平台业务发展，推动白糖行业流通降本增效，创新信贷支持模式、风控措施及监管方式，契合白糖流通特点和企业实际需求，实现信贷支持落地，为推动金融服务实体经济提供可借鉴的做法，对其他地区开展供应链金融支持传统优势产业和小微企业发展、全面推动乡村振兴具有普适推广意义。

一　案例简介

（一）背景情况

广西作为全国最大的甘蔗产区，自1992年起糖料蔗和蔗糖产量一直居全国首位，糖料蔗产量和食糖产量占全国总产量的60%以上，在保证国家食糖产业有效供给和维护国家食糖安全方面起到了不可替代的作用。2018年以来，随着广西建设面向东盟的金融开放门户上升为国家战略，面向东盟的大宗食糖产业发展迎来重大机遇，糖料蔗产业迎来了"二次创业"机会。但是，当前区内蔗糖产业数字化程度仍相对落后，在原料、生产、销售、物流等方面尚未形成体系，不具备全链条一体化的协同能力，同时蔗糖产业上下游中小微企业众多，资信能力一般，长期以来面临融资难、融资贵等问题，食糖产业迫切需要金融创新提供有效信贷支持，解决转型资金不足的问题，尽快完成食糖产业链、供应链数字化转型升级。

供应链金融是从供应链、产业链整体出发，运用金融信息技术整合物流、资金流和信息流，构建供应链真实交易背景下供应链企业一体化风险评估体系和资金供给体系，并提供系统性金融服务，达到以更低的成本促进产业链上下游企业的发展。2021年8月19日，自治区政府下发《关于加快广西供应链金融发展若干措施的通知》，通知指出："……糖业、林业……的行业主管部门要及时梳理供应链产业中占主导地位的核心企业与上下游中小微企业清单，建立供应链企业'白名单'制度……支持金融机构与实体企业建立更加稳定紧密的关系。"在面向东盟的金融市场合作中，供应链金融致力于提高产业整体运行效率，促进经济良性循环和布局优化，强化对外竞争优势，并鼓励产业链上下游企业积极参与建设中国—东盟区域性交易市场，从而扩大面向东盟的涉糖大宗商品产业规模。

为加快推动涉糖农业、工业、现代服务业融合发展，打造以数据驱动为主的新业态、新模式，在自治区政府的积极安排部署下，由广西十大糖业集团和中国—东盟信息港股份有限公司共同出资组建广西泛糖科技有限公司。泛糖科技是专注于糖业全产业链数字化转型升级的平台型科技企业，主要有食糖现货交易、订单农业、大数据服务等七个板块的业务，该公司设立目的之一旨在解决食糖流通环节信息不对称问题，推动食糖行业流通环节降本增效，该公司在行业信息获取及整合利用方面具有较大优势。农发行南宁分行敏锐捕捉到糖业新动向，第一时间与泛糖科技对接，根据客户自身业务特点，"一企一策"制定融资方案，开创性地以泛糖科技作为核心企业，依托泛糖科技现货交易平台的真实交易背景，开发设计线上贷款——"小微智贷—蔗糖贷（泛糖场景）"，以系统性供应链金融服务解决平台交易下游企业食糖采购资金需求，信贷普惠小微企业，提高了广西食糖流通效率，创新提出先放款后质押，解决了下游企业担保不足问题。泛糖科技是广西糖业的产业基础，实施"数字赋能糖业"发展战略，对推动区内食糖行业流通环节降本增效具有先天优势，农发行南宁分行基于泛糖科技现货交易平台推出的线上"蔗糖贷"为行业首家，为银行深化与泛糖科技合作、高质量支持广西糖业发展打下坚实基础，意义重大。

（二）主要做法

农发行南宁分行跳出传统思路，通过创新方式，信贷激活传统糖业发展。从供应链、产业链整体出发，运用金融信息技术整合物流、资金流和信息流，以创新担保+供应链金融"模式注入政策性金融"活水"，将"线下+线上"双线贷款相结合，打造泛糖科技双线贷款生态圈，构建糖业产业链客户集群，为食糖产业链稳链、固链、强链提供农业政策金融支持。

1. 强根基，支持核心企业业务发展

广西泛糖科技有限公司自 2019 年对外经营以来，营业规模连年翻番，但实际运营期较短，存在首期投资覆盖小、业务发展不均衡、累积盈余较薄弱的短期劣势。针对这一实际，农发行南宁分行明确了以流动资金贷款救急解难、撬动需求的基本思路，组织团队巧下功夫，为客户扬长避短策划方案。首先框准需求，根据客户贸易规模大、汇票贴现多的情况，梳理票据融资条目，修正传统现金流法测算的需求缺口，避免客户过度负债削弱实力；其次，灵活采取担保方式，结合客户白糖库存足、变现能力强的特点，核实存货仓储明细，采用浮动抵押实现足值的担保覆盖，最大化维护客户资产自主权；与此同时，立足客户科技水平高、数字业务好的优势，对照优惠政策条件，申请省级科技创新主体"科创贷"利率，大幅减轻客户融资成本负担。2022年上半年，成功向泛糖科技发放线下短期流动资金贷款，缓解企业亟须周转资金的燃眉之急。

2. 注活力，支持食糖供应链下游企业发展

为了提升平台活跃度，泛糖科技通过向白糖现货交易下游小微企业提供融资，吸引客户使用平台交易，这也导致泛糖科技融资压力集中，资产负债率极高，不利于长远发展。为了解决泛糖科技发展瓶颈问题，农发行南宁分行融智融资，以泛糖科技与小微企业的真实订单为基础，借鉴"钱随货走、库贷挂钩、购贷销还、封闭运行"信贷模式，设计了以动产质押为补充，向下游小微企业发放信用贷款的"小微智贷—蔗糖贷（泛糖场景）"，通过线上方式直接向下游小微企业提供平台交易融资，解决了平台交易融资问题的同时，降低了泛糖科技负债水平。该线上业务主要采取以下三个维度的风控措施：一是建立核心企业风险准备金模式。针对下游企业自身资产不足、担保资源不足的实际矛盾，建立核心企业风险准备金，按风险准备金的一定倍数放大向下游企业提供信贷资金支持，给予信用方式放款后追加食糖货权质押，实现为供应链下游借款人增信目的。二是解决担保问题。督促落实下游企业食糖货权质押责任、货物跌价补足责任和核心企业回购责任，切实解决下游企业担保问题。三是通过核心企业实现食糖库存监管。基于广西白糖交易行业库存监管、交割模式成熟以及泛监控网络等特点，农发行南宁分行通过与泛糖科技、下游企业签订三方监管协议将货物存放于泛糖科技认证仓内，建立物资流、资金流、信息流闭环管理体系，实时共享食糖库

存信息，实现下游企业信贷资金闭环管理。

小微企业智贷系统的上线，实现了 7×24 小时系统全时段全自动进行贷款申请审批，提高了客户用款时效性，保障了客户的即时用款需求。

3. 扩普惠，缓解供应链企业融资难题

紧扣企业贷款各个环节，运用银行内部资金转移定价和财政金融的叠加优惠，切实降低企业融资成本，不断扩大普惠金融覆盖面。一是以保本原则让利购糖小微企业客户。二是落实广西"桂惠贷"金融优惠政策，对符合"桂惠贷"条件的企业贷款应认尽认，让企业融资成本实现"两连降"。

（三）取得的成效

1. 支持核心企业，进一步助力全国食糖产业发展

2022 年，通过线下贷款金融，支持泛糖科技平台采购白糖 17700 吨，撬动平台 7 万吨食糖交收，为泛糖科技带来超过 4 亿元的现货交收金额，助力泛糖科技业务发展。2022 年泛糖科技营业收入超过 160 亿元，实现了高速增长。

2. 开发小微智贷系统，促进核心企业杠杆作用发挥

一是建立风险准备金机制。通过建立核心企业风险保证金，充分发挥泛糖科技自有资金的杠杆作用，缓解原有交易模式下垫付款项资金的压力，优化泛糖科技资产负债结构，提高资金使用效率；对下游企业成立时间短、体量小且没有扎实的担保、抵押等问题，金融机构以"保证金+信用贷款"模式给予入库企业信贷支持，撬动金融资源服务实体经济。二是实现风险共担。通过建立核心企业风险准备金责任、回购责任以及下游企业跌价补足责任，签订三方监管协议，各方参与主体共同应对资金风险、共同承担资金风险、共同化解风险，"不见钱，即见货"实行库贷闭环管理。三是丰富增信手段。核心企业风险准备金以

及借款人补充追加货权质押为入库企业提供了增信措施，增强了银行贷款意愿，促进融资总量增长，运用业界前沿技术，有效弥补传统贷款方式服务客户的短板，切实帮助小微企业融资实现增量、扩面、提质、降本。四是为产业金融科技提供先进模板。"小微智贷—蔗糖贷（泛糖场景）"运用的信用贷款结合在线仓单补充质押模式为广西首例，提高企业融资效率的同时降低融资成本，可实现贷款从授信到发放环节的系统全自动审核，大大降低了金融机构的人工成本和时间成本，具有较大的借鉴意义，为广西农产品供应链流通注入新活力。

二　创新点

农发行南宁分行创新金融产品模式，首创以泛糖科技为核心企业开展的"创新担保+供应链金融"双线贷款生态圈，为产业链提供"线下+线上"全流程一体化融资授信支持，打造融资、融智、融商、融情"四融一体"金融综合服务模式，支持食糖产业链规模发展。

（一）模式创新打造产业链信贷支持模式

围绕核心企业的自身业务特点，农发行南宁分行通过模式创新，较好地利用了"线下+线上"流动资金贷款产品"组合拳"。线下，通过向泛科技公司直接融资，支持泛糖科技平台业务运营；线上，通过开发"小微智贷—蔗糖贷（泛糖场景）"，直接向平台交易下游企业提供融资，解决泛糖科技平台交易周转资金问题，同时，降低泛糖科技自身负债水平，为企业进一步发展打下基础。

（二）担保创新与供应链金融相结合

一是针对泛糖科技作为平台型科技企业可以提供的担保资产较少的特点，农发行南宁分行通过创新担保方式，采用食糖浮动抵押担保模式向泛糖科技提供流动资金贷款用于支持企业平台业务发展。二是本案例中下游企业多为小微企业，普遍存在融资需求大，但自身资产不足、担保资源不足的实际矛盾，通过传统方式获得金融支持存在一定困难。通过与核心企业、下游企业多次对接走访，创新企业担保方案，即按照"不见钱，即见货"原则，具体为在核心企业与小微企业真实交易订单的基础上，以核心企业风险准备金作为风险缓释手段，信用方式向小微企业发放贷款后追加小微企业食糖货权质押，完善"创新担保+供应链金融"的供应链金融服务模式，既解决了担保资源缺乏的首要问题，又创新了风险缓释机制，增强了金融机构向供应链上下游中小微企业提供融资服务的意愿，实现了政策性金融对面向东盟的金融开放门户的有效支持。

（三）监管创新使产业链信息化与风险防控新融合

供应链金融中的信用风险不仅来源于融资企业自身，还与核心企业以及供应链整体息息相关。基于广西白糖交易行业库存监管、交割模式成熟、泛监控网络等特点，本项目利用核心企业作为监管方代理监管质押，通过产融服务平台对食糖库存变动进行实时监控，设置库存管控线，确保贷款要求的食糖的安全，核心企业与金融机构共享监管数据，实现资金和物资的闭环管理。通过提高产业链信息化水平、实现供应链信息共联共享，能够降低信用风险并提高供应链运营效率。

三　应用价值

本项目贷款创新做法，通过"线下+线上"全流程一体化融资授信支持，解决了核心企业及平台交易下游小微企业融资难、融资贵等的难题，是农业政策性金融支持乡村振兴产业发展的一次成功探索，是新形势下供应链金融支持传统产业发展的创新模式，是金融支持乡村振兴和服务金融开放门户建设的有效举措。"创新担保+供应链金融"的创新服务模式为今后其他重点产业融资提供了新思路、新方案，具有重要的广泛的应用价值。

（一）完善担保措施，助力供应链企业融资

本项目根据泛糖科技现货交易平台食糖供应链企业融资需求情况，完善了担保措施的设计，通过模式创新、担保创新、监管创新信贷支持泛糖科技白糖现货交易平台运营，打破传统单一核心客户授信瓶颈，首创以泛糖科技为核心的双线贷款生态圈，支持全国传统优势产业和小微企业发展，实现了核心企业、银行、小微企业三方风险共担、利益共享，在推动我国传统产业发展、破解小微企业融资难题、降低企业融资成本，为沿用双线金融模式至泛糖科技农业供应链板块及工业供应链板块，以及其他传统优势产业通过数字技术革新供应链业务流程等方面，发挥了良好的示范作用。

（二）推进供应链金融与财政金融联动

近年来，广西在财政扶持金融方面出台了多项政策，对财政金融联动进行了积极探索。其中，2021年正式实施的"桂惠贷"金融政策是广西财政金融的创新之举，成为"十四五"时期广西金融高质量发展的一张亮丽"名片"。农发行南宁分行主动响应积极落实，将政策性金融与"桂惠贷"优惠政策相结合，在创新发展供应链金融业务中落实"桂惠贷"政策，主动帮助企业合规申报贴息资金，其支持的广西区内供应链企业均享受到了"桂惠贷"优惠利率，充分发挥了财政金融对地方企业和产业发展的支持作用，助力地方经济高质量发展。

（三）助力构建良好的供应链金融生态环境

银行业务创新发展的同时要辅之以相适应的风险防控措施，以有效

防范信贷风险。本项目融资过程中强化供应链核心企业的配合，明确核心企业供应链金融行为，掌握与其来往的企业交易过程和业务，切实了解供应链业务过程和业务场景。积极探索制度创新，提升供应链信息化水平和信息数字分享传递能力，适应供应链金融科技和互联网化的发展趋势，促进供应链企业融资和运营的规范及资金与物资的闭环管理，从而提高供应链交易效率，提升供应链风险管理水平，为面向东盟的金融开放门户建立健全风险防控体制机制提供新思路。

本文主创团队：中国农业发展银行南宁分行

执笔人：傅文哲、李琼善、赖晓文、潘黎恒

破数据壁垒 创新开展商业
人寿保险理赔直付服务

为破解商业人寿保险"理赔难、理赔慢"问题，中国人寿保险股份有限公司广西壮族自治区分公司（以下简称中国人寿广西分公司）、中国银行保险监督管理委员会广西监管局（以下简称广西银保监局）、广西壮族自治区财政厅（以下简称自治区财政厅）三方合力整合资源，依托财政电子票据数据信息共享，成功为广西保险业找到一条"理赔直付服务"的创新绿色发展之路，为参保群众提供了更快速准确安全的保险理赔服务，既提高了效率，又防范了风险，真正解决了"理赔难、理赔慢"的问题，不断提升了保险业服务民生的能力和水平，为推动保险创新综合实验区建设，做深做实面向东盟的金融开放门户贡献了力量。

一 案例介绍

（一）背景情况

2022年银保监会印发《关于银行保险业数字化转型的指导意见》（银保监办发〔2022〕2号），强调以提升参保群众价值为核心，加强业务流程标准化建设，持续提高数字化经营服务能力。2022年自治区人民政府出台了《广西加快数据要素市场化改革实施方案》，强调深化数据要素融合应用，以卫生健康、科技、普惠金融等重点领域为试点，探索以数据为核心的产品和服务创新。广西保险行业积极探索数字化转型发展，以人寿保险理赔服务创新为突破口，形成了"政府+监管+公司"联动推进的良好局面。广西寿险业务蓬勃发展，2022年广西寿险行业保费收入突破500亿元，赔付支出超过110亿元，保费收入和赔付支出逐年稳步增长，发挥了保险业作为"经济减震器"和"社会稳定器"的作用。但不容忽视的是，理赔投诉仍时有发生，"理赔难、理赔慢"成为参保群众的烦心事，与人民群众对美好生活的需求仍有差距。

中国人寿广西分公司协同广西银保监局、自治区财政厅、第三方技术公司探索出了理赔难题破解之道。广西银保监局指导推进数字化转型并在合规经营上把关，自治区财政厅在医疗电子票据推广及信息数据标准化上发力，中国人寿广西分公司和第三方技术公司在流程再造、系统研发和项目落地实施上下功夫，多方联动，深化财政电子票据社会化应用，通过数字技术与保险理赔服务的深度融合，实现"让数据多跑路，群众少跑腿"，创新开展"理赔直付服务"。"理赔直付服务"连接贯通财政电子票据系统和保险公司理赔业务系统，在参保群众授权、依法合规的前提下，保险公司理赔业务系统直接从财政电子票据系统获取参保群众医疗电子票据上记载的商业保险理赔所需的相关信息数据，创建了快速处理、给付保险金的服务新模式，较好地解决了"理赔难、理赔慢"的问题。

（二）理赔直付服务实践模式

一是开展出险报案提醒服务。出险报案提醒是指参保群众出院结算开具电子票据，并在微信小程序"电子票夹"开启报案提醒授权，通过数据交互来实现保险公司保单信息与参保群众医疗电子票据信息匹配，生成报案提醒推送至保险公司理赔系统，由业务员对该参保群众发起探访服务，协助收集理赔资料并上传至理赔系统，理赔人员使用"单位电票助手"扫描票据完成结案。

二是实现理赔智能化作业。保险公司使用微信小程序"单位电票助手"的赔案审核功能和票据审核功能，向财政部门申请获取参保群众基础信息及医疗电子票据信息。保险公司理赔系统接收到电子票据结构化数据后直接用于案件理算，依托第三方技术公司系统自动计算该票据的医保范围外扣减金额，生成理赔费用核定数据，并回传到保险公司业务系统，完成理赔作业。由此参保群众从递交资料到收到保险金时效由 15 个工作日缩短为 2 个工作日。具体流程见图 1。

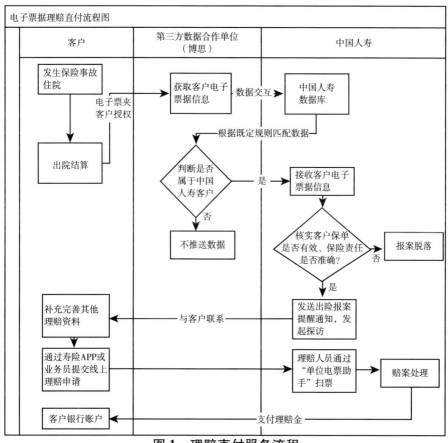

图 1　理赔直付服务流程

（三）工作成效

1. 保险理赔服务更便捷高效

传统理赔案件出险至支付理赔时效为 56.6 天，自推行理赔直付模式后，该类型案件出险至支付理赔时效提升至 15 天。如：2022 年 3 月 7 日下午，河池的 W 同学在运动时不慎跌倒导致手臂骨折。17 时 12 分，W 同学在医院治疗结束回到家里，便在中国人寿寿险 APP 上申请理赔。通过理赔直付，W 同学的结算数据信息直接推送公司理赔系统。17 时 28 分，公司系统自动化作业顺利向 W 同学支付医疗费用理赔保险金，从报案到获得理赔保险金仅 16 分钟。理赔直付免纸质资料、免临柜面，足不出户享赔款分秒速达，如此简单快捷的理赔服务令 W 同学惊喜不已。

2. 理赔数据真实可靠，从源头杜绝骗保风险

医疗收费电子票据数据直接来源于医疗机构，医疗收费电子票据经财政部门监制开出，票面信息实时储存，形成不可更改的记录，同时自动生成每份票据唯一的"防伪数字指纹"，可全国联网查验，保证了票据的唯一性、完整性、安全性和真实性。保险公司理赔数据来源于财政电子票据系统，财政电子票据在医疗机构、财政部门、保险公司之间闭环流转，票据无法被伪造、篡改，通过科技手段查验比对，从源头杜绝骗保风险。

二　创新点

（一）创新绿色理赔模式，从线下转线上

未开展理赔直付前，参保群众办理理赔需到保险公司柜面递交纸质资料，为此参保群众出院时需要排长队打印缴费清单、病历资料、医疗票据等，资料繁多耗时、劳神、打印成本高。理赔直付打通了参保群众从出险前端到理赔服务后端之间的信息流，实现了从参保群众出险到理赔金给付的"端对端"线上全流程理赔直付服务。参保群众无须亲临柜面，无须提供纸质材料，只需在保险公司 APP 上传必要的影像资料，其余数据由保险公司业务系统从财政电子票据系统获取，理赔模式从线下转线上。2022 年，中国人寿广西分公司全年累计完成理赔直付案件 16.1 万件，理赔直付案件

占比44%以上，赔付金额1.5亿元；实现电子票据数据交互15.4万张，赔付金额1.4亿元；群众减少打印医疗票据至少15.4万张，减少上传15.4万张票据影像，减少了医院成本，简化了群众动作。理赔直付服务全面推行有利于实现绿色理赔，是践行绿色金融服务的新模式。

（二）创新理赔提醒机制，化被动为主动

理赔直付服务模式通过创新出险报案提醒机制，在参保群众发生保险事故并就医结算时，通过医疗机构、财政部门、保险公司数据交互，完成理赔处理，保险公司理赔服务由"等报案"转变为"送提醒"，彻底改变传统理赔需要参保群众主动报案的模式，参保群众体验感大幅提升。理赔直付服务模式有利于推动保险行业转变服务理念，不断探索优质高效服务群众、服务民生的途径。

（三）创新理赔核定方式，由智能替代人工

利用数字技术手段对参保群众理赔数据信息进行处理，理赔核定作业实现智能化。一是理赔核定效率更高。以数字技术替代手工录入票据号、就诊方式及医院、票据开始日期及结束日期、票据金额、社保赔付金额等基础信息和人工筛选、审核、计算等医保范围外扣减金额数据，可以大大提高工作效率。二是理赔核定质量更优。电子票据数据规范、完整、准确，较纸质票据数据质量更高，有效解决了诸如费用清单与发票费用金额不一致等问题；系统自动剔除不符合理赔条件的票据和缴费项目，减少人工操作误判，规避了人为操控风险；电子票据数据无法篡改，确保了票据真实、可靠。优质的数据信息、先进的技术手段有效提升了理赔核定作业质量，减少了调查作业量，公司调查作业量同比下降3.4%，部分简单赔案甚至能够实现系统的全自动化作业，理赔作业更加规范高效。

（四）规范保险赔付标准，变分歧为统一

自治区财政厅、卫健委、医保局联合印发《关于开展规范医疗收费

票据数据信息工作的通知》，对票据的医保类别和编码、医保支付等项目进行了规范，对电子票据所附的医疗收费清单格式和费用类别进行了统一，并新增逻辑校验公式，收费项目填写不齐全、取数不准确的无法开具医疗收费票据。利用技术手段从源头上解决了以往广西医疗票据数据不规范的问题，有效化解了保险公司之间对自费药、乙丙类药品扣费可能出现不一致的矛盾，减少了扣费争议。中国人寿广西分公司在推行电子票据理赔直付模式之后，因扣费问题产生的案件错误率较过去下降了5.8%，行业赔付标准更加规范，参保群众利益也得到更好的保障。

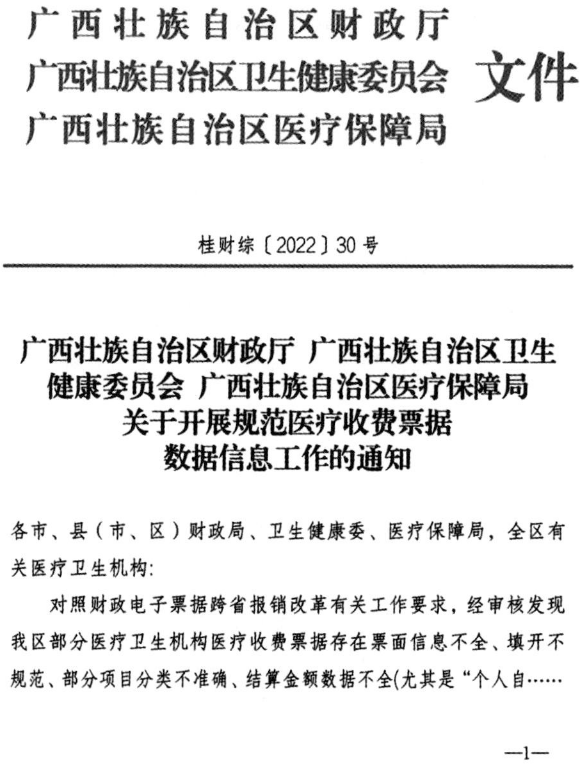

广西壮族自治区财政厅
广西壮族自治区卫生健康委员会 **文件**
广西壮族自治区医疗保障局

桂财综〔2022〕30 号

广西壮族自治区财政厅 广西壮族自治区卫生
健康委员会 广西壮族自治区医疗保障局
关于开展规范医疗收费票据
数据信息工作的通知

各市、县（市、区）财政局、卫生健康委、医疗保障局，全区有关医疗卫生机构：

对照财政电子票据跨省报销改革有关工作要求，经审核发现我区部分医疗卫生机构医疗收费票据存在票面信息不全、填开不规范、部分项目分类不准确、结算金额数据不全(尤其是"个人自……

—1—

图 2 2022 年 5 月 30 日，自治区财政厅、卫健委、医保局联合下发
《关于开展规范医疗收费票据数据信息工作的通知》
（桂财综〔2022〕30 号）

三 应用价值

（一）为全国开展医疗电子票据信息商业理赔应用提供了广西经验

广西探索出"保险公司—政府部门—用户"高效合作新模式，将医疗电子票据信息应用于商业保险理赔，为全国开展医疗电子票据信息商业理赔应用提供了广西经验。

政企合作方面，相关政府部门需主动作为，加强同商业保险公司沟通，探索适合本地区的医疗收费票据理赔应用新模式，为商业保险机构数据应用提供政策及数据支持，激发商业保险公司市场活力。商业保险公司需加强对自身业务流程的梳理改造，优化服务模式，升级服务理念，化"被动等待"为"主动出击"，提升服务线上化和智能化水平。

数据规范方面，主管部门规范票据填列要求，采取技术手段杜绝不规范填列行为。各级医疗机构规范自身业务系统的数据口径，完整规范填列商业保险核定理赔金额所需的各项内容，包括：票据号、票据开始日期及结束日期、票据金额、就诊方式、就诊医院、社保赔付金额、药品医疗服务医用耗材等收费项目的医保类别和医保信息业务编码等，便于数据直接共享应用。

风险防范方面，数据流转应用必须依法合规。相关方需签订协议明确各方权利义务和保密责任，明确规定票据数据信息用途。保险公司使用票据信息要获得群众授权同意，第三方公司只发送经授权同意的票据相关信息给保险公司。票据信息直接对接到中国人寿保险新一代理赔系统，只有理赔处理权限的人员才能查看和处理，严防数据泄露。

（二）从企业个体来看，实现了理赔机制的数字化转型，降低了风险和成本，提高了核心竞争力

理赔直付服务变革了公司的服务流程，服务全面线上化。一方面，无须提供纸质资料，电子票据系统与保险公司理赔系统对接确保数据真实可靠，杜绝虚假票据欺诈风险；另一方面，数字化服务更快捷，参保群众体验更好，对于中国人寿保险"快捷 温暖"的理赔服务品牌建设极为有利，数字化服务更加有利于竞争。

（三）从行业整体来看，为构建保险理赔信息共享平台夯实基础，促进了保险行业高质量发展

理赔直付服务在保险行业的推行有助于统一行业内各保险公司的理赔服务模式，助力行业完成理赔数据共享，最终建成理赔信息共享平台。通过统一的平台，群众只需要提交一次理赔申请，由平台系统将理赔申请推送至各保险公司，保险公司在完成理赔后将理赔数据返回至共享平台。此模式让参保群众真正享受理赔便利，同时有效避免个别参保群众在多家保险公司重复理赔获取不当利益现象。"政府+监管+公司"整合资源的创新理赔直付服务模式，有助于提振保险消费者信心，树立保险行业良好的社会形象，提高声誉，推动现代保险服务业高质量发展。

（四）从主管部门来看，有利于运用大数据开展监管，更好地规范行业健康发展

当前，数字化进程加速推进，线上线下加快融合，日趋多元化的市场急需大数据赋能监管，进而提高监管效率，构建现代化市场管理体系。利用理赔直付搭建的数据共享平台，更有利于监管效率的提升，更好约束行业依法合规。

（五）从人民群众来看，群众享受了便捷高效的理赔服务，提高了对保险行业的认可度

保险理赔服务体现保险的价值，是保险业的责任与担当，可以提高人民群众的获得感和幸福感。快捷、温暖的理赔服务，可以提升群众满意度，提高人民群众对保险行业的认可度，更有利于推动保险业高质量发展。理赔直付是理赔服务的升温，把人民至上、群众至上的原则落实落细，将坚持金融的政治性人民性落到实处，切实解决群众保险理赔的烦心事，让保险真正成为群众对抗风险的坚强依靠。

本文主创团队：中国人寿广西分公司

广西壮族自治区财政厅

执笔人：莫柳娟、韦凯元

创新实践"绿色＋乡村振兴"债务融资工具助力广西文旅康养产业发展

广西旅游发展集团有限公司（以下简称"广旅集团"）在中国银行间市场交易商协会成功公开发行了由兴业银行股份有限公司、中国建设银行股份有限公司联合承销的广旅集团 2022 年第二期绿色中期票据（专项乡村振兴）2 亿元（以下称"本期中票"），期限 3 年，发行利率 4.8%，成为广西首家落地"绿色＋乡村振兴"债务融资工具的企业。本期中票募集资金用于广旅集团巴马赐福湖国际养生中心一期项目（以下称"巴马赐福湖一期项目"）。该项目于 2018 年开始运营，已连续 4 年成功举办"中国—东盟传统医药健康旅游国际论坛"，并成为该论坛的永久会址，在国内及东盟国家具有广泛的认可度和知名度。广旅集团以直接融资创新产品支持广西文旅康养行业发展，对加强与东盟的合作，建设面向东盟的金融开放门户有着重要意义。

一　案例简介

（一）背景情况

1. 项目情况

巴马赐福湖一期项目位于巴马瑶族自治县东南向那桃乡平林村达西屯，地处赐福湖南岸，距巴马瑶族自治县城约 10 公里。本项目四周均为喀斯特石山区，具有独特的纬度地带环境、地质地貌环境、气候环境、水土环境和生态环境。项目占地面积 16.13 万平方米，用地滨临赐福湖南岸和山地，建筑面积 2.77 万平方米，建设内容主要包括健康管理服务设施和接待中心、药膳基地和基础配套设施等以及景观与环境改造。巴马赐福湖一期项目总投资 4.49 亿元，建设期为 2015 年 10 月至 2018 年 10 月。项目已于 2018 年年末投入运营，投资收益来源于酒店客房、健康养生、文旅观光等。

巴马赐福湖一期项目创新实践"文旅+"乡村振兴新模式，以"文旅+康养""文旅+民族团结进步"模式助力乡村振兴及兴农项目，整合了乡村振兴、文化旅游、康养度假资源；其绿地率、森林覆盖率等环境效益指标经中诚信绿色债券评估委员会审定，符合国家发展和改革委员会等七部委发布的《绿色产业指导目录（2019 年版）》和中国人民银行等发布的《绿色债券支持项目目录（2021 年版）》的有关标准，授予 G-1 等级。

2. 绿色金融引领乡村振兴

生态文明建设和构建绿色金融体系在国家发展的战略地位逐步提升。在七部委联合发布的《关于构建绿色金融体系的指导意见》中，绿色债券作为其中重要模块，受到各类债券监管部门的高度重视。国家发改委、中国人民银行、证监会、银行间市场交易商协会等部门均发布相关绿色债券发行指引，鼓励将资金引入绿色产业。推动经济社会发展绿色化、低碳化是实现高质量发展的关键环节。

本期中票坚持"绿水青山就是金山银山"的绿色发展理念，开拓创新，以绿色发展引领乡村振兴，以绿色发展支撑产业兴旺，提供乡村振兴源动力。

3. 文旅发展助力乡村振兴

2022 年 7 月，中国人民银行、文旅部联合印发《关于金融支持文化和旅游行业恢复发展的通知》（以下简称《通知》），旨在结合文旅行业特点，切实改善对文旅行业的金融服务，促进文化和旅游行业尽快恢复发展，发挥文化和旅游行业在加快构建新发展格局、推动高质量发展中的重要作用，满足人民群众对美好生活的需要。其工作措施包括进一步拓宽文化和旅游企业的融资渠道，支持各地根据当地文化和旅游企业特点、资产特性等盘活企业资产，增强企业自身的"造血功能"。

巴马赐福湖一期项目立足自身产业特色和发展优势，践行国有企业在国家乡村振兴战略、推动乡村文化消费提质升级上的社会责任与担当，创新实践"文旅+"乡村振兴新模式，因地制宜开发文化体验、康体养生、乡村旅游等系列产品，融合农文旅发展，推动乡村产业发展壮大，聚焦"农业高质高效、乡村宜居宜业、农民富裕富足、城乡共治共享"靶向发力，使绿色金融为文旅发展助力乡村振兴锦上添花，为乡村振兴"巴马赐福湖项目样本"注入绿色动能。

（二）主要做法

1. 系统谋划，探索创新融资模式

近年来，资本市场对责任投资理念的兴趣日益浓厚，越来越多的金融机构和资产管理公司将 ESG（环境、社会和公司治理）因素引入公司研究和投资决策的框架之中。随着国家绿色金融逐步发展，绿色发展受到了越来越多的关注，投资者绿色意识也得到提升，更青睐于投资于绿色、环保产业。

2021 年，在沪深交易所、银行间市场交易商协会等债券发行场所共计发行了约 300 支绿色债券。在绿色债券发行样本中，与同类债券（当月发行的相似区域、同期限、同券种、同信用等级的债券）进行比较，约 78% 的绿色债券低于同类债券的票面利率 10～180BP。绿色债券市场的发行成本较一般债券具有一定优势。广西壮族自治区地方金融监督管理局与广西壮族自治区财政厅联合印发了《广西建设面向东盟的金融开放门户若干措施直接融资激励政策实施细则》，鼓励企业发行绿色、扶贫债券融资工具或资产证券化产品。

广旅集团根据银行间市场交易商协会对绿色债务融资工具的审核和监管文件《非金融企业绿色债务融资工具业务指引》对项目的有关要求，综合分析项目情况，选择了符合条件的巴马赐福湖一期项目作为本期债务融资工具的绿色评估认证标的。在项目通过绿色评估后，广旅集团系统谋划，探索创新，将发行的"绿色+乡村振兴"债务融资工具应用于项目存量固定资产贷款有息债务的置换。

2. 靶向施策，响应金融支持文旅行业恢复发展号召

广旅集团深入分析疫情对公司文旅、康养板块的影响以及现阶段行业发展所遇到的困难，充分研究中国人民银行、文旅部联合印发的《通知》，靶向施策，积极融入新发展格局，求真务实、早抓快抢、靠前发力，根据巴马赐福湖一期项目特点、资产特性，提出要盘活资产，增强项目自身"造血功能"，着力推进乡村文旅项目全面恢复振兴，强化文旅康养项目对企业发展的带动作用。

（三）取得的成效

1. 成功实现该模式在广西首次落地，服务乡村文旅项目建设

巴马瑶族自治县是文旅部 2012 年起定点帮扶的国家级贫困县，2021 年末巴马瑶族自治县户籍总人口约 30 万人。巴马赐福湖一期项目于 2018 年开始运营，得到了中国—东盟博览会的青睐，成为"中国—东盟传统医药健康旅游国际论坛"的永久会址，已连续 4 年成功举办该论坛。该论坛是中国—东盟博览会高层论坛之一，每届巴马论坛均有东盟国家代表参加，并参与主旨演讲或议题讨论环节，在国内及东盟国家的传统医药健康旅游业内具有较大影响力。

2019 年，在巴马赐福湖一期项目等文旅康养项目的带动下，巴马瑶族自治县成功退出贫困县系列，完成 4147 户 19040 贫困人口、25 个贫困村脱贫出列，达到了整县脱贫摘帽标准。2020 年底，现行标准下所有贫困村贫困户如期实现全部脱贫出列，脱贫攻坚取得全面胜利。巴

马赐福湖一期项目的投资建设为巴马县带来税收累计约1300多万元，同时推动了巴马县为项目配套建设等级公路，实施道路沿线村庄农户房屋外立面美化和亮化工程。在该项目的带动下，2021年巴马瑶族自治县全县接待游客768.17万人次，同比增长19.3%，实现国内旅游总消费80.70亿元，同比增长21.20%，全县常住居民人均可支配收入同比增长11.20%，旅游业增加值占GDP的比重达到49.10%，直接带动23万人就业。

2. 优化项目资金管理，助力提升项目经济效益

巴马赐福湖项目一期的建设为巴马县贫困居民提供了就业保障，极大地提高了当地居民的生活水平，对提高旅游发展质量和巴马经济发展能力起到了重要的基础性作用，直接为当地贫困县居民提供优质的就业岗位，有力地带动了农村低收入人口和贫困县居民就业致富。

本期"绿色+乡村振兴"债务融资工作实施过程中，多措并举，推动绿色金融改革创新与乡村文旅及康养产业相结合，有效解决了文旅行业恢复发展的绿色金融需求。一方面，积极将绿色金融活水注入乡村文旅行业，充分整合各类基础绿色金融资源，构建绿色金融村企对接常态化融资配套机制，全力助推乡村文旅服务行业增加收入。另一方面，依托绿色金融推进文旅产业与传统医药融合发展，以点带面有效拓展乡村振兴工作绿色发展空间，全面助力巴马县打造"四个乡村振兴示范带"（即百亿元数字经济产业和现代特色农业乡村振兴示范带、长寿康养乡村振兴示范带、红色文化旅游乡村振兴示范带、工业旅游文化乡村振兴示范带）。

广旅集团创新发行广西首单"绿色+乡村振兴"债务融资工具，在降低巴马赐福湖项目一期综合资金成本、为项目降本增效的同时，缓释了项目还本付息等资金压力，以绿色金融优化创新，助力提升项目经济效益，拓宽乡村振兴工作发展空间。

二 创新点

乡村文旅康养项目普遍收益期较长，融资能力弱，尤其是项目初期资金投入较为集中。为突破存量项目融资能力的限制，充分发挥广旅集团作为发行主体在资本市场融资的优势，切实将金融服务实体经济，将乡村振兴工作落到实处。广旅集团创新实践了广西首单"绿色+乡村振兴"债务融资工具，将资本市场"绿色"活水，注入乡村文旅康养项目。

（一）创新"绿色+乡村振兴"融资模式，切实服务乡村文旅项目

绿色金融是助力乡村低碳发展的关键支撑，也是促进乡村振兴全面实现的重要保障。广旅集团认真践行"绿水青山就是金山银山"理念，通过本期中期票据的发行，探索既保留"绿水青山"又搬来"金山银山"的新路径、新机制。

模式创新，产品先行，在探索实践"绿色+乡村振兴"融资模式过程中，广旅集团抢抓资本市场宏观形势向好时机，立足自身产业特色和发展优势，聚焦乡村振兴项目发展需求，以推动巴马赐福湖项目高质量发展为目标，全面促进绿色金融与乡村振兴有机融合，助推项目绿色低碳发展。新冠疫情后，既是文旅行业恢复发展的挑战期，也是机遇期。

绿色金融作为重要的金融手段，应当立足项目的发展实际，充分考量乡村振兴的目标要求，增强绿色金融赋能乡村振兴的综合效力。广旅集团促进乡村振兴项目向绿色转型，通过科学规划绿色金融助力乡村文旅行业发展，将有助于全面提升绿色金融赋能乡村振兴的综合效能。

（二）研判市场形势，为乡村文旅降本增效

巴马赐福湖一期项目于 2016 年建设初期办理了 10 年期的商业银行固定资产贷款 3 亿元，以项目土地使用权及在建工程等进行抵押担保；截至本期中票发行前，项目贷款余额约 2 亿元。根据项目贷款还款安排，业主单位每半年需支付约 2700 万元至 3000 万元的贷款本金及利息。

本期中票的成功发行，助力巴马赐福湖一期项目年均压降资金成本约 216 万元，切实为乡村文旅行业恢复发展降本增效，是广旅集团践行中国人民银行和文旅部《通知》要求，抢抓政策窗口期，着力降低文旅项目融资成本的重要举措。

（三）结合项目实际，为成熟项目注入绿色金融活力

本案例采用信用债券募集资金置换巴马赐福湖一期项目存量固定资产贷款，释放项目土地使用权和在建工程等抵押物，为成熟项目注入绿色金融活力，为项目二期或集团公司其他文旅康养项目储备融资能力。

在本期中期票据到期前，可统筹考虑集团发展、项目管理等用款安排，根据资本市场情况，可再发行一期"绿色+乡村振兴"等品种债务融资接续本期中票。通过加强绿色金融统筹协调，激活绿色乡村文旅及康养产业发展动能。

三　应用价值

（一）提升乡村项目融资水平

受制于所在区域因素的影响，广西乡村振兴项目往往存在"融资难""融资贵"的困境。以项目所在地河池市巴马县为例，2022 年，受

国内国际经济大环境和疫情不断反复明显超预期的影响，巴马县经济下行压力加大，恢复不如预期，五年来三产首次出现负增长。河池市各类企业在资本市场直接融资案例较少，融资成本偏高，2020 年以来发行的几支中长期债券票面利率约为 6.0%~7.5%。

广旅集团充分把握绿色金融发展时机，以省属 AA+信用评级企业为平台在资本市场为巴马赐福湖一期项目公开融资，有利于充分发挥广西行业龙头企业融资优势，助力乡村振兴项目优化融资水平，实现项目在资金成本上降本增效。

（二）有效缓释项目偿债压力

2020 年以来，受新冠疫情影响，巴马赐福湖一期项目营业收入及营业利润均有所下降，项目资金回流不及项目设立初期可行性研究测算情况乐观。本期中票的成功发行，在利用绿色资金降低项目融资成本的同时，有效帮助项目缓释了存量项目固定资产贷款的资金压力，助力项目抵御疫情影响，为乡村文旅康养行业在特殊时期纾困解难。

（三）为文旅项目提供可复制可推广的融资模式

本期中票的落地，牢牢把握资本市场优惠政策和向好时机，充分研判项目需求，通过信用债接续项目借款的模式，释放项目担保空间，充分利用企业担保资源，进一步提高集团公司经营效率，助力提升项目经营效能和融资能力。

广旅集团创新实践"绿色+乡村振兴"债务融资工具，更好地按照金融改革的要求，以可复制、可推广的创新成果，支持乡村文旅康养项目面向东盟的金融开放门户建设。

本文主创团队：广西旅游发展集团有限公司

执笔人：曹玲、林宝胜

科技赋能 便利化服务
推进跨境投融资服务提质增效

交通银行广西区分行在政府和监管部门的支持指导下，积极落实"六稳""六保"措施，充分发挥传统账户、NRA账户、FT账户、离岸外币账户、霍尔果斯创新离岸人民币账户等五位一体的账户体系及全牌照经营优势，谋划创新为企业服务，打造面向东盟的跨境金融特色服务品牌。2022年交通银行广西区分行积极服务构建新发展格局，推进资本项目便利化，落地了资本项目数字化试点等多项创新。

一 案例简介

（一）背景情况

自2019年以来，国家外汇管理局持续简政放权、优化管理，推出了一系列跨境投融资便利化政策，惠企便民、助企纾困，有力支持了实体经济高质量发展。如：资本项目收入支付便利化改革，允许符合条件的企业将资本金、外债和境外上市等资本项目收入用于境内支付时，无须事前向银行逐笔提供真实性证明材料；将符合条件的外债、内保外贷注销登记下放至银行办理；企业可通过国家外汇管理局政务服务网上办理系统线上申请外债登记业务；取消资本项目外汇账户（外债等账户）开户数量限制；企业可向试点银行申请数字化办理业务，试点银行可通过审核电子单证等在线化、无纸化方式，为企业提供跨境结算服务，办理资本项目账户开立、外汇资本金账户入账、资本项目外汇收入结汇及支付等数字化服务试点业务等。

2022 年 4 月，中国人民银行和国家外汇管理局联合推出助企纾困"金融 23 条"，明确了企业可通过线上方式申请外债登记等便利化举措。交通银行广西区分行积极落实"金融 23 条"政策举措，鼓励和引导符合条件的企业通过便利化渠道开展业务，支持受困主体纾困、畅通国民经济循环、促进跨境资金流动。

（二）主要做法

1. 科技赋能，促进跨境金融线上创新

交通银行广西区分行落实国家外汇政策，积极推动资本项目数字化服务，助力广西稳外资、稳外贸工作，为企业提供更加便利的跨境金融服务。在外汇业务"放管服"以及贸易投资便利化的趋势下，交通银行广西区分行积极运用科技手段落实外汇业务办理，合规性与便利化"两手抓"，以客户需求为导向，通过数字化、场景化、特色化金融产品，利用金融科技带动业务时效提升。

2. 组织落实，在全辖推动资本项目便利化业务

交通银行广西区分行加大对全辖外汇从业人员的宣传及培训力度。一是通过视频会议开展线上培训，包括组织全辖参与总行资本项目便利化培训、分行对辖行开展线上培训。二是邀请外汇管理局专家到分行开展现场培训。三是通过微信转发外汇管理局及外汇市场自律机制相关资本项目便利化政策材料至分行工作群、朋友圈分享宣传等。

3. 持续推动，坚持常态化管理

自 2020 年起，交通银行广西区分行便积极落实国家外汇管理局关于优化外汇管理支持涉外业务发展、促进跨境贸易投资便利化的各项政策，在遵循审慎展业原则的前提下，为符合条件的优质企业办理资本项目外汇收入结汇用于境内支付时，无须企业事前逐笔提交相关证明材料，助力企业降本增效。2020 年 10 月 13 日，交通银行广西区分行为

广西自贸区内某企业办理离岸直贷 1.57 亿港币，资金回流结汇用于境内支付采购货款，落地广西首笔离岸直贷项下资本项目外汇收支便利化业务。

4.发挥特色，助推金融创新发展

交通银行广西区分行在总行的支持领导下，坚持以服务实体经济为根本出发点，在面向东盟的金融开放门户及自贸试验区等政策多重叠加的背景之下，于 2020 年 1 月与南宁市人民政府共同发起设立了广西（南宁）金融创新联合实验室，并落地了多项创新成果。交通银行广西区分行紧抓"双循环"新发展格局构建机遇，利用交通银行"交银 e 关通+Easy 系列"线上产品进行汇款、开证、结售汇、贸易融资，拓展"CIPS+"生态圈、"航运管家"、"电费管家"、"资本金管家"场景应用，运用电子渠道优势做好金融服务。创新推出"项目贷款+贸易融资"组合授信，支持新基建项目投放。加强业务创新，继续依托广西（南宁）金融创新联合实验室的引领作用，推动一系列跨境贸易投融资便利化创新举措落地，以"首单"示范效应带动"复制推广"规模效应。

（三）取得的成效

1.资本项目便利化领跑市场

2022 年交通银行广西区分行办理资本项目便利化业务 707 笔，金额 2.59 亿美元，金额及笔数均位列全区同业第一。

2.落地资本项目数字化试点业务

2022 年，交通银行广西区分行在推进资本项目便利化工作上取得新进展。12 月，交通银行资本项目数字化服务试点——"资本金管家"产品在广西区分行落地。"资本金管家"是经国家外汇管理局批准，交通银行总行作为资本项目数字化服务创新试点行而开展的业务，首先在交通银行上海市分行展开。交通银行广西区分行紧跟总行数字化转型步伐，在总行国际部的大力支持和国家外汇管理局广西区分局的悉心指导下，及早完成业务报备、客户储备等前期准备工作。在手续齐备后交通银行广西区分行第一时间完成首笔业务落地，通过"资本金管家"为南宁市、柳州市两家外商投资企业办理资本金结汇合计19万美元，为桂林市、梧州市的两家大型集团办理外债还本付息购汇合计3300万美元。其中柳州、桂林、梧州落地业务均为当地市场首单。

3.成功落地区内首笔资本项目数字化服务与跨境金融服务平台双联动业务

在国家外汇管理局广西区分局的悉心指导和大力支持下，交通银行广西区分行成功落地区内首笔资本项目数字化服务与跨境金融服务平台双联动业务。交通银行广西区分行为广西某集团办理资本项目外债付息业务，金额为592.50万美元。企业通过网银线上提交汇款申请，银行通过线上审核汇款材料并处理了该笔业务，同时使用跨境金融服务平台核验税务备案表。整个过程中，该集团无须亲自前往银行提交申请材料，节省了人力成本和"脚底成本"，简化了业务流程，让该集团充分感受到资本项目便利化政策带来的好处。对于银行来说，数字化服务快速提升了资本项目业务结算效率。通过跨境金融服务平台，核验税务备案实现与税务局密切联动，提升了银行相关业务真实性审查的质效。

4.跨境融资服务提质增效

一是引资入桂，交通银行广西区分行落地广西市场首批QFLP（合格境外有限合伙）基金业务316万美元，激发外商投资活力；二是交通银行广西区分行中标亚洲开发银行广西区域合作项目，成为8400万欧元贷款的首个代理行，支持区内经济建设及社会可持续发展；三是落地外债便利化新政，交通银行广西区分行为南宁某投资集团有限责任公司办理全口径跨境融资业务，办理广西首笔"多笔外债共用一个外债账户"便利化业务7400万美元，为企业跨境融资提供了便利。

二　创新点

（一）贯彻科技金融理念

"资本金管家"业务支持全程无纸化办理资本项目收结汇及资金汇划，企业可在线提交具有法律效力的电子单证，线上全流程完成资本金款项确认、收支申报、入账登记等。业务办理时间从数日缩短至数分钟，显著提升了客户的资金效率和业务便利性，更好地满足了跨境企业资本项下全球资金管理需求。该项创新，是交通银行广西区分行落实"稳外资稳外贸"，推进资本项目收支便利化的又一举措，是数字贸易服务向新客群、新场景做出的进一步拓展。

南宁市某物流公司是一家港资企业，多次办理外汇资本金增资业务，以往需每次往返银行提供纸质资料办理入账、登记及后续资金使用业务。交通银行广西区分行正式推出"资本金管家"业务后，国际业务部及客户经理第一时间向企业进行了宣传，推荐客户通过交通银行"资本金管家"线上办理资本项目资金入账、登记等业务，向企业详细介绍线上完成资本金款项确认、收支申报、入账登记、结汇使用全流程的业务功能。企业顺利通过"资本金管家"在线提交具有法律效力的电子单证，足不出户、快速办理了外汇资本金业务，对交通银行"资本金管家"提供的线上便捷高效服务赞不绝口。

（二）为稳外资、促融资、助企纾困提供新发力点

近三年新冠疫情的影响，对银行的外汇业务服务提出了更高效、更便捷的要求。交通银行广西区分行抢抓面向东盟的金融开放门户、自贸试验区、RCEP 等政策机遇，联动总行离岸中心和海外分支机构拓展跨境直贷、QFLP、自贸债等跨境投融资业务，有序推进外债登记、外债

账户使用等资本项目业务便利化工作。

交通银行广西区分行以服务实体经济为落脚点，发挥线上服务优势，开展 EASY 证、贷、汇等网银业务，企业无须至银行柜台办理业务。在疫情期间开通线上受理渠道，接受客户寄送单据办理结汇，为客户广西某牧业有限公司结汇待支付账户开立网银。因广西某牧业有限公司为异地客户且受疫情影响无法至柜面办理业务，交通银行广西区分行特事特办为客户远程开立网银，客户将付款材料寄送至柜面，分行审核后由客户在网银发起付款，实现"无纸化""低碳式"业务办理，有效降低了"脚底成本"。

（三）全流程实现风险防控

在做好便利化业务的同时，交通银行广西区分行筑牢风险防控底线，健全内控管理长效机制，制定内控管理办法及操作规程，建立业务事后抽查机制，由专人专岗负责风险防控。通过制度约束、流程控制、系统固化、监测评估，将内控措施融入业务办理全领域、全流程，合规开展各项便利化金融服务。

三　应用价值

（一）积极落实监管政策

《国家外汇管理局关于进一步促进跨境贸易投资便利化的通知》（汇发〔2019〕28 号）提出了进一步扩大资本项目收入支付便利化试点的要求：允许试点地区符合条件的企业将资本金、外债和境外上市等资本项下收入用于境内支付时，无须事前向银行逐笔提供真实性证明材料，其资金使用应当真实合规，并符合现行资本项目收入使用管理规定。为提升资本项目数字化服务水平，交通银行总行向国家外汇管理局上海市分局报备并经国家外汇管理局批准，在上海地区先行试点开展资本金管家业务。在上海分行取得成功后，总行在全行进行复制推广。

资本金管家实现了资本项目收结汇电子便利化功能，覆盖的业务环节包括资本项目外汇账户资金入账、境内直接投资货币出资入账登记、资本项目收入意愿结汇、资本项目收入支付结汇、资本项目—结汇待支付账户支付业务等。相关项目的推广应用将大幅提高资本项下大额资金划转效率，提升客户业务办理便捷度。交通银行广西区分行遵循展业原则管控试点业务风险，加强监测分析和事中事后监管。

（二）提升跨境金融服务水平

非金融企业办理外债签约登记后，多笔外债可共用同一个外债账户，新登记的外债无须企业再开立新的外债专户，可通过已有的外债账户办理资金收付。此项便利化措施大大简化了业务流程和免去了烦琐的开户手续，节省了企业的"脚底成本"和时间成本，外债入账的办结时间从2天缩短到15分钟，得到企业的高度认可。

（三）激发外商投资活力

根据银发〔2020〕330号《关于进一步优化跨境人民币政策 支持稳外贸稳外资的通知》精神，境外投资者将境内人民币利润所得用于境内再投资，可将人民币资金从利润分配企业的账户直接划转至被投资企业或股权转让方的账户，无须开立人民币再投资专用存款账户。被投资企业无须开立人民币资本金专用存款账户，资金使用需遵守本通知规定。境外投资者以人民币并购境内企业设立外商投资企业或以人民币向境内外商投资企业的中方股东支付股权转让对价款，相关各中方股东无须开立人民币并购专用存款账户或人民币股权转让专用存款账户。

根据该便利政策，广西某投资有限公司在接其投资的南宁某物流有限公司的人民币股权转让资金时根据政策未开立人民币股权转让专用存款账户，极大提高了业务办理效率，同时也提高了外商投资企业的意愿。

（四）提高银行办理业务效率

资本项目外汇收入支付便利化政策的有效运用及资本项目数字化试点的成功上线，使业务审核及数据申报的时间降低很多，银行柜面压力得到有效释放，同时企业无须事前逐笔提交真实性证明材料，大大降低了企业人力和时间成本，跨境融资资金流入使用办理时限由几个工作日减少到半个小时完成，客户体验得到极大提升。交通银行广西区分行坚持在"促便利、防风险"的基础上，依托金融科技扎实推进各项便利化政策提质增效，应用政策红利大幅提升优化客户服务体验，助力企业提升跨境投融资使用效率和贸易结算便利。

本文主创团队：交通银行广西区分行

执笔人：梁铮、农韦静

创新"银团+"金融服务模式
助力"交通强国"建设

《广西壮族自治区建设面向东盟的金融开放门户总体方案》和《交通强国建设纲要》的印发实施，为广西交通基础设施建设带来了新的历史机遇。交通建设项目加快起步的同时，项目融资成为了亟须解决的难题。广西交通投资集团财务有限责任公司（以下简称"广西交投财务公司"）充分发挥广西交通投资集团有限公司（以下简称"广西交投集团"）内部非银行金融机构的独特作用，搭建银企沟通合作桥梁，创新"银团+"金融服务模式，用好、用活多种金融产品，吸引银行金融机构为交通建设项目提供更为丰富的金融服务支持，形成"1+1>2"的合作效应，为创新"银企财"金融合作提供了新思路、新方向，以金融服务创新支持面向东盟的金融开放门户建设。

一　案例简介

（一）背景情况

党的十九大报告明确提出"建设交通强国"；党的二十大报告提出"要加快建设交通强国"。2020年自治区党委、政府印发《广西贯彻落实〈交通强国建设纲要〉实施方案》，明确到2035年底，基本建成交通强区，基本形成"3213出行交通圈"；《广西壮族自治区建设面向东盟的金融开放门户总体方案》明确指出，要加强金融服务实体经济，支持中国—东盟互联互通项目建设，为加快广西交通基础设施建设注入新的动力。

"十四五"期间，广西对交通的投资规模将超过 1.5 万亿元。在交通建设项目投资规模进入高峰期的同时，随之而来的是项目的大规模融资需求。当前高速公路项目建设普遍采用"专项债券+市场化配套融资"模式，银行金融机构主要通过组建银团方式为项目提供市场化配套融资，一定程度上解决了项目融资难题。但在项目施工结算高峰期，资金结算用款量大，项目建设资金受多种因素影响存在到位时间未达预期的情况，导致项目出现短期资金紧张等问题。

为进一步解决项目融资难题，助力广西交投集团加快推进交通项目建设，广西交投财务公司以"提升结算效率、保障资金支持、节约财务成本、创造产业链价值"为金融服务目标，创新"银团+"金融服务模式，以联合牵头组建银团为基础，发挥广西交投财务公司的金融引领和银企合作桥梁作用，持续丰富金融服务产品和手段，引导项目融资成本下行，吸引更多银行金融机构通过参与银团、票据等多种金融产品为项目建设提供资金，为通过深化银企财合作满足项目资金需求提供了新途径，为实现广西交通建设高质量发展贡献金融智慧。

（二）主要做法

1. 奠定"银团+"模式基础，发挥金融引领作用

广西交投财务公司作为联合牵头单位，积极参与广西交投集团的交通建设项目银团组建工作，构建以"广西交投财务公司联合牵头银团"为基础的项目金融服务模式架构。通过整合内外部金融资源，发挥金融引领作用，增强银行金融机构的参团意愿，撬动更多股份制商业银行、地方性中小银行的信贷资金支持交通建设项目。另外，广西交投财务公司借助联合牵头行角色，以财务顾问服务支持广西交投集团开展银团谈判，在贷款利率、账户管理、财务约束、信息披露等方面争取到最优贷款条件。

2. 引入"银团+票据"模式，支持项目关键时期资金需求

针对交通建设项目在施工结算高峰期出现的短期资金缺口，广西交投财务公司创新引入票据模式作为项目结算辅助手段，搭建"票据承兑—贴现—转贴现"的票据结算全流程架构，有力支持项目解决短期融资难题。一是丰富项目信贷授信品种，广西交投财务公司和银团参团行为项目结算提供"零"保证金票据承兑业务支持；二是建立银财合作联动机制，充分利用广西交投财务公司的同业信用，通过银行金融机构特别是银团参团行为票据结算提供贴现业务支持；三是开展更为广泛的转贴现业务合作，支持银行金融机构开展财务公司票据资产的优化配置，增强财务公司票据的流通度，提升银行金融机构票据业务合作的积极性。

3. 着眼"银团+产业链金融服务"，为项目建设全产业链提供金融支持

"十四五"期间，广西交投集团聚焦交通主业，稳步拓展经营，构建上下一体、横向协同、产融结合的"1核3链3提升"产业发展布局。高速公路、铁路项目建设产业链属于"3链"中的重要组成部分，广西交投财务公司联合银团参团行，通过将金融服务延伸至项目建设全产业链，重点支持路内大宗物资供应链的金融需求，综合运用结算服务、流动资金贷款、票据、保函、信贷证明等多种金融产品，满足商贸类企业在大宗材料采购与回款、项目投标与履约等方面的金融需求，并通过项目公司与商贸类企业的票据业务联动，实现商贸类企业路内货款的快速回流，有效降低企业应收账款规模，减少业务资金占用，提高资金使用效率。

（三）取得的成效

1. "品质党建 品质金服"文化品牌提质升级

"银团+"金融服务模式创新是广西交投财务公司积极响应建设面向东盟的金融开放门户号召、践行金融支持交通强国建设责任、打造"品质党建 品质金服"品牌的重要举措之一。广西交投财务公司作为广

西唯一一家企业集团财务公司，充分发挥财务公司金融牌照优势，立足集团、服务集团，持续升级金融特色"品质党建 品质金服"文化品牌，获评中国文化管理协会"新时代企业党建实践创新优秀成果"。近年来，广西交投财务公司通过对"银团+"金融服务模式的不断升级和完善，截至 2023 年 3 月末，已在广西交投集团的多个高速公路项目成功试点并陆续推广至集团内各交通建设项目，为广西交投集团的交通产业高质量发展贡献金融力量。

2. 联合牵头银团撬动资金规模持续增长

截至 2023 年 3 月末，广西交投财务公司联合牵头组建交通建设项目银团累计达 18 个，包括南丹至下老高速公路银团、桂林—恭城—贺州公路（桂林至钟山段）银团等多个百亿银团，累计撬动超过 1100 亿元信贷资金用于支持项目建设，吸引广发银行、广西平乐农村合作银行、广西恭城农村商业银行、容县农村信用合作联社等多家银行金融机构首次参与广西交投集团的交通建设项目银团，撬动更为广泛、更大规模的信贷资源支持广西交通基础设施建设，银团"朋友圈"持续扩大，银团融资利率屡创新低，融资条件持续优化。

3. 票据结算有力支持项目建设资金需求

广西交投集团作为广西交通建设的主力军，每年开工建设的高速公路、铁路项目数量多，项目建设资金结算压力大。广西交投财务公司通过票据结算模式，已累计为 12 个高速公路项目提供近 100 亿元的票据业务支持，为票据结算提供贴现、转贴现业务支持的银行金融机构累计超过 10 家，覆盖国有大型银行、股份制商业银行和城市商业银行，财务公司票据的流通度明显增强，银财合作成效显著。同时优化票据结算流程，提高业务各方对接效率，项目结算支付时长由原本的 5~10 个工作日缩短至 2 个工作日，极大提升了结算速度，有效缓解了项目结算的资金压力，保障交通项目建设产业链上游中小微企业资金的快速回流和农民工工资的按期支付。

4. 金融支持产业链发展效益显现

通过支持广西交投集团商贸类企业路内大宗材料贸易业务的资金结算和金融服务需求，有力保障了交通建设项目所需大宗材料供应，以点带面支持广西交投集团高速公路、铁路项目建设产业链高质量发展。截至 2023 年 3 月末，广西交投财务公司为广西交投集团商贸类企业累计提供约 75 亿元的票据业务支持，通过票据结算帮助企业提前锁定款项收回账期，结合运用票据贴现业务加快业务资金回流，提高资金使用效率；累计开立各类"零"保证金保函约 18.5 亿元，减少保函业务保证金沉淀约 5.6 亿元，并通过支持商贸类企业开具保函替换传统保证金的模式，极大地盘活了商贸类企业业务开展的沉淀资金。

二　创新点

（一）创新交通建设项目结算模式

因交通建设项目的投资总额较高，项目建设资金来源除资本金、政府专项债券以外，主要依靠银团融资，融资来源相对单一，对银团的依赖度较高，多年来形成了现金结算的单一固化模式。"银团+"金融服务模式在项目银团融资的基础上，结合银行金融机构金融产品多元化的特点，充分利用广西交投财务公司的同业信用，创新运用票据等多种金融手段开展项目结算，实现了项目结算高峰期的资金支持。同时，"银团+"金融服务模式着眼全产业链视角，将金融服务范围延伸至项目建设产业链的各业务主体，解决产业链上各环节的融资难题，打通业务堵点，通过金融服务进一步支持项目建设，推进项目建设产业链高质量发展。

（二）构建银企财合作共赢新格局

"银团+"金融服务模式以银团为合作基础，通过搭建银企合作桥梁，吸引银行金融机构向总行争取信贷资金规模，引入更多广西区外低成本资金支持广西交通基础设施建设，银行金融机构也可获得长期稳定的信贷收益。同时，虽然许多股份制商业银行和城市商业银行提供交通建设项目金融支持的意愿强烈，但受限于自身资金规模和成本要求等因素，成为银团参团行的机会较少。通过票据等金融产品，创新构建"银企财"合作模式，发挥广西交投财务公司金融牌照优势，积极推动广西区内各银行金融机构支持财务公司票据的运用和流通，进一步扩大了广西交投集团与广西区内各银行金融机构的合作空间，为股份制商业银行和城市商业银行金融支持广西交通建设项目提供了新途径、新方向，实现了多方合作共赢。

（三）实现风险管控方式创新

充分研判拓展票据结算模式的业务风险并加以控制，有效防范金融风险。创新联合银团代理行实现项目融资总量管控，将交通建设项目银团余额和票据业务余额控制在项目市场化配套融资批复额度内，确保项目不存在过度融资问题。广西交投财务公司作为票据承兑人，在票据业务最前端对票据业务背景真实性进行审核，从源头上防范无业务背景开票的风险。

三 应用价值

（一）为灵活运用金融产品支持交通产业发展提供了示范

"银团+"金融服务模式打破单一产品支持项目建设的业务思路，既保证了交通建设项目通过银团产品实现基础性融资，又以多种金融产品满足交通建设项目的临时性需求和产业链融资需求，并可结合企业特点和交通建设项目实际不断丰富和发展"银团+"金融服务模式的内涵，具有"可复制、可推广、可延伸"的优势和特性，为银行金融机构拓展交通产业金融服务、支持面向东盟的金融开放门户建设、助力国家交通强国战略实施提供了良好示范。

（二）为交通建设项目创新结算模式提供了实践支持

将票据结算引入交通建设项目，是广西交投集团交通建设项目在现金结算以外的首次结算模式创新尝试。通过对票据结算在交通建设项目的应用实践，项目对于现金结算以外的结算模式的接受程度进一步提高，目前正在持续探索和尝试包括供应链票据、应收账款电子债权凭证等在内的新型结算方式。"银团+"金融服务模式对进一步丰富交通建设项目结算模式、拓宽项目结算渠道提供了实践支持。

（三）为丰富银企财合作模式提供了思路

财务公司作为企业集团的内部非银行金融机构，在服务实体经济方面具有先天优势，在支持企业集团内部资金归集、资金融通、资金风险防控等方面可以发挥显著作用。"银团+"金融服务模式的创新应用通过财务公司搭建银企沟通合作桥梁，精准对接银企财各方需求，为丰富业务合作场景、有效引入金融资源拓展了思路，支持进一步发挥各方合力，构建银行金融机构、集团客户、财务公司多方共赢的新局面。银行金融机构在广西主要以分支机构模式经营，可获得的金融资源多依赖于总行的分配。以"银企财"合作推动银行金融机构在广西的金融业务发展和金融人才培育，有助于其向总行争取更多的金融资源支持广西交通基础设施建设，并进一步吸引更多银行金融机构乃至项目建设产业链上下游财务公司等其他金融同业的金融资源，实现有效引入金融资源良性循环。

本文主创团队：广西交通投资集团财务有限责任公司

执笔人：李阆、周诗怡

广西首单银行间市场绿色
非金融企业债务融资工具

为贯彻落实党中央、国务院碳达峰、碳中和重大决策部署和自治区人民政府关于加快建设面向东盟的金融开放门户的重要指示，中国建设银行广西区分行（以下简称"建行广西区分行"）将绿色金融作为全行重点工作推进，持续研究推进绿色资本市场业务。2022年8月31日，建行广西区分行牵头主承销广西首单银行间市场绿色非金融企业债务融资工具，同时协同建行集团子公司参与债券认购，母子联动推动项目落地，实现了广西区域该类型债券"0到1"的突破。本笔债券募集资金创新用于新能源汽车售后回租项目投放，助力新能源汽车产业发展，拟投放的新能源汽车投入运营后，相对于传统燃油汽车初始预计每年可实现二氧化碳减排约7008.61吨，环境效益、经济和社会效益等综合效益显著，具有一定的推广价值。

一 案例简介

（一）案例背景

2020年9月，在第七十五届联合国大会上，习近平总书记代表中国政府向国际社会郑重承诺：力争于2030年前实现碳达峰，努力争取2060年前实现碳中和。2021年2月，《国务院关于加快建立健全绿色低碳循环发展经济体系的指导意见》提出"要建立健全绿色低碳循环发展的经济体系，确保实现碳达峰、碳中和目标，推动我国绿色发展迈上新台阶"，并要求"大力发展绿色金融。发展绿色信贷和绿色直接融资，加大对金融机构绿色金融业绩评价考核力度"。2021年9月，工信部、人民银行、银保监会及证监会联合发布《关于加强产融合作推动工业绿色发展的指导意见》，提出"研究有序扩大绿色债券发行规模，鼓励符合条件的企业发行中长期绿色债券"。2022年10月，党的二十大报告提出"推动绿色发展，促进人与自然和谐共生"，要求"必须牢固树立和践行绿水青山就是金山银山的理念，站在人与自然和谐共生的高度谋划发展"。

广西壮族自治区（以下简称"自治区"）坚持绿色发展理念为引领，鼓励金融机构在绿色信贷投放、绿色金融创新等方面进行大胆探索创新。2020年6月，自治区人民政府印发《关于建设面向东盟的金融开放门户若干措施》，提出"支持绿色金融改革创新试点。鼓励广西区内银行业金融机构通过合理分配经济资本、信贷资源等有效方式支持绿色信贷产品和服务"。2022年9月，自治区人民政府印发《关于加快发展"五个金融"的实施意见》（以下简称《意见》），《意见》提出，"要以经济稳增长、服务和融入新发展格局为出发点，以"五个金融"（绿色金融、普惠金融、科技金融、数字金融、跨境金融）为着力点，深化绿色金融体制机制改革……服务广西经济社会高质量发展"。

在此背景下，建行广西区分行以"新金融行动"为主题，将绿色金融作为全行重点工作推进，持续研究推进绿色资本市场业务，推进全面绿色转型，加快在碳达峰、碳中和非信贷领域实现创新和突破，助力建设面向东盟的金融开放门户。

（二）主要做法

1. 绿色债务融资工具介绍

绿色债务融资工具，是指境内外具有法人资格的非金融企业在银行间债券市场发行的，募集资金专项用于节能环保、污染防治、资源节约与循环利用等绿色项目的债务融资工具①。绿色项目的界定与分类参考中国金融学会绿色金融专业委员会编制的《绿色债券支持项目目录》。

绿色债务融资工具相较于普通品种债务融资工具，主要有以下特点：一是注册变更流程便捷。交易商协会为绿色债务融资工具的注册评议、发行前用途变更开辟绿色通道，加强绿色债务融资工具注册发行服务。二是募集资金专户管理。企业发行绿色债务融资工具应设立募集资金监管账户，由资金监管机构对募集资金的到账、存储和划付实施管理，确保募集资金用于绿色项目。三是用途承诺与变更严格。企业应承诺将所募集资金全部用于绿色项目。在绿色债务融资工具存续期内，企业变更募集资金用途，应至少于变更前五个工作日披露变更公告，变更后的用途仍应符合相关要求。四是信息披露要求严格。企业发行绿色债务融资工具应在注册文件中明确披露绿色项目的具体信息，在债券存续期间，定期披露募集资金使用和绿色项目进展情况。五是鼓励评估认证。鼓励第三方认证机构对企业发行的绿色债务融资工具进行评估，披露债务融资工具绿色程度，并对支持绿色项目发展及环境效益影响实施跟踪评估。

2. 建行广西区分行具体做法

（1）提高政治站位，统一思想认识

建行广西区分行将绿色金融加入 2022 年全行重点工作，并成立碳达峰、碳中和工作领导小组，细化工作目标，制定工作措施，督导工作进度。领导班子多次召开绿色金融推进会，由业务部门按周、按季度汇报绿色金融工作进展。全行上下高度重视，统一认识，政策保障，为绿色金融推进营造了良好的政策环境。

（2）联动第三方机构，夯实绿色储备

建行广西区分行一是上下联动，夯实储备。通过加强绿色金融培

---

① 《非金融企业绿色债务融资工具业务指引》。

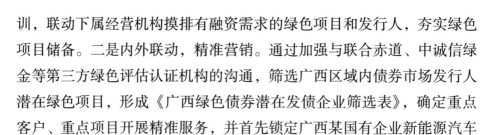

训，联动下属经营机构摸排有融资需求的绿色项目和发行人，夯实绿色项目储备。二是内外联动，精准营销。通过加强与联合赤道、中诚信绿金等第三方绿色评估认证机构的沟通，筛选广西区域内债券市场发行人潜在绿色项目，形成《广西绿色债券潜在发债企业筛选表》，确定重点客户、重点项目开展精准服务，并首先锁定广西某国有企业新能源汽车等融资租赁绿色项目进行专题研究。

（3）高层牵头磋商，达成合作意向

为高效推动项目落地，建行广西区分行组成项目服务团队，通过与发行人频繁磋商项目需求与项目细节，最终双方达成发行广西区域首单银行间市场绿色非金融企业债务融资工具的合作意向。

（4）高效落实细节，逐个突破难关

由于发行人用途需求为新能源汽车售后回租及光伏装备制造类项目直租，根据建行广西区分行与交易商协会的初步了解，融资租赁项目对租赁物、承租人信息披露要求严格，且新能源汽车作为租赁物的价值低，数量多，交易商协会初步认为发行人对项目信息的披露有难度，不一定能满足协会披露要求。为此，项目服务团队一是深入研究交易商协会披露表格体系，了解融资租赁项目及绿色债券信息披露要求；二是与发行人筛选符合条件的租赁项目，确认披露口径，尽可能按照要求完成发行文件制作；三是与第三方认证机构沟通项目细节，推进绿色认证进度；四是高效完成募集说明书和绿色认证评估报告发行文件初稿，提前与交易商协会绿金组沟通项目可行性，为后续发行扫清障碍。

（5）母子协同作战，保障项目落地

建行广西区分行统筹多方资源开展债券预销售。一是通过建设银行总行投盟系统以及四川、天津分销中心在债市推广销售；二是逐一询问区域银行同业投资意向，确定主要意向投资人投资份额；三是推荐建设银行集团各子公司，最终联动建信理财有限责任公司参与本笔债券认购50%份额，母子协同作战，为债券成功发行保驾护航。

3. 本案例基本情况

广西某国有企业 2022 年度第一期绿色中期票据（以下简称"本笔债券"）属于非金融企业绿色债务融资工具，发行人主体评级 AA，债券评级 AAA，债券绿色等级 G-1，发行规模 4 亿元，债券期限 3 年，最终发行票面利率 5%，低于发行人同期限债券估值 30BP。本笔债券由中国建设银行股份有限公司（以下简称"建设银行"）担任牵头主承销商。根据募集说明书约定，募集资金 100% 用于绿色项目投放，其中 62.5% 用于新能源汽车售后回租项目投放，满足企业和个人等承租人对新能源汽车的配置需求，其余 37.5% 用于光伏装备制造类项目直接租赁项目投放①，具体用途见表 1、表 2。

表 1 本笔债券募集资金使用计划（一）

单位：万元

序号	项目名称	承租人	是否关联方	租赁模式	租赁物（数量、型号）	项目总投资	拟使用募集资金	募集资金用途
1	项目一：新能源汽车 T3 平台运营项目	某出租车有限公司	否	售后回租	100 台新能源汽车，东风风行 S50EV	1063	850	融资租赁项目投放
2	项目二：新能源汽车网约车平台运营项目	某汽车科技有限责任公司	否	售后回租	130 台新能源汽车，长安 460、吉利枫叶 60S	1560	1300	融资租赁项目投放
3	项目三：新能源汽车 T3 平台运营项目	某汽车销售服务有限公司、某汽车服务有限公司	否	售后回租	1000 台新能源汽车，东风风行 S50EV	10000	9000	融资租赁项目投放

① 根据发行人业务需要，后续通过发行后用途变更，将募集资金 100% 变更为新能源汽车售后回租项目投放。

续表

序号	项目名称	承租人	是否关联方	租赁模式	租赁物（数量、型号）	项目总投资	拟使用募集资金	募集资金用途
4	项目四：新能源出租车项目	某出租车有限责任公司	否	售后回租	150台新能源汽车，东风风行S50EV	1725	1300	融资租赁项目投放
5	项目五：新能源出租车项目	某科技有限公司	否	售后回租	200台新能源汽车，东风风行S50EV	2560	2000	融资租赁项目投放
6	项目六：新能源卡车项目：	某运输有限公司	否	售后回租	10台新能源汽车，2022款东风柳汽乘龙H5新能源半挂牵引车	806.4	300	融资租赁项目投放
7	项目七：新能源汽车、卡车项目	个人客户	否	售后回租	950台新能源汽车，东风柳汽东风风行及其他品牌	12000	10250	融资租赁项目投放
合计	—					29714.4	25000	—

表2　本笔债券募集资金使用计划（二）

单位：万元

序号	项目名称	项目概况	承租人	是否关联方	租赁模式	租赁物	项目拟投资	拟使用募集资金	募集资金用途
1	双良硅材料（包头）有限公司1.5亿元直租项目	该项目位于包头市，租赁标的物为承租人计划采购的直拉单晶炉，本项目租赁物直拉单晶炉计划安装于双良硅材料（包头）有限公司厂区单晶三厂，用于公司单晶硅二期项目建设	双良硅材料（包头）有限公司	否	直接租赁	直拉单晶炉	15000	15000	融资租赁项目投放
合计	—	—	—	—	—	—	15000	15000	—

4. 绿色债券认定情况

本笔债券募集资金拟投放项目（见表3）符合《绿色产业指导目录（2019 年版）》（以下简称"《绿色产业目录》"）和《绿色债券支持项目目录（2021 年版）》（以下简称"《绿债目录》"）中有关类别，可认定为绿色债券。中诚信绿金评定本笔债券绿色等级为 G—1。

表3 本期债券募集资金拟投放项目类别

项目标准 绿色项目	《绿色产业指导目录 （2019 年版)》	《绿色债券支持项目目录 （2021 年版)》
新能源汽车类	1 节能环保产业-1.4 新能源汽车和绿色船舶制造-1.4.1 新能源汽车关键零部件制造和产业化	一、节能环保产业-1.6 绿色交通-1.6.1 新能源汽车和绿色船舶制造-1.6.1.1 新能源汽车关键零部件制造和产业化
光伏装备制造类	3 清洁能源产业-3.1 新能源与清洁能源装备制造-3.1.2 太阳能发电装备制造	三、清洁能源产业-3.2 清洁能源-3.2.1 新能源与清洁能源装备制造-3.2.1.2 太阳能发电装备制造

（三）取得的成效

1. 环境效益显著

绿色债务融资工具有显著的环境效益。根据本笔债券独立评估报告，募集资金拟投放的新能源汽车类项目（电动小汽车、卡车）采购完成并全部投入运营后，相对于传统燃油汽车预计每年可实现二氧化碳减排约 7008.61 吨，节能量约 2931.28 吨标准煤，一氧化碳减排量约 351.34 吨，HC（碳氢化合物）减排量约 89.82 吨，PM2.5 减排量约 57.20 吨，PM10 减排量约 57.20 吨。

2. 经济、社会效益

随着我国对环保的重视，绿色出行逐渐成为交通出行的新风向。新能源汽车在使用过程中碳排放量减少，对环境污染性较小，也是目前的主要补贴车型。本期债券募集资金投向新能源汽车融资租赁项目投放，项目预期收益率可观，经济效益显著。同时，项目购买的新能源汽车最终投向于货物运输、出租车、平台网约车等公共服务领域或者私家车领域，可方便市民交通出行，对于缓解交通压力、稳定社会秩序、带动就业、促进经济发展具有重要的作用，经济、社会效益显著。

3. 银企黏合效益

2021年4月，广西地方金融监管局、自治区财政厅联合下发《广西建设面向东盟的金融开放门户若干措施直接融资激励政策实施细则》（桂金监资〔2021〕5号）鼓励区域企业发行绿色债券融资。建行广西区分行以客户需求为根本，坚持服务实体经济，拓宽客户融资渠道，创新金融产品纾解企业融资难点和区域绿色低碳转型痛点、引导广西国有企业创新发行区域首笔绿色非金融企业债务融资工具，为企业树立了良好的行业声誉和市场口碑，建设银行广西区分行也进一步打响绿色金融创新服务品牌，银企黏性大幅增强。

二　创新点

（一）绿色债券实现"0到1"的突破

2022年上半年，绿色债券市场高速发展，据 Wind 数据统计，全市场共发行绿色债券合计4098.84亿元，同比增长67.13%，其中银行间市场绿色债务融资工具占比最高。但一直以来，广西区域仅实现绿色公司债、绿色金融债等直融工具突破，银行间市场非金融企业绿色债务融资工具尚未实现突破。2022年上半年，广西区域仅发行绿色债券3笔，包括金融债35亿元，公司债15亿元。绿色债券融资规模小，发展速度慢，是区域绿色资本市场业务面临的问题。本笔债券是广西首单银行间市场绿色非金融企业债务融资工具，示范效应显著。

（二）新能源汽车售后回租用途创新

银行间债券市场债务融资工具募集资金主要用于偿还有息负债、补充营运资金、项目建设等，本笔债券创新性用于发行人下属企业融资租赁项目投放，且主要用于新能源汽车售后回租项目投放。新能源汽车作为租赁物，具有价值小、数量多的特点，项目信息披露如何规范，是项目推进过程中遇到的主要问题。建行广西区分行通过与建设银行总行、交易商协会密切沟通，在本项目中探索了新能源汽车售后回租项目的披露规范，为市场丰富了可参考案例。

三 应用价值

（一）提升绿色底色成色，助力经济社会绿色转型

发展绿色金融是贯彻落实党中央碳达峰、碳中和战略决策部署，服务经济社会全面绿色转型的具体要求，也是加快建立面向东盟的金融开放门户的具体行动。大力推广绿色债务融资工具，鼓励区域内金融机构和企业创新绿色资本市场业务，有利于加快区域经济绿色发展，提升绿色底色成色，助推经济社会全面绿色转型。2022 年，随着本笔债券落地，广西区域后续陆续落地银行间市场绿色非金融企业债务融资工具共3 笔，覆盖企业 3 家，金额合计 9 亿元。

（二）绿色金融支持新能源汽车产业，助力低碳环保出行

近年来，新能源汽车市场渗透率快速提升，新能源汽车已成为推动汽车产业转型发展的主要方向和促进经济增长的主要引擎。国家高度重

视新能源汽车产业发展，形成了政府大力推动、企业积极响应、社会协同联动的发展格局，新能源汽车市场潜力巨大。本案例是金融机构以绿色金融服务支持新能源汽车产业发展、支持低碳出行的创新举措，有一定推广意义，为市场丰富了金融创新支持新能源汽车产业的可参考案例，大力推广可扩大金融支持新能源汽车产业发展效应。

本文主创团队：中国建设银行广西区分行

执笔人：郑威、钟雁

港口行业便捷化、批量化、债券融资模式

习近平总书记对广西赋予三大战略定位，即构建面向东盟的国际大通道，打造西南中南地区开放发展新的战略支点，形成"一带一路"有机衔接的重要门户。为充分发挥"一湾相挽十一国，良性互动东中西"的独特区位优势，国家开发银行广西壮族自治区分行（以下简称"国家开发银行广西分行"）与广西北部湾国际港务集团有限公司（以下简称"北部湾港集团"）在中国银行保险监督管理委员会广西监管局的指导下创新金融机制和金融产品，打造全国首个在中国银行间市场交易商协会（以下简称"交易商协会"）"常发行计划"模式下取得"多品种债务融资工具（DFI）"注册批文的港口企业，并成功发行广西首单"常发行计划"永续定向债务融资工具。通过银政企联合先行先试，为广西企业在资本市场树立了创新融资形象，为广西区内金融机构服务实体经济提供了创新思路，为广西落实"三大定位"新使命提供了有针对性的融资参考方案。

一 案例简介

（一）背景情况

1. 政策背景

2015年，习近平总书记明确赋予广西"三大定位"新使命。2018年，广西壮族自治区党委、政府印发《广西深入贯彻落实"三大定位"新使命工作方案》，明确分三个阶段落实"三大定位"建设。2020年年

底，广西已全面落实第一阶段目标任务，西部陆海新通道建设、西南中南地区开放发展新的战略支点建设、"一带一路"有机衔接的重要门户建设成效显著。

2018年广西出台《广西壮族自治区建设面向东盟的金融开放门户总体方案》，并于2020年发布《加快建设面向东盟的金融开放门户若干措施》，旨在充分发挥金融支持作用，进一步促进中国—东盟构建更加紧密的命运共同体，推动广西形成全面开放新格局，其中提到"支持开展直接融资改革创新试点，在推动信用债券发行等方面取得突破，增强资本市场服务能力"。

2. 发展现状和内在需求

2021年以来，八桂扬鞭自奋蹄，广西稳步推进第二阶段目标，出台《广西深入贯彻落实"三大定位"新使命第二阶段行动计划（2021—2025年）》，明确工作目标为："到2025年，内外联动综合交通大通道加快构建，跨境跨区域产业链供应链加快形成，国内国际双循环重要节点枢纽加快建设，面向东盟更好服务"一带一路"的开放合作高地加快形成。"即加强对外开放合作，强化基础设施是关键。广西在基础设施互联互通方面将重点构建内外联动的综合交通大通道，打造衔接东盟的综合交通枢纽，涉及港口、铁路、高速公路、物流枢纽等多行业多领域基础设施项目建设，具体包括：一是以高水平共建西部陆海新通道为引领，打造北部湾国际门户枢纽港，完善西南中南地区连接北部湾的主通道，建设主动对接长江经济带、粤港澳大湾区的主通道，提升面向东盟的国际大通道；二是建设南宁国际性综合交通枢纽，推动防城港（东兴）、崇左（凭祥）等国家物流枢纽承载城市建设，同步实施国际空港、国际铁路港等项目，支撑综合交通枢纽城市建设。

上述项目总投资量过万亿，基础设施项目普遍具有投资额度大、回收期限长的特点，银行信贷大规模增长不可持续，企业亟须发掘出便捷化、规模化的金融创新产品为其拓宽融资渠道。

（二）主要做法

1. 优势互补，全面深化银企合作

国家开发银行广西分行在中国银行保险监督管理委员会广西监管局的指导下，一是建立总分行高效联动机制。总行积极与交易商协会对接，提前了解交易商协会拟出台的各项产品创新、机制创新政策，及时向分行传达。分行将企业融资需求、难题充分向总行汇报沟通。总分行高效联动，以客户融资需求为中心，整合专家资源，打造从前期产品设计、中期产品落地实施到后期风险防控的全流程工作服务体系。二是精准筛选目标企业。通过分析客户业务、行业地位、发展规划，精准筛选北部湾港集团。北部湾港集团是广西沿海唯一的公共码头投资运营商，承担北部湾国际门户港、国际枢纽海港和西江黄金水道建设任务，是广西融入共建"一带一路"倡议的践行者，是推进西部陆海新通道、北部湾国际门户港和国际枢纽海港、西江黄金水道建设的主力军，是打造"向海经济"的排头兵。三是建立高层定期交流沟通机制。2022 年 5 月，国家开发银行广西分行与北部湾港集团签订《"十四五"银企战略合作协议》，通过"融智、融制、融资"为北部湾港集团提供发展战略规划、融资方案设计、市场发债等综合性金融服务，建立高层联席会议和日常联络机制。

2. 强强联合，双重提升融资效率

2022 年 4 月，交易商协会创新推出的"常发行计划"，是发行人在基础募集说明书框架下，后续注册发行采用续发募集说明书进行简便信息披露的机制，有利于进一步提高优质企业发行便利，降低发行人债券发行工作量，真正实现"用几页纸讲清募集说明书"。国家开发银行广西分行第一时间与交易商协会联系，深入全面了解政策，并向北部湾港集团宣传介绍。

国家开发银行广西分行通过研究发现，北部湾港集团同时满足交易商协会"常发行计划"机制和"多品种债务融资工具（DFI）"机制的要求。"多品种债务融资工具（DFI）"是交易商协会 2016 年推出的金融创新机制，通过该机制发行人在获得债券注册通知书两年内可分期公开发行超短期融资券、短期融资券、中期票据、永续票据、资产支持票据、绿色债务融资工具等产品，也可定向发行相关债券产品；每期发行时再确定当期主承销商、发行品种、发行规模、发行期限等要素。两种机制结合可帮助北部湾港集团大大缩短债券注册发行材料准备时间，简化发行前流程，打造"便捷化、批量化"债券融资工作模式，助力北部湾港集团在直接融资市场获取长期稳定资金来源。虽然全国未有先例，且时逢新冠疫情肆虐之时，全国债券市场面临人手不足、无法正常到岗等困难，工作难度极大，国家开发银行广西分行对照政策反复与交易商协会沟通，最终获得北部湾港集团可以采用"常发行计划"机制+"多品种债务融资工具（DFI）"注册的肯定答复。

常发行计划和多品种债务融资工具要求及优势见表1。

表1 常发行计划和多品种债务融资工具要求及优势

项目	常发行计划（FIP）	多品种债务融资工具（DFI）
要求	（1）生产经营符合国家宏观调控政策和产业政策，市场认可度高，行业地位显著，公司治理完善。 （2）经营财务状况稳健，应满足资产总额>500亿元，资产负债率<85%；对于资产规模超1500亿元的，可适当调整资产负债率财务指标要求。 （3）注册发行信息披露成熟；最近24个月内，累计发行非金融企业债务融资工具不少于3期（含3期）。	（1）生产经营符合国家宏观调控政策和产业政策，市场认可度高，行业地位显著，公司治理完善。 （2）经营财务状况稳健，企业规模、资本结构、盈利能力满足相应行业要求。 （3）公开发行信息披露成熟。最近36个月内，累计公开发行债务融资工具等公司信用类债券不少于3期，公开发行规模不少于100亿元。 （4）最近36个月内，企业无债务融资工具等公司信用类债券或其他重大债务违约或者延迟支付本息的事实；控股股东、控股子公司无债务融资工具等公司信用类债券违约或者延误支付本息的事实。 （5）最近36个月内，企业无重大违法违规行为，不存在国家法律或政策规定的限制直接债务融资的情形，未受到交易商协会警告及以上自律处分；实际控制人不存在因涉嫌违法违规被有关机关调查或者受到重大行政、刑事处罚的情形。 （6）交易商协会根据投资者保护需要规定的其他条件。

项目	常发行计划(FIP)	多品种债务融资工具(DFI)
优势	提高优质企业发行便利,大幅缩减发行材料篇幅,真正实现"用几页纸讲清募集说明书",加快债券发行流程。	产品随需、期限随市、窗口随机、主承随选,能显著提升债务融资效率。

3. 勇挑重担,完善风险防范机制

"常发行计划"将债券募集说明书分为两个部分,基础募集说明书和续发募集说明书,基础募集说明书主要包含发行人经营、财务、资信等基本信息;续发募集说明书主要内容为当期发行债券的债项信息,包括主承销商、募集资金用途、发行条款等内容。发行人首次注册或发行时需披露基础募集说明书和续发募集说明书,基础募集说明书和发行人财务报表年报有效期一致(通常为一年),在基础募集说明书有效期内,发行人再次发行债券仅需披露续发募集说明书。如基础募集说明书出现错误,发行人应在续发募集说明书里更正。与普通债券发行模式相比,"常发行计划"对于基础募集说明书质量要求更高,如续发募集说明书中频繁对基础募集说明书内容进行更正,会让市场投资人质疑发行人运营管理能力,产生声誉风险。此外,交易商协会明确表示"常发行计划"未简化或改变发行人和相关中介机构的职责义务和责任承担。

国家开发银行广西分行作为北部湾港集团常发行计划基础募集说明书的首次编制者,充分彰显开发性金融的使命担当,为北部湾港集团组建专属债券服务团队,通过实地探访、现场座谈等方式,对北部湾港集团经营、财务、资信等方面开展调查,提高募集说明书披露内容的真实性、准确性和完整性。同时,关注北部湾港集团经营状况、财务变化,保证尽职调查质量,全方位防控金融风险。

（三）取得的成效

1. 全国首个在"常发行计划"模式下取得多品种债务融资工具(DFI)注册批文的港口企业

2022 年 8 月 29 日，国家开发银行作为独立主承销商，成功为北部湾港集团在"常发行计划"模式下取得"多品种债务融资工具（DFI）"注册批文，未来可解决北部湾港集团超 200 亿元的融资需求。北部湾港集团成为全国首个在双机制下获得注册批文的港口企业，成功打造了便捷化、批量化债券融资模式，有利于企业提升融资效率，拓宽融资渠道，降低融资成本。

2. 广西首单"常发行计划"永续定向债务融资工具落地

2022 年 12 月 21 日，国家开发银行牵头主承销的广西北部湾国际港务集团有限公司 2022 年度第一期定向债务融资工具成功落地，金额 5 亿元，期限 2+N 年，票面利率 5.35%。募集资金最终用于南宁港中心港区项目建设（3.5 亿元）、子公司日常经营周转（1 亿元）以及偿还流动资金贷款（0.5 亿元）。本期定向债务融资工具的成功发行是"常发行计划"+"多品种债务融资工具（DFI）"双机制优势融合的初次展现。北部湾港集团 2021 年发行的定向债务融资工具募集说明书共 320 页，本期定向债务融资工具发行前仅需准备 26 页的续发募集说明书，发行材料篇幅大幅缩短，发行前准备时间大幅降低。

3. 强化交通引领，助力西部陆海新通道和北部湾国际门户港建设

本只债券 70%募集资金最终投向南宁港中心港区建设。南宁港作为全国内河主要港口，是西江航运干线的龙头港，是北部湾现代化港口群联通"三南"地区、面向东盟的重要港域，是实施珠江—西江经济带和广西北部湾经济区"双核驱动"战略的重要载体，担负着西南地区及南昆铁路部分大宗货物中转运往珠江三角洲、南宁市及周边地区货

物集疏运、南宁市临江产业运输的重要任务。通过建成后的平陆运河运输通道，南宁港货物将真正实现广西"海河"联运，进一步增加北部湾港的货物吞吐量，加快打造北部湾国际门户港，是落实习近平总书记"三大定位"新使命的重要举措。

二 创新点

（一）机制首创："常发行计划"和"多品种债务融资工具（DFI）"机制融合，充分发挥金融机制创新优势

交易商协会推出的"常发行计划"具备便捷、高效的优点，在无同业参考案例的情况下，国家开发银行广西分行与北部湾港集团共同探索，制订了"常发行计划"和"多品种债务融资工具（DFI）"相结合的金融机制创新方案，打造了北部湾港集团便捷化、批量化债券融资工作模式。

（二）产品首创：广西首单"常发行计划"永续定向债务融资工具

广西北部湾国际港务集团有限公司 2022 年度第一期定向债务融资工具是广西首单"常发行计划"永续定向债务融资工具。本只债券是在已获得交易商协会"常发行计划"+"多品种债务融资工具（DFI）"债券注册额度批文后，结合北部湾港集团降低资产负债率要求，制定的创新债券品种。本只债券的成功发行，表明北部湾港集团便捷化、批量化债务融资工作模式已初具雏形，满足了企业快速发行债券的融资需求，帮助企业拓宽了融资渠道、降低了融资成本、优化了债务结构，有效减轻了偿债压力。

（三）精准对接企业需求，充分运用金融创新工具，不断提升服务实体的经济质效

国家开发银行紧跟国家金融创新脚步，充分运用各项金融创新工具，通过债券发行、交易、投资、衍生品、承销等全线产品联动，满足企业个性化融资需求。多年来，国家开发银行广西分行一直是广西区金融创新引领者，2021年为北部湾港集团制定一揽子融资方案，成功落地了全市场"储架式"债券融资模式；2022年再次把握交易商协会最新政策，将"常发行计划"和"多品种债务融资工具（DFI）"相结合，进一步便捷化北部湾港集团债券融资模式，彰显"债券银行"市场地位和特色，树立了广西区内金融创新标杆。

三 应用价值

（一）为广西企业在资本市场树立创新融资形象

受广西地区经济发展较缓、历史违约事件较多以及部分地区企业短期偿债压力大等因素影响，市场投资者对于广西区域信用债认可度偏低，广西债券发行人面临融资难度大、成本高、资金来源途径窄等困境。交易商协会2022年4月初次提出"常发行计划"模式时，提出了资产总额大于500亿元，资产负债率小于85%的硬性指标。"常发行计划"本质上是交易商协会针对优质发行人推出的便捷机制，获得"常发行计划"使用权，是对发行人自身企业资质的肯定。北部湾港集团采用"常发行计划"注册发行债券，有效提升了广西企业在资本市场的形象，有利于引资入桂工作开展，有利于活跃区内金融市场，为落实"三大定位"新使命获得充足资金支持。

（二）为广西区内金融机构服务实体经济提供创新思路

北部湾港集团"常发行计划"＋"多品种债务融资工具（DFI）"债券注册批文的成功取得，以及广西首单"常发行计划"永续定向债务融资工具的成功发行，有助于广西区内金融机构进一步了解"常发行计划"这一债券创新机制，充分运用国家债券创新政策红利，服务区内实体经济发展。近期，交易商协会发布扩大"常发行计划"试点范围的通知，取消了发行人资产总额以及资产负债率的限制要求。目前，区内23家企业满足"常发行计划"使用要求（较常发行计划发布初期要求增加8家，详见表2），区内同业可加大宣传力度，助力更多的区内企业打造便捷化、批量化债券融资模式。

表 2　广西满足"常发行计划"要求企业名单

序号	广西满足最新"常发行计划"要求的发行人	是否满足原"常发行计划"要求
1	广西柳州市建设投资开发有限责任公司	否
2	广西西江开发投资集团有限公司	否
3	南宁威宁投资集团有限责任公司	否
4	南宁建宁水务投资集团有限责任公司	否
5	桂林新城投资开发集团有限公司	否
6	广西投资集团金融控股有限公司	否
7	南宁绿港建设投资集团有限公司	否
8	南宁高新产业建设开发集团有限公司	否
9	广西北部湾国际港务集团有限公司	是
10	广西投资集团有限公司	是
11	广西交通投资集团有限公司	是
12	广西北部湾投资集团有限公司	是
13	广西铁路投资集团有限公司	是
14	广西桂冠电力股份有限公司	是
15	广西旅游发展集团有限公司	是
16	广西柳州市投资控股集团有限公司	是
17	广西柳州钢铁集团有限公司	是
18	广西农垦集团有限责任公司	是

续表

序号	广西满足最新"常发行计划"要求的发行人	是否满足原"常发行计划"要求
19	广西柳州市东城投资开发集团有限公司	是
20	钦州市开发投资集团有限公司	是
21	柳州东通投资发展有限公司	是
22	广西广投能源集团有限公司	是
23	广西林业集团有限公司	是

（三）为广西落实"三大定位"新使命提供有针对性的融资参考方案

为全面落实习近平总书记赋予广西的"三大定位"新使命，广西全区包括港口、铁路、高速公路、产业园区等多个行业仍需进一步发展提升，推进南宁国际性综合交通枢纽、国际空港、国际铁路港、国家物流枢纽等项目建设。广西区内其他行业企业可借鉴北部湾港集团"常发行计划"+"多品种债务融资工具（DFI）"债券注册方案，打造适合自身的便捷化、批量化债券融资模式，后续可发行"常发行计划"绿色债券、"常发行计划"乡村振兴债券等多种创新债券，满足多样化债券融资需求。2022年11月，国家开发银行再次作为牵头主承销商，为广西交通基础设施建设领军者——广西交通投资集团有限公司获得"常发行计划"+"多品种债务融资工具（DFI）"债券注册批文，并在此债券注册批文下发行6只债券。截至目前，区内已有三家企业采用"常发行计划"发行债券，其中两家采用"常发行计划"+"多品种债务融资工具（DFI）"注册模式，且均由国家开发银行独立担任主承销商注册完成。

本文主创团队：国家开发银行广西壮族自治区分行

广西北部湾国际港务集团有限公司

执笔人：肖雅匀、侯雪琛

贷不等"待"——"交 E 贷"
供应链平台助力壮美广西建设

党的二十大报告指出，"坚持把发展经济的着力点放在实体经济上"，"加快发展数字经济，促进数字经济和实体经济深度融合"。中国工商银行广西区分行认真贯彻落实党中央决策部署要求，坚持金融工作的政治性、人民性，坚持金融服务实体经济的根本要求，积极贯彻建设广西面向东盟的金融开放门户战略，围绕区内交通投资行业龙头国企广西交通投资集团有限公司，为客户搭建"工银聚采购云"供应链融资管理系统，实现互联网+供应链金融无缝衔接，与企业上游交易场景、

图1　物流大数据+供应链金融科技平台"交 E 贷"服务简介会

采购账期等有效衔接、高度融合，结合产业链，为客户量身定制、锐意创新专属泛交易链融资产品"交 E 贷"，打造全新具有线上化、数字化、智能化、平台化优势的供应链金融科技平台，根据工程建设环节各方贸易信息、物流信息、资金流控制，供应链上游客户获得在线融资支持，可有效缓解在建工程资金压力，助力工程建设和小微企业融资。这是在建设中国—东盟跨境金融服务中心、筹建物流金融联盟、打造金融中后台服务基地等方面实现的又一突破。

一 案例简介

（一）背景情况

1. 项目意义

作为中国面向东盟开放合作的前沿和窗口，广西与东盟有着优越的区位合作优势和密切的经贸联系。2018 年 12 月，经国务院同意，中国人民银行等 13 部委联合印发《广西壮族自治区建设面向东盟的金融开放门户总体方案》，建设面向东盟的金融开放门户上升为国家战略。为加强金融基础设施互联互通，深化区域金融合作，打造面向东盟的金融中后台服务基地，中国工商银行广西区分行抓住广西区位优势、资源优势和政策优势，为产业集群发展提供金融助力，创新打造服务"生态圈"，与各家企业一齐提升中国—东盟跨境金融合作的广度和深度，推动区域发展开创新局面。同时大力发展供应链金融，高质量推进交通强区建设，为公路建设行业上游供应商提供"源头活水"，有效保障工程完工时效性，解决中小企业面临的众多难点痛点，赋能实体产业高质量发展。

2. 产业背景

广西交通投资集团有限公司是广西壮族自治区直属的国有独资大型

企业（以下简称"交投集团"），主要投资、建设和运营广西区内高速公路、一级公路等交通项目。广西交投物流发展有限公司（以下简称"交投物流"）是交投集团的全资子公司，依托母公司高速公路建设运营板块，围绕交通枢纽、物流基础设施、口岸经济等进行投资建设，推进集团信息流、物流和资金流的大数据整合。

交投集团投资建设的高速公路项目大多按照工程进度安排款项划拨，并由集团全资子公司交投物流将原材料运输至项目施工所在地。为了提高采购流程的效率和透明度，掌握全面的采购数据，交投物流拟开发建设采购平台，供项目施工总包方向供应商采购原材料。同时，交投集团希望银行能够为供应商提供直接融资，解决建材供应商在备货到结清货款之间的短期资金需求。中国工商银行广西区分行获悉客户需求后，精准识别、开阔思路、突出优势，率先完成系统内首笔"工银聚采购云"平台和"泛交易链"融资服务业务。

（二）主要做法

中国工商银行广西区分行多部门多机构协同合作，联动创新，为交投物流搭建"工银聚采购云"平台，通过搭建交易平台，将采购流程线上化，并通过线上经营快贷——"交 E 贷"，实现自身创新发展的同时，也带动了供应链、产业链的数字化变更。

1. 以平台为依托，获取准确交易信息

中国工商银行广西区分行根据交投物流在建工程总包企业与其上游供应商的交易模式，针对供应链参与方，围绕其中的信息流、物流、资金流等建立客户筛选模型，通过"工银聚采购云"平台实现供应链上数据的传输、应收账款确认、提款申请、贷款发放和收回。

（1）应收账款确认

供应商通过"工银聚采购云"平台上传采购合同、物料发货信息，交投物流根据总包方提供的入库单和质检单进行收货确认，形成应收账款。

（2）融资申请

供应商在建筑施工总包企业完成货物的接收、验收后，通过"工银聚采购云"平台发起融资申请，经交投物流对该笔应收账款有效性、资金价格等关键要素进行审核后，中国工商银行广西区分行为供应商发放普惠贷款。

（3）随借随还

总包方结算供应商货款时，需将款项打入中国工商银行广西区分行指定监管账户（只收不付），供应商可在平台融资还款模块下选择需还款的借据进行全额或部分还款，系统自动扣计本息和缴纳交投物流平台管理费。

2. 以资金流为依据，拓展供应链场景融资

（1）借款人白名单确定

由交投物流筛选资质良好的施工总包企业及对应的供应商，以名单制的方式报送中国工商银行广西区分行，并提供中国工商银行广西区分行进行贷款额度测算所需要的历史数据，同时，按经办行要求开立贷款发放账户和还款账户（监管账户）。中国工商银行广西区分行根据借款人提供的材料及"工银聚采购云"平台中总包企业与供应商之间的交易数据，根据法人经营快贷白名单客户信息反馈表，由系统自动生成评级；对系统无法自动评级的，由经办行线下评级。经办行根据业务方案测算借款人白名单额度。

（2）"一点对全国"开户模式

经营地在核心客户所在地（即在南宁市）的企业按中国工商银行广西区分行要求提供相应资料，到就近工行网点办理结算账户开立业务。经营地非南宁市的融资企业，可按中国工商银行广西区分行"供应链1+1异地见证便捷开户指引"办理开户，即客户只提交一套开户资料，网点只需进行一次信息录入和资料扫描，即可同步在开户地和核心客户所在地开立本、异地两个一般存款结算账户。根据交投物流提供

的供应商名单，经办行为名单内异地客户完成批量准入设置后，指导客户完成线上预约申请。客户在预约时间携带开户资料，选择当地就近网点办理开户业务。

（3）资金闭环管理

方案项下还款资金来源为建筑施工总包企业向融资人支付的采购兑付款，总包方结算供应商货款时，需将款项打入中国工商银行广西区分行指定监管账户，作为中国工商银行广西区分行融资的第一还款来源；若供应商预计发生违约行为的情况，则交投物流须履行协调还款责任，联合高速公路项目公司将应付给总包方的工程计量款转入中国工商银行广西区分行指定监管账户，作为第二还款来源，完成还款。

（三）实施效果

1. 企业生产效能提高

一是优化业务流程，有效控制风险。基于客户业务流程和内部管理要求，通过中国工商银行广西区分行产品优势，确保交投物流公司管理项目中供应商、总包方和指挥部间物流、信息流、物流信息顺畅和真实，更好地保障了企业风险控制流程的实施，为企业管理提供抓手，提升企业水平。二是提供融资便利，保障在建工程顺利实施。交投物流通过"工银聚采购云"平台，为其上游供应商提供到货确认、融资审核和催促还款服务，供应商可以根据到货情况获得随借随还的融资支持，确保项目资金充足。

2. 金融服务实体经济质效提升

一是注入信贷"活水"。"交 E 贷"产品于 2021 年 9 月正式投产，当月即实现对公账户新增开户和普惠贷款发放。目前累计融资已达4332 万元。预计该项目可带动新开对公账户 50 户以上，超亿元的线上融资。二是畅通银企交流。通过供应链金融合作，加大产业上下游合作，着力拓宽之前少与银行接触的中小微企业服务渠道，积极开创金融惠民新局面。三是金融产品创新。通过场景需求挖掘，形成了产品创新优化的推动力，金融科技嵌入企业管理场景，交易、结算、融资全流程融合，提供全方位银行综合金融服务。

二　创新点

（一）金融科技赋能，打破传统服务界限

"交E贷"是中国工商银行广西区分行贯彻落实对公数字化转型战略，依托科技研发优势，实现金融产品和服务创新的又一有力举措。通过搭建"工银聚采购云"平台+"交E贷"融资服务，进一步整合其物流子公司的订单信息，实现集采购、物流、结算、融资于一体的过程化管理，可实现与企业自身系统的对接，通过PC或手机客户端为企业提供自助支付结算、信息管理、在线融资等服务，快速响应企业的融资需求，实现了业务流程标准化、融资申请线上化、合同签署电子化、业务办理批量化，并为企业进一步开展跨境贸易和投融资提供一站式专业化服务，全面促进跨境金融服务便利化，带动面向东盟的开放金融门户科技跨越式发展。

（二）线上线下结合，把控信贷实质风险

供应链金融是针对小微客户群的经营性贷款，各金融机构在做大蛋糕的同时，成本控制和风控体系之间的矛盾也愈加突出，而其中风控前端现场尽调需要花费的人力、物力、跨地域管理成本等也随着业务量增长加倍攀升。

"交E贷"通过线上平台的订单流、物流、资金流大数据信息，确保采购交易的真实性、有效性；通过核心企业交投物流参与审核的方式，筛选出长期合作、信誉良好的贷款对象；通过应收账款和工程计量

款的闭环管理,锁定第一、第二还款来源。线上线下多措并举,使融资企业的背景、物流、资金流实现了实时的监控审核,进一步保证了供应链金融业务的真实性水平,防止出现虚假交易,准确把控业务实质风险。

三 应用价值

(一)强强联合,加快交通强区建设

广西交投集团是广西区内交通投资建设行业的龙头国有企业,上下游关联企业众多,中国工商银行广西区分行围绕核心企业,以"工银聚采购云"平台为依托为企业提供一体化综合金融服务,将交投物流在建工程的上下游客户工程采购款支付、融资需求、物流信息与银行金融科技产品深度融合,加强场景建设,立足源头客户合作优势,打好生态基础,围绕经济高质量发展方向,突出服务实体经济的精准性有效性,嵌入产品应用,做好配套金融服务,构建生态依托,为今后业务延伸与合作打下坚实的基础。以"交 E 贷"为代表的金融产品,对进一步完善区域交通公路网,带动沿线地区经济发展,推进乡村振兴,积极融入共建"一带一路",加快建设西部陆海新通道,推动广西成为共建"一带一路"有机衔接的重要门户,加强中国与东盟的互联互通具有重要意义。

(二)普惠同享,携手共建开放门户

中国工商银行广西区分行深入探索适合广西实际的普惠金融发展模式,持续加大普惠性金融供给,积极发挥国有大行金融引领带动作用,进一步降低了核心供应链上小微企业的融资成本,及时满足了企业迫切用款的需求。依托核心企业信用,在确保风险可控的前提下,拓宽了小微企业的融资渠道，切实支持实体经济发展，同时完善普惠金融与跨境产业链，推动区域一体化进程，推动中国—东盟自贸试验区的金融改革创新，加快广西打造中国—东盟数字服务深度合作示范区步伐，构建具备物流、金融、科技、研究等功能的物流交易结算中心。同时，依托该中心，创新物流及贸易领域结算平台体系、资金管理模式和结算方式，建立面向东盟的物流交易中心，推动中国—东盟物流金融创新向纵深发展，发挥物流金融公共服务的功能和作用，破解物流及贸易企业尤其是中小企业融资难融资贵问题。本项目的落地，是中国工商银行广西区分行充分践行国有大行责任的体现，对探索发展普惠金融新路径、服务民营经济和小微企业客户有着积极意义，更能推动跨境金融创新，持续强化面向东盟的金融开放门户建设，为中国—东盟企业双向贸易投资提供更为有力的金融支持。

（三）科技创新，着力破解融资难题

中国工商银行广西区分行充分发挥在金融科技领域的领先优势，在创新金融产品服务上持续发力，把助力小微企业发展落到实处，进一步破解企业融资难题，以金融"活水"浇灌实体经济，不断提高金融服务便利性和可得性，更好地承担起金融服务实体经济高质量发展的使命。进一步深化科技应用与金融业务融合，推动科技在创新场景建设、赋能金融服务实体经济提质增效中发挥积极作用，打造"金融+产业+生态"的新型模式，探索大数据智能化对物流及金融发展的重要作用，以"结算+金融"的供应链金融创新服务，优化风险管理，塑造智能化授信及风控系统，打造物流金融生态体系，着力推动商流、物流、信息流、资金流"四流合一"，使物流结算资金与物流金融资金形成闭环，在供应链创新方面起到重大示范作用，项目投产后多家公司均向中国工商银行广西区分行提出合作期望，产品实用性得到产业上下游充分认可。产品的投产覆盖将可提升企业的价值创造，并可实现跨区域跨境产

业链、供应链、价值链循环联动，加快融入新发展格局，在面向东盟的金融开放门户建设框架下，充分发挥区位优势和政策优势，实现向高质量发展转型，开展面向东盟的金融产品和服务创新，努力打造面向东盟服务 RCEP 的区域性国际金融中心。

本文主创团队：中国工商银行广西区分行

执笔人：王皓、杨凯

资本项目外汇服务数字化试点

——强化外资项目要素保障成效显著

为深入贯彻党的二十大精神，高质量实施 RCEP，扎实推进高水平对外开放，稳住外资基本盘，国家外汇管理局广西壮族自治区分局积极探索外汇便利化措施，以科技赋能为先导，组织开展资本项目数字化服务试点，引导和鼓励银行运用科技手段，在线化、无纸化服务市场主体，不断推动数字化试点量效提升，通过"数字化"＋"便利化"，实现"便利化"加速度。目前，广西资本项目数字化试点银行由试点初期的招商银行扩大到交通银行、兴业银行等 4 家机构，试点项目由原来的 9 项扩大至外汇资本金账户入账、外债提款入账等 22 项，数字化业务量占比达到 53.1%。该项试点创新突出外汇管理的便利性、效率性和安全性，极大减少了市场主体的脚底成本和财务成本，在优化涉外营商环境、强化外资项目要素保障、稳住涉外经济基本盘方面发挥了积极作用。

一　案例介绍

（一）背景情况

近年来，国家外汇管理局高度重视广西作为我国面向东盟开放合作的前沿和窗口作用，积极支持广西以服务构建更为紧密的中国—东盟命运共同体作为融入新发展格局的战略重点，通过创新政策支持和业务指导推动广西全方位开放发展。在总局的支持下，国家外汇管理局广西壮族自治区分局立足区域优势，聚焦中央重要文件赋予广西的战略定位和要求，牢牢把握 RCEP 战略实施机遇，对标资本项目更高水平开放政策，争取更高水平开放政策供给，以"赋能惠企，便利化再提升"为主题，开展跨境投融资"外汇知识大讲堂"直播活动，组织"百企行""大宣讲""惠企办"等系列活动，推动广西资本项目外汇服务便利化、数字化试点业务量效提升。

2021 年 6 月 11 日，国家外汇管理局批复招商银行为开展资本项目数字化服务试点全国首家试点银行，允许招商银行先行试点 3 个月结束后，招商银行试点分行可经所在地国家外汇管理局分局（外汇管理部）备案后开展试点业务。2022 年 11 月，国家外汇管理局广西壮族自治区分局接到招商银行南宁分行提出报备后，认为招商银行南宁分行符合开办资本项目数字化服务试点资格，遂指导试点银行落地广西首笔资本项目数字化服务试点业务并持续督导试点银行完善业务流程，扩大政策受惠面，助力企业享受高效便捷的数字化外汇服务。随着更多试点银行获得总局批复，广西试点银行由招商银行扩大到交通银行、兴业银行等 4 家机构，试点项目由原来的 9 项扩大至外汇资本金账户入账、外债提款入账等 22 项。截至 2023 年 5 月末，试点银行开展数字化服务试点业务金额 20.78 亿元人民币，试点业务量业务占比为 53.1%。

（二）主要做法

涉外企业在办理资本项目外汇业务时，有两方面需求较为突出：一是材料待简化。企业每次办理资本项目相关业务时，需要出示加盖企业公章的营业执照复印件，办理资本项目外汇收入境内支付使用时，需要按此提供支付命令函、入账登记申请表等申请材料，这些也均需要企业到银行柜台手工填写并盖章。二是流程待优化。企业需要重复多次派人将业务登记凭证、货币出资入账登记表、业务办理所需纸质材料等提交到银行网点，通常需要一对一指导，耗时费力。

资本项目数字化服务试点正好切中企业痛点，在资本项目多个业务场景中，对接电子营业执照，将各类申请表格以及业务办理所需材料电子化。银行审核并留存电子影像材料，无须查验纸质原件，无须打印留存纸质材料，实现"无纸化""低碳式"业务办理。具体流程是：经国家外汇管理局批复获得试点资格的银行，其分支机构开展试点业务应由所在地国家外汇管理局进行备案管理，对试点企业进行准入管理，对于符合资质的企业才可以开通试点功能，如发现异常情况，要及时终止试点服务。

当前，资本项目数字化服务试点业务范围包括以下内容。

1. 资本项目线上登记业务

（1）境内直接投资前期费用基本信息登记；

（2）外商投资企业基本信息登记（新设、并购）及变更、注销登记；

（3）接收境内再投资基本信息登记及变更登记；

（4）境内直接投资货币出资入账登记；

（5）境内机构境外直接投资前期费用登记；

（6）境内机构境外直接投资登记及变更注销登记；

（7）境外直接投资存量权益登记（年度）；

（8）境内机构境外放款注销登记；

（9）非银行债务人外债注销登记；

（10）非金融企业内保外贷注销登记。

2. 资本项目账户入账业务

（1）境内直接投资前期费用外汇账户入账（适用资金类型：境内直接投资前期费用）；

（2）外汇资本金账户入账［适用资金类型：境内直接投资资本金（新设、增资）、境外上市调回资金、境内再投资资金］；

（3）资产变现账户入账（适用资金类型：资产变现资金）、保证金专用外汇账户入账（适用资金类型：保证金）、外债提款入账；

（4）法律法规明确允许的其他资本项目外汇收入资金。

3. 资本项目收入支付便利化业务

（1）境内直接付汇；

（2）结汇后直接境内支付；

（3）从结汇待支付账户办理境内支付；

（4）事后抽查。

4. 资本项目外汇收入意愿结汇和非便利化资本项目资金境内支付业务

（1）结汇后划入结汇待支付账户（意愿结汇）；

（2）结汇后直接境内支付；

（3）从结汇待支付账户办理境内支付；

（4）境内直接付汇。

（三）取得的成效

1. "数字化"服务助力企业提高业务办理效率

资本项目业务具有大额、偶发、复杂以及业务类型多样等特点，一般企业需提前 7 天准备申请材料并完成内部审批流程，若出现材料不齐或有误情况，还需多次往返银行补正材料，增加办事成本。资本项目数字化服务切中企业痛点，以外债资金结汇为例，企业通过企业网银端提交意愿结汇申请，线上填写支付命令函，系统智能匹配原入账申报信息并完成结售汇申报，线上操作环节仅需 10 分钟左右，业务流程高效便捷，可以有效降低企业出行成本。

2. "无纸化"办公支持绿色金融健康发展

企业免于提交纸质申请材料，可以有效降低企业出行交通压力，可有效减少纸质材料产生的碳排放量，是以金融科技支持绿色低碳发展、提高银行服务效率的有效举措。如试点银行招商银行南宁分行年均办理资本项目业务约 300 笔，按平均每笔业务提交 10 张纸质材料计算，每年可节约纸张消耗 3000 张，可有效减少业务办理产生的碳排放，以实际行动支持碳达峰、碳中和等生态文明建设目标。如广西梧州某企业表示，以往仅仅配合银行开展资本项目收入支付事后抽查，每次需要准备打印机一台和打印纸一盒。"无纸化"办公以来，企业每次抽查可节省办公费用 100 元，更是极大降低了财务人员往返银行柜台的脚底成本。

3. "信息化"系统提高银行真实性审核质效

为防范资本金使用用途被改变和重复使用同一份发票，以往银行会在事后将企业发票信息与国家外汇管理局收付汇、税务局的发票信息进行比较，查验发票等单证的真实性和资金使用合理性。当前，银行可使用跨境金融服务平台的区块链技术与资本项目数字化服务试点相结合，银行对被监管主体的监管信息核验可以通过区块链技术形成一个闭环，无须通过纸质发票核验信息，且利用区块链技术中不可篡改和可追溯性实现了发票核验结果的永久保存，能将事后核验转为事前审核，有效解决了银行在真实性审核过程中的痛点和难点，提高了银行开办业务审核的质量和效率。

4. "流程化"监控有效防范业务操作风险

开展试点业务前，试点银行需综合评估其试点企业资质、业务经营状况、遵守外汇管理规定情况等，选定外汇业务合规性和信用记录良好的企业开展试点业务，并对部分试点业务实施客户事前准入管理。业务办理过程中，要求试点银行在计算机信息系统的安全建设和风险控制方面形成一套完备的系统安全体系，能有效控制计算机信息系统风险。事后监管方面，要求试点银行按照业务回检及异常处置制度，定期审查试点业务开展情况，对存在的问题及时整改，并及时报送异常情况至国家外汇管理局。

（四）试点案例

1. 突破距离，为企业解难题与企业共"战疫"

新冠疫情期间因人员流动阻滞，部分外资企业跨境资金结算遇到极大困难。如某外资科技公司注册于广西自贸区南宁片区，集团总部及财务管理人员均在上海。2022年6月，外资股东转入资本金，企业急需完成资本金收汇、结汇及使用。由于遇到上海疫情管控，财务经办无法到银行柜台现场递交纸质申请材料办理业务。招商银行南宁分行响应客户需求，及时为企业提供资本项目数字化服务通道，客户先后通过网银完成资本金入账、意愿结汇、境内便利化支付等全流程业务，高效的数字化服务助力企业在约定时间内向供应商完成款项支付。

2. 化繁为简，为企业缩减材料提高业务办理速度

某外资供应链企业日常资本金支付使用频率较高，单日支付笔数较多且金额较零散，未使用资本项目数字化服务前，企业使用资本金需提前两个工作日准备材料，到柜台逐笔提供支付命令函及背景材料，并逐笔填写汇款申请书。上线资本项目数字化服务后，企业通过系统汇款模块批量导入支付明细数据，再通过网银填写支付命令函即可一次性完成资本金的多笔支付使用，"无纸化""低碳式"的数字化业务模式，大大简化了企业办事流程，节约了企业财务成本。

3. 服务升级，为企业提供数字化与区块链技术双联动服务

广西某集团公司需办理资本项目外债付息业务，金额592.5万美元。以往企业办理外债付息业务，需前往所在地税务局办理对外支付税务备案，再前往银行提交《服务贸易等项目对外支付税务备案表》等材料办理对外付息业务。通过资本项目数字化服务试点，企业办事人员在家即可通过网银线上提交汇款申请，银行通过线上审核汇款材料，同时使用跨境金融服务平台区块链技术核验税务备案表，企业无须另外提供纸质完税凭证，避免了税务局—银行—企业重复跑动，提高了银行开

办相关资本项目业务审核效率，大大节省了企业人力成本和"脚底成本"，让企业充分感受到资本项目便利化政策红利。

二　创新点

（一）线上传输、数字授权，把控法律风险

试点银行在计算机信息系统的安全建设和风险控制方面已经形成了一套比较完备的计算机信息系统安全体系，包括组织架构、规章制度、安全措施、安全培训、安全审计和检查、安全事件处理等，可有效控制计算机信息系统的风险。

（二）系统智能辅助填单，降低客户操作风险

试点银行通过系统对接电子营业执照、自动抓取企业在银行留存的信息等方式，实现开户申请书、支付命令函等申请表格的智能填制。

（三）对接跨境金融服务平台区块链技术，核验交易真实性

在资本项目收入结汇、使用等场景下，试点银行通过跨境金融服务平台区块链技术与发票云的对接，实现发票真伪查询、发票作废核查等功能，并且，系统自动识别查询发票是否已在银行系统内办理过其他类似业务，可防范发票在银行系统内重复使用的风险。

三　应用价值

（一）可在试点外的银行进行推广

资本项目外汇数字化服务试点目前集中于部分银行，主要数字化办

理业务载体依托于新开发的业务办理平台，并高度集成于企业网银和手机银行，业务办理流程和技术手段逐渐成熟，技术门槛低、风险不高。因此可向试点外其他银行进行复制推广，监管部门可依据现有试点业务的管理经验，出台相关管理细则和规范，短期内可大幅扩大试点业务范围，为资本项目频次高、资金用途变化大的企业提供更好服务。

（二）业务数据易得性增强，可在跨领域数据共享和打击违法犯罪方面发挥作用

该项数字化服务中，银行可随时调取企业办理资本项目外汇业务相关影像数据资料，数据获得的容易程度和效率提升，国家外汇管理局也可探索获取该部分数据信息，对外汇检查部门的非现场检查分析是有效补充。当前，通过资本项目转移资金的违法犯罪行为仍较为普遍，在国家外汇管理局、经侦支队等联合打击违法犯罪中，相关电子化数据信息通过数据共享，能提升共同调查和打击的效率。

本文主创团队：中国人民银行广西壮族自治区分行

执笔人：李雪俏、蒙卫丹

"桂数耘"金融数据标准共享平台

一　案例简介

（一）背景情况

中共中央、国务院印发《国家标准化发展纲要》，将标准化提升至国家发展全局的战略高度，明确指出："标准是经济活动和社会发展的技术支撑，是国家基础性制度的重要方面。标准化在推进国家治理体系和治理能力现代化中发挥着基础性、引领性作用。"习近平主席在中国—东盟建立对话关系 30 周年纪念峰会上，倡议开展数字治理对话，深化数字技术创新应用。

广西壮族自治区农村信用社联合社（以下简称"广西农信社"）坚持以"普惠金融助力数字乡村发展、助力乡村振兴"为战略定位，以"数据先行、科技创新、业务转型"为核心，针对各地涉农领域存在普惠金融数据标准不统一、数据信息支撑不全面、不同系统之间数据流通共享难等问题，不断强化涉农数据治理和数据运营管理，创新建立并上线运行了涉农数据标准体系和"桂数耘"金融数据标准共享平台，融合数据品牌、数据标准和标准平台三项专利科创成果，实现了农村金融供应链和乡村产业链的"双链联动"和"双向赋能"，为构建农村数字普惠金融生态提供了平台和标准支撑，为中国—东盟涉农金融数据标准"软联通"树立了样本。

"桂数耘"金融数据标准共享平台在第 19 届中国—东盟博览会暨第 14 届中国—东盟金融合作与发展领袖论坛正式发布（见图 1），在第四届中国农金 30 人论坛广西会议上得到大力推广宣传。创新成果荣获"2022（第八届）国企管理创新成果"一等奖等多个全国全区奖项（见图 2），作为 64 个全国代表性案例中唯一的广西案例，被收录在 2022 年 10 月《国企管理》"国企这十年"专题和国企管理创新成果年度报告（2022~2023）专刊，在全国农金行业及主流媒体、新闻头条、学习强国等推广应用，为助力乡村全面振兴、服务东盟开放合作提供了可复制、可推广、可持续的数据治理创新典范。

图 1　"桂数耘"登上东盟国际舞台

（二）主要做法

1. 创新产品，产业兴农

标准化数据应用提速增效。通过内外数据融合信息，基于 AI 智能机器学习模型算法并实施全量数据及模型效果跟踪，完成了全区 290 万个体工商户客户的"全景画像"视图及批量"预授信"，实现行内互联网贷款业务系统、桂盛富民金融服务平台的实时交互对接、数据共用共享，"老客户"通过手机银行即可实现"1 分钟签约、1 分钟提款、1 分

图 2　"2022（第八届）国企管理创新成果"一等奖

钟还款"线上操作，新客户通过网格化管理及线下数据采集后，最快 8 分钟办结申贷手续。

支持县域特色金融产品开发。各县级农合机构基于"桂数耘"金融数据标准共享平台统一规范的数据标准、数据逻辑、数据地图、数据链路和数据分析，研发推出了一系列契合各地产业发展的特色金融产品，对客户进行线上精准授信、提高办贷效率、降低信贷风险。截至 2022 年末，全区农合机构互联网贷款系统数据应用项已达 3000 多项，线上贷款产品达 15 个，贷款余额 89.44 亿元，比年初增加 52.36 亿元，增长率 141.2%，账面不良率仅 0.65%。

2. 线上线下，惠农富农

作为"桂数耘"金融数据标准共享平台前端的主打应用，2021 年 7 月上线运行的"桂盛富民金融服务平台"，集信息采集、客户画像、线上办贷、智能风控等 27 项主要功能于一体，成为广西近 800 万农户家庭、300 万个体工商户和 850 万外出务工人员定制的智能信贷服务平台。平台依托广西农信社遍布城乡的 2300 多个网点、13000 多个金融便民点，通过 5700 多名基层客户经理深入村屯、街坊一线，现场授信采集 158 项客户信息，结合"桂数耘"涉农数据标准体系，全面实现了个人信用贷款管理一体化、线上化、智能化，数字科技有效赋能乡村振兴、强村富民。围绕"整村授信、户户有信"目标，全区累计走访超 420 万农户，占广西农户家庭数过半比例，授信户数超 360 万户，授信金额 3000 亿元，授信率达 85%；用信 120 万户，信贷余额 1900 亿元，占全区农户贷款余额的 67%，初步建成了线上为主、线下为辅的农户信贷架构。

3. 建链强链，双向赋能

积极探索区块链新技术赋能农村金融供应链和乡村产业链，通过"双链联动"和"双向赋能"，实现农业生态全链条管理，助力乡村产业振兴。基于"桂数耘"金融数据标准共享平台，聚焦广西有品牌有标准有品质的优势特色产业，将资金业务流、数据流与乡村特色产业链结合起来，有助于推进农业产业规模化、数字化经营；有助于为特色农产品生产、加工和流通等环节，量身打造更好的金融产品和服务。通过区块链技术在农村金融和农业产业发展的应用，可以实现政府部门、农企农户、金融机构多方共赢。

（三）案例成效

1. 统一涉农数据标准

汇聚了区、市、县、乡镇、村屯五级数据，推动了涉农数据标准的制定、落地与推广、应用，促进了新一代信息技术、大数据与农业农村发展的深度融合，实现了农村金融数据的完整性、有效性、一致性、规范性、开放性和共享性管理，助力完善农村信用体系。

2. 平台融合拓展应用

"桂数耘"金融数据标准共享平台与各业务平台系统结合，实现新标准、新平台、新技术与金融生态场景深度融合。依托桂盛富民金融服务平台首个试点，通过统一贯标、数据治理，提供高效、便捷的线上农村融资服务，提高信用评级、授信额度、统计效率，跨系统统一标准、共享数据、优化服务；通过统一标准、数据建模，激活各行各业服务场景，提供更加快捷的线上金融服务。结合线下推进"万名农信党员进万村"工程，5000多名党员骨干下沉15900多个村镇（社区），无论是边远山村还是田间地头，均实现了"整村授信、户户有信"，"农户线上办理零跑腿或仅跑一次"，服务有效客户424.89万户，授信金额3102亿元，数字普惠金融有效融入千百万农户、个体工商户群体。

3. 产业链联动赋能

"桂数耘"金融数据标准共享平台与涉农产业链、实体经济有效结合，打造数字乡村普惠金融服务平台，优化重点涉农产业链中小微企业的融资服务。整合内外数据，用数据和资金带起、打通上下游产业链，实现农村金融供应链和乡村产业链的"双链联动"和"双向赋能"。扶持发展特色种植、养殖、农副产品加工等现代农业全产业链，推进农业现代化、产业特色化，产品标准化、品牌化，产销线上化、智能化。

4. 中国—东盟开放合作

2022年9月在中国—东盟博览会上隆重发布"桂数耘"金融数据标准共享平台科创成果，加速推进区域数据标准化的实施落地，促进中国—东盟国际间交流与合作，共享数据标准成果，助力数据要素流通，进一步提升数据新型生产要素的长远影响力。

二 创新点

（一）品牌创新

"桂数耘"以广西特有的古骆越稻作（那）文化为元素，深度融入企业数字文化，持续推进"耘"系列数据品牌战略布局，逐步释放出数据关键生产要素对经济社会发展的放大、叠加、倍增价值（见图3）。农信社依托"桂数耘"构筑的农村金融生态圈供应链，主动担起链主企业责任，把内外部系统、标准和服务连接起来、相互协同、整体关联，把数据品牌延伸成平台品牌、产品品牌、场景品牌、生态品牌，利用数字技术打造新产品、新模式、新业态，不断汇聚资源增值和创造利润增长。

图 3　创新数字品牌

（二）标准创新

实现数据标准体系化，统一数据的"普通话"、国际通用语言，从数据源头解决"数同标·标统管"问题，打破数据"孤岛""壁垒"，通过线上统一标准管理，实现数据互联互通，管好数、用好数、好用数，有效促进数据生产要素的高效流通和融合应用（见图4）。广西农信社对每一个数据标准进行安全定级，构建数据分级管理基础，将数据分级分类安全定级管理贯穿始终。"桂盛富民金融服务平台"试点数据贯标效果良好，提高了数据自动采集率、一致性、准确性。

（三）平台创新

平台集"1大特色优势、3项平台创新、5点技术创新"为一体，技术上管控全生命周期数据治理，源头上统一管标准、用标准，管理上

图 4　创新数据标准

强化内部系统贯标，实现业务协同及数据共享交换应用的一致性和准确性。积极探索"区块链+数据标准"创新应用，实现数据标准各环节的存证和溯源，促进区域、行业、系统间标准互认互用、数据互联互通、线上线下共享，新技术、新平台与数据标准创新融合应用。

（四）技术创新

一是架构创新，对《银行数据标准定义规范》定义的数据标准框架进行了修订和创新，更具指导性、操作性、落地性。二是应用创新，将数据标准的制定者与使用者连接起来，提供便利的线上标准制定与应用服务。三是模式创新，传统数据标准均在国家、行业、企业范围内以文档的形式进行定义和发布，在国内首创建立全生命周期的、可持续更新的、基于云化平台的数据标准运营模式。

（五）成果创新

建立涉农标准体系，立项广西地方标准。在全国实现涉农数据标准的"三大领先创新"：一是率先在全国农信系统自主首创打造互联、互通、互认的"桂数耘"金融数据标准平台体系及运管模式，自主创新研发并拥有知识产权专利，已获得 1 项软件著作权，受理 1 个发明专利，注册"桂数耘"系列品牌 25 个文字商标、3 个图形商标，正在申请马德里国际商标（见图 5）；二是与自治区大数据发展局、人民银行南宁中心支行联合，率先在全区创新内外部数据融合政务、金融数据应用于扩大普惠金融，引入汇集大数据局及各厅局相关政务数据，推广"桂信融"央行金融征信用数，引导 58770 家企业注册融资 58660 笔，金额 1373 亿元；三是与自治区市场监督局联合，率先在全国创新开展政银企合作的标准"领跑者" 13 个重点领域企业融资活动，与中国—东盟信息港战略合作推广"桂数耘"，共同服务跨境投融资、跨境贸易等国内国际市场需求，与涉农行业共建、共享、共用数据标准平台赋能农业发展、金融服务。

图 5　"耘"数据运管平台软件著作权及商标证书

三 应用价值

目前，"桂数耘"金融数据标准共享平台在广西农信社系统积极推进整体贯标，重构企业级数据标准，深度释放出数据价值，为推进涉农数据治理应用、提升统计数据质量、企业数字化转型，提供全面支撑并取得明显成效。

从农信系统来看，"桂数耘"金融数据标准平台体系及运管模式有效促进跨区域、跨平台、跨领域的数据流通，弥合城乡数字鸿沟，消除城乡数据孤岛，提升农业生产的标准化、智能化、科学化水平，促进农业产业升级，打破金融数据不对称瓶颈，提升农户获得金融支持的可能性，进一步激活乡村数字金融活力，全面服务农业农村各领域各环节数字化转型。

从全国范围来看，"桂数耘"不仅仅是广西农信社积极拥抱数字经济的探索实践，从企业标准制定实施上升为广西地方标准，正在通过中国银行业协会平台做成团体标准，逐步在广西区域、全国乃至东盟国家推广应用。今后可以携手全国农村合作金融同业共建、共享、共用涉农数据标准体系，以新元素、新模式、新动能推动乡村全面振兴和服务东盟开放合作。

从国际范围来看，广西壮族自治区与东盟国家山水相连、陆海相通，具有国际国内的明显区位优势和独特市场需求，今后涉农金融数据标准将致力于破解区域间、行业间、系统间"数据壁垒"，形成涉农金融数据标准的"通用语言"，提升涉农金融数据标准协调一致性水平，促进广西区域、东盟区域在农村金融、涉农行业的数据标准互联、互通、互认，进一步赋能中国—东盟涉农金融数据标准的"软联通"。

（一）强化区域数据标准推广应用

1. 持续强化数据标准扩展性

数据标准并非一成不变，随着社会经济活动演进和业务需要变化，"桂数耘"金融数据标准共享平台将持续强化数据标准扩展性，支持新增数据项、数据维度、数据元、单词库、报表等新建自定义的数据标准类型，向除金融行业领域以外的涉农行业企业扩展应用，助力多元行业的标准化建设。

2. 持续扩大数据治理广泛性

平台接入企业的数量和平台企业端纳管的企业系统数量的不断增加，将不断要求拓展数据治理范围，优化企业数据结构，增强数据标准落地，全面提高企业数据质量，联合推进企业数字化转型，降低企业内数据流转成本和企业间数据交互成本，提高企业融资数据使用效率。

3. 持续推进平台运营长效性

持续深化"互惠共享·合作共赢"的公益原则，不断创新和完善平台服务效能，最大化发挥标准的服务效能。

（二）推进先进适用的金融标准走出去

1. 努力形成金融标准化对外工作合力

2022 年在第 19 届中国—东盟博览会暨第 14 届中国—东盟金融合作与发展领袖论坛上，广西农信社正式发布了"桂数耘"金融数据标准共享平台，由此拉开了与东盟各国农村金融标准合作的序幕。下一步，广西农信社将全面贯彻落实中国人民银行等四部门联合印发的《金融标准化"十四五"发展规划》，发挥标准的"通用语言"和"软联通"作用，不断加强区域特色金融标准研究，探索开展面向东盟国家的金融标准化研究与合作交流，以金融标准化"走出去"，支撑高水平金融市场开放，为金融更好服务我国开放合作大局贡献新力量。

2. 努力开创农村金融标准合作良好局面

发挥"桂数耘"金融数据标准共享平台的内外联合作用和农信体系优势，面向东盟农业国家推介平台标准应用，展示农业合作金融平台绿色安全功能，开创农村金融标准合作良好局面。特别是推动广西壮族自治区政府及相关部门与东盟意向国家加强区域金融标准合作研究，共同研制亚洲金融合作协会标准，努力将广西特色农业、金融标准上升为该协会标准，更好推动该标准在东盟国家应用推广。

3. 全力推动中国金融标准与东盟"软联通"

在自治区市场监督管理局和标准技术研究院的支持和指导下，积极参与我国先进适用的金融标准在东盟国家的适应性、适用性研究，全力推动中国金融标准与东盟"软联通"。联合东盟意向国家加强在国际标准化组织 ISO 层面的合作，共同申请和实施金融相关标准，特别是农业合作方面的金融标准。加强和深化与东盟国家在 ISO/TC 68 金融服务标准化技术委员会、ISO/TC 322 可持续金融标准化技术委员会的合作交流，探索开展金融信用等标准化认证和标准互认。

本文主创团队：广西壮族自治区农村信用社联合社

执笔人：李冬泳、刘建沛

创新创业债券 助力战略性
新兴产业发展

为深入贯彻落实党的二十大关于推动战略性新兴产业融合集群发展及加快实施创新驱动发展战略的重要部署，广投资本管理集团有限公司（以下简称广投资本）紧扣打造广西战略性新兴产业投资控股平台的战略定位，提前谋划布局、抢抓政策机遇，成功于 2022 年 4 月发行广西首支创新创业债券（见图 1），并将发债所募资金全部用于股权投资种子期、初创期、成长期的创新创业企业，示范引领区内其他私募股权投资机构创新拓展融资渠道，积极发挥国有资本对战略性新兴产业发展的投资引领作用，助力广西加快培育经济发展新动能。

图 1 广西首支创新创业债券成功发行

一　案例简介

（一）案例背景

1. 广西战略性新兴产业发展亟须国有资本引领

战略性新兴产业是牵引和带动未来经济社会发展的重要动力源，是抢占新一轮经济与科技发展制高点的重要手段。由于广西产业发展基础不优、科技薄弱、人才缺乏，战略性新兴产业发展仍处于初级阶段，占全区 GDP 的比重不足 5%，远低于全国平均水平，亟须国有资本发挥引领作用，撬动社会资本共同构建一批新的增长引擎。

2. 广西建设面向东盟的金融开放门户需要推动战略性新兴产业发展

《广西壮族自治区建设面向东盟的金融开放门户总体方案》明确指出，要支持广西新一代信息技术、高端装备制造、新能源汽车、生物医药、新材料等产业发展；要围绕中国—东盟信息港建设、数字广西、向海经济等重大战略，探索金融服务的新产品、新业态和新模式。

3. 私募股权投资企业的融资渠道亟须加快突破

由于股权投资具有投资金额大、投资期限长、投资风险高的特点，长久以来它不是银行等金融机构青睐的对象，企业资金主要来源于自有资金或进行市场化募资。在当前严峻复杂的宏观经济形势下，市场缺乏足够的信心和动力，PE/VC 市场募资形势严峻，资金压力较大。如股权投资企业能开辟新的融资渠道，将会极大激发广西私募股权投资机构加快发展和服务产业的信心与动力。

广投资本作为广西首家国有资本投资试点企业、广西投资集团旗下唯一的专业基金投资管理平台和市场化股权投资实施主体，必须增强创新意识、提升创新能力，大胆探索新路径，加快突破股权投资机构募资难、融资难的难题，发挥国有资本投资引领作用，助力广西培育发展战略性新兴产业。

（二）主要做法

1. 提前谋划、基础先行，获取 AA+ 主体信用评级

主体信用评级是一家企业偿债能力和偿债意愿的综合体现，也是企业开展对外融资、发行债券的基础，主体信用评级越高就越容易获得资金提供方的认可。对于首次发行债券的主体而言，首要的是争取较高的主体信用评级。自 2020 年 9 月重组以来，在广投集团的大力支持下，广投资本积极主动完善公司治理、加强规范运作、调整资产结构、优化业务布局，力争通过好资产、好业务、好发展获取评级机构和公开市场的认可。经过不懈努力，2021 年 9 月，我国专业评估机构联合资信评估有限公司出具评级报告，广投资本主体信用评级等级获评为"AA+"，评级展望为稳定，成为广西首家获 AA+ 主体评级的专业股权投资企业，为下一步开辟资本市场直接融资渠道、大力"引资入桂"服务实体产业高质量发展奠定了坚实基础。

2. 吃透政策、步步为营，发行广西首支创新创业债

广投资本是从事股权投资的特殊行业，可以选择的债券品种十分有限。2021 年 7 月，上海证券交易所发布《债券发行上市审核规则适用指引第 2 号——特定品种公司债券》，明确创新创业公司债券发行主体为："符合条件的双创公司债券发行人包括种子期、初创期、成长期、成熟期的创新创业公司、创业投资公司，以及主体信用评级或债项评级达到 AA+ 或以上的产业类企业、园区经营公司和国有资本投资运营公司等募集资金专项用于支持创新创业企业的发行人。"新规则的发布，为股权投资行业融资提供了政策机遇。得益于此前已获得 AA+ 主体信用评级，广投资本抢抓政策窗口，深入研究市场动态，精心设计发行方案，加强路演推介、协调沟通各方，同时创造性地运用"赛马机制"

遴选主承销商，确保债券顺利通过注册和满额发行。2022年4月，广投资本成功发行债券，规模10亿元，期限3+2年，是广投资本在国内资本市场的首秀，也是广西首支创新创业债。

3. 用好资金、加大投资，全力服务广西创新创业

发债成功后，为有效发挥国有资本投资引领作用，广投资本坚守"聚焦产业、服务广西"的初心使命，承诺发债募集的资金100%用于创新创业项目投资，高于发行规则要求的最低比例70%，不断加大力度投资广西、发展广西。发债成功、资金充裕后，广投资本充分发挥自身特有的"国有资本、区域资本、产业资本、金融资本"四重资本属性叠加优势，逐步搭建完善覆盖不同类型企业和企业全生命周期的基金体系，包括服务重大产业项目落地广西的广投工业高质量基金、专注培育广西本土企业的孵化基金、服务地市"资本招商"的地市科创基金、战略性新兴产业系列基金等，并通过"母基金+直投"业务模式，快速构建起面向全国的战略性新兴产业投资生态圈。截至2023年6月30日，本次创新创业债发行规模10亿元，已通过14只基金最终投向超50家小微企业、科技创新企业，涵盖新能源汽车产业链、化工新材料、电子信息、医疗健康、先进制造等众多行业，有效推动了国有资本引导社会资本支持广西产业发展高质量。

（三）主要成效

1. 引资入桂促进直接融资体系建设

广投资本10亿元创新创业债券，获得华夏银行、渤海银行、浙商银行、广东华兴银行等多家金融机构认购；募集资金全部用于创新创业项目的股权投资，有利于推动广西科技创新直接融资体系建设。

2. 加速重大项目投资落地

发债募集的资金部分通过广投工业高质量母基金以"1+N"的模式设立子基金，发挥基金的杠杆作用，联动各类资本新增投资25.49

亿元，有效支持玉林华友锂电等自治区重大项目建设；截至 2023 年 6 月 30 日，玉林华友 70 万吨锂电新能源材料一体化产业项目铜箔一期已实现批量投产，填补了广西铜箔产业空白，助力广西加速形成锂电池材料千亿元产业集群。

3. 精准服务地方政府资本招商

广投资本区市联动设立地市科创基金，聚焦投资相应地市急需发展的战略性新兴产业、先投后引，精准服务地方政府资本招商已是成熟的模式。与相应地市于 2022 年新设南宁广投绿城产业基金、柳北产业基金、贵港基金、桂林临桂基金等资本招商型基金。

其中，南宁广投绿城产业基金：（1）围绕新能源汽车重大项目延链补链，已成功投资巨石科技项目，该项目主要从事新能源乘用车电机、电控以及车载充电装置壳体的生产制造和电池盒壳体、液冷板的设计研发和生产制造。投资后基金推进优质企业落户南宁，2023 年 2 月，巨石科技年产 50 万台套新能源汽车核心零部件铝精深加工项目签约并落户南宁高新区，项目计划总投资 10 亿元。（2）围绕南宁市重点打造的新一代信息技术产业，成功投资诚瑞光学项目。诚瑞光学是全球光学镜头前三大供应商之一，未来公司上市后拟把 35.5 亿元募投资金投资南宁项目，有效实现先投后引的资本赋能，助力南宁新一代信息技术产业做大做强。

4. 培育孵化广西本土企业

广西属于欠发达、后发展的地区，产业基础比较薄弱，要实现高质量发展，除了大力引进外地的龙头企业外，广投资本也一直下功夫孵化、扶持、培养本地的创新创业型企业。2022 年利用发债资金，成功投资中国—东盟信息港项目，有效助力广西做大数字经济产业；成功投资数码印花丝绸业龙头企业同益新，推动广西丝绸产业链向高端化、智能化转变；此外，以培育孵化上市为目标成功投资以研发生产销售新能源动力系统为主业的玉柴芯蓝、广西叫酒网络等广西本土优质企业。

二　创新点

（一）开了广西发行创新创业债券的先河

2017 年 7 月，中国证监会发布了《中国证监会关于开展创新创业公司债券试点的指导意见》（证监会公告〔2017〕10 号），该文件标志着一个以重点支持创新创业型企业为主要目标的新的债券品种正式推出。但由于政策导向特点鲜明，对发行主体、资金用途有明确的规定和限制，创新创业债券直到现在仍然是债券市场上的小众品种。无论是成熟发行人还是首次发行人，在符合条件的情况下，常规品种的债券是更为现实的选择。广投资本是广西区内领先的专业股权投资和基金管理机构，行业属性和发展需求与创新创业债券的要求十分契合，其敏锐地抓住了政策契机和市场窗口，在上海证券交易所非公开发行 10 亿元创新创业债券，这是该品种债券在广西区内落地的首单。

（二）开创了资本市场与中小企业"链接"的新模式

作为专业的股权投资机构，广投资本的投资范围覆盖了初创期、成长期的企业。这些阶段的企业还处在发展的早中期阶段，企业规模以中小型为主，普遍面临增长的压力和发展的需求，但大都不具备面向资本市场进行直接融资的条件。通过发行创新创业债券，把募集资金专门用于投向具备创新创业属性的中小型企业，广投资本发挥了"链接器"的功能，一方面依托自身实力，解决了债券投资者风险偏好较低、收益要求稳定的需求；另一方面发挥专业能力，筛选出具有自主创新能力，发展前景可期的中小企业，通过股权投资为其提供资金并进行赋能，最终实现多方共赢。

（三）探索了股权投资类企业战略发展新路径

在竞争激烈、金融发达的现代经济环境中，企业的发展往往需要进行外部融资。与商业模式相对成熟、稳定的传统企业相比，股权投资类企业的业务实质是经营"风险"，主动运用其识别、承受和管理"风险"的核心能力去赢取对等的回报，这与"风险厌恶"的普遍心理是相反的。因此，无论是从监管导向上还是市场偏好上，股权投资类机构的外部融资都面临较多限制，特别是有明确到期日、需要还本付息的债务性融资。广投资本成功发行创新创业债券，且募集资金100%用于其股权投资主业，为核心业务的发展提供了较低成本的长期资金，并就此打开通向债券市场的融资通道，为股权投资类机构获取关键资源实现战略发展提供了更多路径选择。

三　应用价值

（一）为广西区内同类股权投资企业直接融资提供先行经验借鉴

一直以来，从事私募股权投资业务的企业，资金来源受到严格的监管和限制，传统融资渠道的大门基本关闭，大多数情况下只能依靠自有资金和投资收益的积累，难以进行债务融资发挥杠杆作用。随着经济形势的变化，国家战略和监管政策也发生了转变，特别是在资本市场打开了创新创业公司债券的融资通道。广投资本作为广西区内国有体系股权投资行业的排头兵，敏锐地抓住了这一重要的政策机遇，把发债项目作为"一把手"工程来抓，企业主要领导亲自挂帅，相关分管领导、职能部门、专业人员组成项目团队，深入研究相关规则要求，主动梳理自身情况和条件，积极进行优化调整，集中公司相关资源全力保障项目推进，最终按计划成功发行。广投资本本次成功发行广西首笔创新创业债，打通了区内股权投资行业融资新渠道，为自治区内同类型股权投资企业开辟直接融资道路迈出新步子、探索新方向提供了有益的借鉴。

（二）为国有资本支持战略性新兴产业发展提供有效路径

为加快培育和壮大广西战略性新兴产业，超前布局未来产业，构建经济高质量发展新引擎，广投资本紧盯国家和自治区产业政策，致力于打造成为广西战略性新兴产业投资控股平台和广西政府类基金投资管理平台，确定了"十四五"期间投资培育100家战略性新兴产业的发展目标。为实现该目标，广投资本已搭建起覆盖不同类型企业和企业全生命周期的基金体系，包括服务重大产业项目落地广西的广投工业高质量基金、专注培育广西本土企业的孵化基金、服务地市"资本招商"的地市科创基金、战略性新兴产业系列基金等，通过"母基金+直投"的业务模式，快速构建起面向全国的战略性新兴产业投资生态圈。本次发债成功，为上述基金体系提供资金保障，使国有资本投资引领产业结构升级及战略性新兴产业发展的作用能充分发挥出来。

本文主创团队：广投资本管理集团有限公司

国海证券股份有限公司

执笔人：韦晓波、李益凤

创新融资担保模式 助推工业上规入统

为贯彻落实中央、自治区关于支持中小企业高质量发展的决策部署，充分发挥政府性融资担保增信作用，引入金融活水支持全区工业企业"上规入统"培育工作，构建更加有效的金融支持实体经济体制机制，2022 年，广西融资担保集团（以下简称广担集团）联合自治区财政厅、工业和信息化厅（以下简称工信厅）在全区政府性融资担保体系内创新推出"工业上规入统担"，该产品依托自治区财政厅拨付统筹支持工业振兴专项资金和各级工信部门的"临规工业企业库培育名单"及"规上工业企业名单"，对名单内企业提供系列融资担保服务，缓解工业中小微企业融资难、融资贵、融资慢问题，帮助工业中小微企业完成"上规入统"临门一脚，并协助工业中小微企业稳规在规，减少退规企业数量。

一 案例简介

（一）背景情况

党中央、国务院高度重视中小企业发展，把培育壮大中小企业作为推动经济高质量发展的重要基础。《关于促进中小企业健康发展的指导意见》（中办发〔2019〕24 号）提出支持推动中小企业转型升级，聚焦主业，增强核心竞争力，不断提高发展质量和水平，走专精特新发展道路。《关于印发"十四五"促进中小企业发展规划的通知》（工信部联规〔2021〕200 号）提出要总结推广"小升规、规改股、股上市"

等经验做法，支持企业兼并重组和做大做强。自治区党委、自治区人民政府高度重视工业振兴工作，《自治区党委 自治区人民政府印发〈关于推进工业振兴三年行动方案（2021—2023 年）〉的通知》（桂发〔2021〕3 号）提出实施企业提质增效行动，培育企业上规入统，支持中小微企业上规升级，壮大工业经济总量。

政府性融资担保作为缓解小微企业融资难、融资贵问题的重要领域和关键环节，在支持工业中小微企业发展方面发挥着不可或缺的重要作用。《广西壮族自治区人民政府办公厅印发关于金融支持工业高质量发展若干措施的通知》（桂政办发〔2019〕20 号）提出，发挥广西重点工业企业专项转贷资金、政策性担保机构作用，探索多样化的信贷风险分担机制，支持金融机构加大对工业企业的信贷投入，降低企业融资成本。《广西稳工业保运行攻坚战指挥部办公室关于印发扎实稳住工业经济政策措施的通知》（桂稳工业保运行指发〔2022〕13 号）要求，支持担保机构进一步扩大中小微企业融资担保业务规模，加快组织中小微企业融资项目。

从广西规模以上工业企业（以下简称规上工业企业）情况来看，截至 2021 年年末，广西共有规上工业企业 8003 家，当年新增规上工业企业 1379 家、连续两年新增超千家，工业市场主体快速壮大，但与全国平均水平相比，广西工业企业的规模和实力仍存在不小差距。特别是近年来，受疫情影响出现供应链断裂、订单减少、经营中断、开工率低、资金周转困难等突出问题，扰乱了产业体系和分工体系，给工业中小微企业维持正常经营和实施新的转型升级项目带来巨大压力，进一步制约了工业中小微企业的生产、经营和发展，迫切需要发挥政府性融资担保的杠杆效应和逆周期调控作用，引导金融资源流向工业领域，支持工业中小微企业上规入统、提质升级。从广西政府性融资担保体系支持工业中小微企业情况来看，2021 年，体系共为工业中小微企业提供担保 99.23 亿元，占比仅 28.66%，亟须加大支持力度。

（二）主要做法

1. 强化产品研发

2021年12月，自治区财政厅拨付统筹支持工业振兴专项资金5000万元，作为资本金注入广担集团，专项用于支持工业中小微企业。2022年9月，经多次磋商交流，广担集团与自治区工信厅达成优先支持临规及规上工业企业的合作意向（见图1）。之后，广担集团先后赴玉林市、柳州市开展政府性融资担保服务工业上规入统调研工作，与当地相关政府部门、合作银行、担保机构、企业代表座谈交流，实地走访临规及规上企业了解其融资需求与困难。9月22日~10月13日，广担集团会同各市小微企业融资担保公司选取140户企业作为样本，对"工业上规入统担"业务客户信用评分表进行测算，以保证"工业上规入统担"业务客户信用评分表测算出的担保额度区间能切实满足绝大部分规上及临规工业企业的融资需求。

图1　自治区工信厅与广担集团座谈交流

2. 印发产品方案

2022年11月21日，广担集团印发《"工业上规入统担"方案（试行）》，明确了该产品的服务对象、业务原则、业务要求、业务流程、风险控制等主要内容（见图 2B）。在服务对象上，"工业上规入统担"主要支持各级工信部门"临规工业企业库培育名单"及"规上工业企业名单"内存在融资困难的工业中小微企业；在业务要求上，"工业上规入统担"可提供的贷款担保额度范围为人民币 50 万元（含）～500 万元（含），免抵押、纯信用，担保费率仅为 1%/年；在业务流程上，由承保机构联合银行对名单内企业进行批量受理；在风险控制上，以整体业务规模为核算单位，分别设置了预警线（逾期率达到 4% 或代偿率达到 3%）和暂停线（逾期率达到 5% 或代偿率达到 4%）。触发预警线后，承保机构与合作银行应对风险情况进行联合评估，同时加强风险控制；触发暂停线后，承保机构与合作银行应对风险情况进行联合处置，待业务风险有效消化、相关指标回落至暂停线以下后重新开展担保业务。

3. 加强宣传推广

为进一步发挥体系合力，广担集团旗下广西融资再担保有限公司（以下简称再担保公司）印发《关于落实"工业上规入统担"工作方案的通知》（见图 2A），成立专项工作领导小组，强化"工业上规入统担"业务落地；牵头召开体系成员机构视频会议，对"工业上规入统担"服务对象、业务办理方式、授信额度等产品要素进行现场讲解，解决体系成员机构开展该项业务的难点、堵点和疑惑点，为业务落地扫清障碍。

4. 实施精准对接

2022 年 11 月 15 日，自治区工信厅办公室印发《关于报送临规企业融资信息的通知》（见图 2C），向各市工业和信息化局推出"工业上规入统担保"业务，要求各市工信局安排专人负责，收集摸底临规企业信息，定期更新汇总临规企业库培育名单。11 月 28 日，自治区工信厅向广担集团推送第一批自治区级"临规工业企业库培育名单"及"规上工业企业名单"，广担集团将名单发送至体系成员机构，由成员机构根据名单实施精准对接，了解企业贷款资金需求，提高担保获贷率。

图2 "工业上规入统担"系列文件

5. 全程批量办理

体系成员机构联合银行对名单内企业进行批量受理，进行非现场或现场调查，采取"见贷即担""见担即贷"等批量担保方式提高受理审批效率（见图3）。对于成员机构报送的"工业上规入统担"业务，再担保公司简化备案流程，原则上采取批量备案管理。

图3 广担集团联合玉林市小微担保公司到某工业企业走访调研

（三）取得的成效

"工业上规入统担"产品自 2022 年 11 月末推出以来，在各级政府部门、银行机构、担保机构的积极配合下，取得了较好的投放效果。2022 年 12 月上旬，中国银行广西区分行运用中国银行"惠如愿·惠制强国贷"普惠金融产品，成功发放全区首批"工业上规入统担"企业贷款 80 万元，由广担集团旗下广西桂惠融资担保有限公司提供担保。截至 2022 年年末，在短短一个多月的时间内，广担集团带领全区政府性融资担保机构当年新增"工业上规入统担"业务 224 户、7.41 亿元，其中规上企业 214 户、7.07 亿元，临规企业 10 户、3439.88 万元，助推体系 2022 年共为工业中小微企业提供担保 127.90 亿元，占比达到 31.71%，较上年提高 3.05 个百分点。业务覆盖全区 14 个地市，合作银行包括十余家国有及地方性银行。

二 创新点

（一）政担联动，精准支持工业上规入统

近年来，广西各级政府及相关部门对推进工业中小微企业上规入统工作高度重视，成立了工业企业上规入统工作专班，派出了工业振兴特派员，建立了企业上规入统培育指导机制和扶持奖励机制，一方面为企业升规纳规营造了良好环境，另一方面也掌握了工业中小微企业大量的生产经营、用工融资等信息。"工业上规入统担"将各级工信部门提供的"临规工业企业库培育名单"及"规上工业企业名单"内企业作为主要服务对象，有利于发挥政府的导向作用与市场的决定性作用，缓解担保机构与工业中小微企业之间的信息不对称问题，实现政府性融资担保资源与政府产业政策的有效对接、同频共振，提高服务精准度。

（二）银担联动，高效支持工业上规入统

为降低工业中小微企业融资门槛，"工业上规入统担"采取免抵押纯信用方式，不需要工业中小微企业提供物化反担保措施。同时，由承保机构联合银行对名单内企业进行批量受理，双方互认审查结果，采取"见贷即担""见担即贷"等批量担保方式办理，避免了传统银担合作中的重复尽职调查，有效提高了受理审批效率。

（三）体系联动，便捷支持工业上规入统

在"工业上规入统担"推出以前，全区政府性融资担保体系产品创新工作管理较为松散，处于各自为战状态，缺乏统筹管理和顶层设计，体系内尚无服务企业上规入统的担保产品。"工业上规入统担"是广担集团牵头、联合体系成员机构共同推出的第一款担保产品，也是在全区政府性融资担保体系内首创的服务企业"上规入统"的专项担保产品，全区政府性融资担保体系成员机构均可作为承保机构，符合条件的业务可通过再担保公司纳入国家融资担保基金支持范围，有利于发挥体系成员机构的整体合力，突破单个担保机构展业的地域限制，扩大和提高对工业中小微企业服务的覆盖面与便利度。

三　应用价值

（一）为临规及规上工业企业融资开辟新模式

资金紧缺、融资困难仍是目前广西临规及规上工业企业面临的较为突出的问题，影响了企业的发展壮大，特别是近年来在国内经济下行压力加大以及新冠疫情冲击的背景下，部分工业中小微企业处于生存边缘，上规入统工作难度加大，已上规企业退规风险增大。"工业上规入

统担"的推出，为广西临规及规上工业企业开辟了通过政府性融资担保获得低成本融资的新模式，有利于帮扶企业渡过难关，提振企业发展信心，激发市场主体活力，增强实体经济发展后劲。

（二）为政担合作支持工业中小微企业探索新场景

2021年，根据自治区工信厅与广担集团签署的战略合作协议，双方合作推出了"园企振兴担"产品，该产品由自治区工信厅与各园区管理机构共同出资设立园区企业融资担保基金，委托广担集团以市场化方式进行管理，按最高放大10倍比例为园区内企业提供融资担保服务。然而，由于受经济下行、疫情冲击以及大规模增值税留抵退税等影响，地方财政收入明显下滑，园区管理机构难以出资参与合作，"园企振兴担"未能在全区普遍推广。为此，自治区工信厅与广担集团及时调整工作思路，通过新设"工业上规入统担"产品加大对工业中小微企业的支持力度，为政担合作探索了新场景。

（三）为体系协同发展建立新纽带

在"工业上规入统担"推出以前，全区政府性融资担保体系以股权投资和再担保业务为纽带建立协同发展关系，即广担集团通过再担保公司对各市县政府性融资担保机构进行股权投资和开展再担保业务合作，在直保业务领域缺乏合作。"工业上规入统担"推出之后，全区政府性融资担保体系多了一条直保业务产品创新的新纽带，为提升体系协同发展能力开辟了新路径，为体系合作共赢拓展了新空间。

（四）为支持企业上规入统提供范例

规上工业企业仅是"四上企业"的一部分，据统计，截至2021年年末，全区规上工业企业8003家，占全区规上企业24738家的32%；当年新增规上工业企业1379家，占全区新增规上企业4829家的29%。

除房地产开发经营企业外，"四上企业"中具有资质的建筑业法人单位及限额以上批发、零售、住宿、餐饮企业和规模以上服务业也是政府性融资担保机构的服务对象。"工业上规入统担"的开发成功，为下一步全区政府性融资担保体系扩大对其他"四上企业"的支持提供了范例。

本文主创团队：广西融资担保集团

自治区财政厅

自治区工业和信息化厅

执笔人：唐艺容、敖前卫

创新绿色贸融类资产支持专项计划
助力中小企业绿色低碳发展

绿色低碳发展是重要的国家战略，国海证券股份有限公司（以下简称"国海证券"）与桂林银行股份有限公司（以下简称"桂林银行"）积极践行绿色金融助推绿色发展理念，于2022年11月成功发行全国首单贸融类绿色资产支持专项计划（ABS）——"国海证券—桂融6期绿色资产支持专项计划"。该专项计划以"废旧资源再生利用项目"等绿色产业项目为基础产生的应收账款债权类资产作为底层资产，嫁接桂林银行付款保函作为基础资产增信方式，实现了广西地区中小企业在绿色低碳发展上获得公开市场的直接、高效融资，为绿色金融助力中小企业低碳转型发展开辟了新的道路。

一 案例简介

（一）背景情况

绿色发展是党的十八届五中全会提出的"五大发展理念"；党的二十大报告把"推动绿色发展，促进人与自然和谐共生"列为一个单独部分，再次强调了绿色发展的必要性和迫切性；同时，党的二十大报告提出"完善支持绿色发展的财税、金融、投资、价格政策和标准体系"，凸显了金融在推动绿色转型发展方面的重要意义。国海证券和桂林银行高度重视国家绿色发展战略并积极响应《工信部、人民银行、银保监会、证监会关于加强产融合作推动工业绿色发展的指导意见》及银保监会《关于推动供应链金融服务实体经济的指导意见》和八部委《关于规范发展供应链金融、支持供应链产业链稳定循环和优化升级的意见》以及广西壮族自治区人民政府《关于印发加快广西供应链金融发展若干措施的通知（桂政办发〔2021〕86号）》等政策号召，一方面践行绿色金融助推绿色发展理念，发挥专业优势，深入推进绿色资产储备，有效落实绿色金融业务的发展战略；另一方面充分利用银行贸融资产证券化产品实用场景广泛的特点，打通上下游供应链融资，服务中小微企业，贯彻实施回归本源、服务实体经济的政策。

银行贸融类资产证券化产品是国海证券与桂林银行首创的供应链金融产品，该产品以供应商对核心企业的应收账款为基础资产，由商业银行出具付款保函、信用证、坏账保理、票据保证等方式为底层应收账款提供增信，发行资产支持专项计划，实现中小企业在公开市场的直接、高效融资，同时通过嫁接银行信用降低产品风险。该产品入围第三届广西建设面向东盟的金融开放门户改革创新十大案例提名名单。

在开展银行贸融类资产证券化业务的过程中，发现很多企业特别是传统行业的中小企业普遍面临节能减排、低碳转型的压力，急需绿色金融服务助力其业务绿色低碳转型。国海证券与桂林银行充分利用银行贸融类资产证券化产品实用场景广泛的特点，精准把握中小企业融资和低碳发展需求，加大金融对传统行业低碳转型的支持力度，积极推进与广西地区企业的合作，最终实现全国首单贸融类绿色资产支持专项计划（ABS）——"国海证券—桂融6期绿色资产支持专项计划"的落地发行。

（二）主要做法

国海证券资产证券化业务团队与桂林银行业务团队反复沟通协调，与各方专家机构多次论证产品结构，并与深圳证券交易所（以下简称"深交所"）等监管部门沟通，于2022年11月30日成功发行"国海证券—桂融 6 期绿色资产支持专项计划"（以下简称"桂融 6 期"）。本期绿色资产支持专项计划原始权益人、代理人为深圳前海联易融商业保理有限公司（以下简称"联易融保理"），原始权益人和融资人为梧州市鑫安再生资源回收有限公司（以下简称"梧州鑫安"）、梧州市至泰废旧金属回收有限公司（以下简称"梧州至泰"），债务人为广西梧州市永鑫环保科技有限公司（以下简称"永鑫环保"）、梧州市永达特钢有限公司（以下简称"永达特钢"），桂林银行基于对债务人既有或新增授信，出具应收账款付款保函，承诺未来债务人未履行付款义务时，由银行代为付款。

"桂融 6 期"募集规模为 4900 万元，其中，优先级资产支持证券募集规模 4800 万元，次级资产支持证券的募集规模为人民币 100 万元。本期绿色资产支持专项计划的基础资产为"联易融保理"根据原始权益人的委托，代理原始权益人在专项计划设立日转让给"计划管理人"的应收账款债权及其附属担保权益，基础资产涉及项目为"梧州市永鑫有色金属有限公司年产 10 万吨再生锌生产加工项目"和"梧州市永达特钢有限公司年产 100 万吨再生不锈钢制品及 30 万吨钢筋混凝土用热轧带肋钢筋项目"，这些项目均为废旧资源再生利用项目，全部属于绿色产业领域。

（三）取得的成效

国海证券桂融 6 期绿色资产支持专项计划的发行，使合作各方取得了"多赢"。更重要的是，从积极践行绿色金融的国家战略来看，本项目的发行实现了良好的环境效益和社会效益。

1. 环境效益

本期绿色资产支持专项计划共涉及 2 个项目："梧州市永鑫有色金属有限公司年产 10 万吨再生锌生产加工项目"和"梧州市永达特钢有限公司年产 100 万吨再生不锈钢制品及 30 万吨钢筋混凝土用热轧带肋

钢筋项目"，这些项目均为废旧资源再生利用项目，均属于绿色产业领域。根据联合赤道环境评价有限公司出具的《国海证券—桂融 6 期绿色资产支持专项计划发行前独立评估认证》报告，本期绿色资产支持专项计划的基础资产涉及项目在绿色等级、募集资金使用及管理、项目评估筛选、信息披露与报告、产业政策方面表现很好，绿色等级为 G1。

从全球范围看，世界各国都将资源循环利用作为应对气候变化的重要手段。废旧物资是能源的"存储器"，回收利用废旧物资可以同步回收固化在产品材料中的能源和碳，通过再生利用、二手商品交易、再制造等不同层级的利用方式实现多维度降碳。钢铁等高耗能产品的再生利用可以实现物质投入的减碳化和去碳化，有效减少原材料开采、运输及生产加工过程等价值链上的碳排放。与此同时，废物对生态环境有着巨大的负面影响，资源循环利用对环境保护有重要的意义，对生态环境起到了一定的保护和清理作用。根据联合赤道环境评价有限公司的测算，本期绿色资产支持专项计划募集规模对应的基础资产涉及项目每年可实现减排二氧化碳 0.21 万吨，节约标准煤 0.82 万吨，节水 2.11 万吨，具有显著的环境效益。

2. 社会效益

本期绿色资产支持专项计划的基础资产涉及项目均为废旧资源再生利用项目，具有以下社会效益。

梧州市永鑫有色金属有限公司年产 10 万吨再生锌生产加工项目一方面能够满足梧州市再生不锈钢产业工业固体废物充分利用的需求，可以消化园区、梧州市以及广西壮族自治区内金属冶炼时产生的环保锌灰、锌渣，为梧州市产业发展提供有力的配套设施；针对梧州市产业园区的产业发展特点，本项目还是支持梧州进口再生资源加工园区进一步协同发展，利用其他再生金属，如钢、铁、锌、铅等向纵深方向延伸产业链的需要，促进当地经济社会快速发展。另一方面本项目可以大规模集中处理金属冶炼时产生的含锌铅镉的危险固体废弃物，减少环境污染，有利于提高人居环境和保证居民身体健康，促进社会稳定发展。

梧州市永达特钢有限公司年产 100 万吨再生不锈钢制品及 30 万吨钢筋混凝土用热轧带肋钢筋项目属于废钢再生利用产业项目，是节能环保战略性新兴产业的重要组成部分，大力推动废钢铁资源综合利用，有利于缓解我国资源环境约束，适度降低铁矿石对外依存度，推动钢铁行业可持续发展。此外，废钢铁作为环保资源，用废钢直接炼钢与用矿石炼铁后再炼钢相比，有利于清洁生产和排废减量化，可有效提高能源利用效率，降低地区环境污染。本项目的运营将提升区域产业发展质量，带动地区经济发展，相关产品将更具竞争力，公司稳定发展的同时也能增加人口就业，为地区带来一定的财政收入。

综上分析，本期绿色资产支持专项计划基础资产涉及项目具有显著的环境和社会效益。

3. 持续落地

国海证券桂融 6 期绿色资产支持专项计划的成功首发为贸融类绿色 ABS 业务嵌入绿色概念起到了良好的示范效应，此后国海证券和桂林银行继续戮力践行绿色金融，于 2022 年 12 月 13 日成功落地发行了"国海证券—桂融 8 期绿色资产支持专项计划"，发行规模 2.31 亿元。本期绿色资产支持专项计划共涉及 2 个项目："梧州市永达特钢有限公司年产 100 万吨再生不锈钢制品及 30 万吨钢筋混凝土用热轧带肋钢筋项目"（同桂融 6 期）和"广西鼎华商业股份有限公司白糖采购项目"，这些项目分别属于废旧资源再生利用项目及绿色食品采购项目，全部为绿色产业领域。根据联合赤道环境评价股份有限公司出具的《国海证券—桂融 8 期绿色资产支持专项计划发行前独立评估认证》报告，本期绿色资产支持专项计划的基础资产涉及项目在绿色等级、募集资金使用及管理、项目评估筛选、信息披露与报告、产业政策方面表现很好，绿色等级为 G1。在环境效益方面，本期绿色资产支持专项计划募集规模对应的基础资产涉及的废旧资源再生利用项目每年可减排二氧化碳

1.07 万吨，节约标煤 2.04 万吨，节水 10.67 万吨；基础资产涉及的绿色食品采购项目可以保护地下水和下游植被、耕地，节约资源，提高资源利用率。在社会效益方面，基础资产涉及的废旧资源再生利用项目有利于缓解我国资源环境约束，适度降低铁矿石对外依存度，推动钢铁行业可持续发展。此外，废钢铁作为环保资源，用废钢直接炼钢和用矿石炼铁后再炼钢相比，有利于清洁生产和排废减量化，可有效提高能源利用效率，降低地区环境污染。项目的运营将提升区域产业发展质量，带动地区经济发展，相关产品将更具竞争力，公司稳定发展的同时也能增加人口就业，为地区带来一定的财政收入。基础资产涉及的绿色食品采购项目有利于提高食品安全性，提高食品营养价值；绿色食品种植、生产、加工过程中极大地减少了化学农药的使用，抑制了对人体有害的化学物质的使用，通过采用标准化的技术，减少了农户生产成本的同时极大地保障了人体健康；绿色食品的售价高于普通农产品，单位土地面积创造经济价值大幅增加，农户的收入得到提高，土地资源不足等社会问题也会得到解决；此外，还可带动相关绿色农业长期发展，逐步延长绿色食品的产业链，提高农产品经济价值，拓展新的农业经济增长模式，带动农村区域经济发展，有助于乡村振兴。综上，本期绿色资产支持专项计划基础资产涉及项目具有显著的环境和社会效益。

二 突破和创新

"国海证券—桂融 6 期绿色资产支持专项计划"为全国首单贸融类绿色资产支持专项计划。项目的突破和创新主要有下面几点。

（一）资产类型创新

本项目在贸融类资产支持专项计划中首次用于支持绿色产业发展，

根据联合赤道环境评价有限公司出具的《国海证券—桂融6期绿色资产支持专项计划发行前独立评估认证》报告，认为本期绿色资产支持专项计划基础资产涉及项目属于绿色产业领域，符合《中国证监会关于支持绿色债券发展的指导意见》（证监会公告〔2017〕6号）、《上海证券交易所公司债券发行上市审核规则适用指引第2号——特定品种公司债券（2022年修订）》（上证发〔2022〕85号）等相关要求。根据《联合赤道绿色债券评估认证方法体系》（LEIS0002-2021），本期绿色资产支持专项计划的基础资产涉及项目在绿色等级、募集资金使用及管理、项目评估筛选、信息披露与报告、产业政策方面表现很好，绿色等级为G1。

（二）销售形式创新

传统供应链ABS中核心企业均为工商企业，银行投资时需要穿透核查并将核心企业纳入全行授信额度内。而本期绿色资产支持专项计划底层为银行贸融类业务增信，投资人会将该品种纳入同业授信范围，而同业授信额度较为充足，因而该品种降低了投资准入门槛，丰富了投资渠道。本产品为绿色证券，对于投资者更具吸引力，大大提高了销售效率。

（三）产品主体创新

受到"地产三条红线"以及"城投十五号文"的影响，传统供应链产品中占比较大的包括房地产或城投类核心企业公开市场债务品种发行节奏放缓。本项目融资人和重要债务人均为广西本地中小企业，涉及项目为废旧资源再生利用项目，通过该项目的落地，一方面可以为中小企业解决融资贵、融资难问题，为欠发达地区引入低成本资金；另一方面可以助力中小企业绿色低碳产业发展，能够提升国海证券和桂林银行市场竞争力和品牌形象，并起到良好的示范作用。

三 应用价值和实践意义

中小微企业融资难、融资贵问题是长期存在的结构性问题。同时绿色金融是重要的国家战略,如何实现低碳转型发展也是中小企业面临的现实问题。贸融类绿色 ABS 的发行改变了以往供应链金融依赖大型核心企业信用的模式,引入银行信用作为增信支持,核心企业准入门槛大大降低,使中小企业获得低成本直接融资的可能性大大提高。绿色贸融 ABS 的发行也为如何在贸融类资产证券化产品中嵌入绿色资产,如何为中小企业提供绿色金融服务提供了借鉴经验,是国海证券和桂林银行积极融入国家战略,践行金融机构责任与担当的又一精品案例。

(一)支持中小企业获得绿色低碳转型融资

从产业链条上看,所有经济活动都离不开中小企业在特定产业链条上的贡献。然而,中小企业发展的脆弱性又十分明显,无论是体量还是企业信誉,和大型公司相比都处于天然的劣势,难以在资本市场上获得直接融资。同时,大量中小企业为传统行业,面临极大的绿色低碳转型压力。银行贸融类资产证券化产品弥补了绿色金融覆盖领域狭窄等问题,可有效提升金融机构服务各行业中小企业绿色低碳转型发展的能力。

(二)引资入桂助力低碳转型发展

银行贸融类资产证券化产品为交易所发行的标准化产品,主要投资人包括银行、证券公司、基金公司等金融机构。大部分资金来源于广西区域外金融机构,该系列资产证券化产品的陆续发行,将实现更多更广范围的"引资入桂"。目前,国海证券获得了总共约 290 亿元的贸融 ABS 储架额度,其中广西地区获得了 120 亿元的贸融 ABS 储架额度。

后续国海证券和桂林银行将持续复制和推广该业务模式，不断推动新的贸融类资产支持专项计划的落地发行，为全国特别是广西地区绿色转型发展做出新的贡献。

（三）借鉴和示范效应

本项目为全国首单贸融类绿色资产支持专项计划，符合国家战略、监管部门和深圳证券交易所相关政策；深圳证券交易所一直以来高度重视、积极推动资本市场绿色发展，支持绿色企业上市融资，大力发展绿色债券市场，加快绿色产品创新。本期绿色资产支持专项计划在深圳证券交易所申报和挂牌交易，获得了深圳证券交易所的大力支持和协助。为同业如何利用贸融类资产证券化产品为中小企业提供绿色金融服务、如何为欠发达地区实体企业引入低成本资金和助力低碳转型发展提供了新方案、新经验，具有重要和广泛的应用价值。

本文主创团队：国海证券股份有限公司

桂林银行股份有限公司

执笔人：黄南锋、熊绘

建立南宁市城市风险管理研究院
发挥保险功能构建城市风险保险保障体系

保险具有分散风险、抵御风险、化解风险的重要作用，在为政府提供市场化服务，促进政府职能转变方面具有天然优势，是保障民生福祉、创新社会治理、转变政府职能的重要金融工具。习近平总书记强调，要促进保险业发挥长期稳健风险管理和保障的功能。为全面贯彻落实党的二十大精神，充分发挥保险功能，提高南宁市城市治理能力，更好统筹发展和安全，助力保险创新综合示范区建设，南宁市推进"建立南宁市城市风险管理研究院——发挥保险功能构建城市风险保险保障体系"重大改革，围绕建设面向东盟开放合作的国际化大都市这一重大新使命，大力推动南宁市人民政府与人保财险广西分公司合作建立南宁市城市风险管理研究院（以下简称风险管理研究院），有关事项取得明显成效。

一　案例简介

（一）背景情况

习近平总书记强调，"防范化解重大风险，是各级党委、政府和领导干部的政治职责"，党的二十大报告更是提及了"风险"十六次，自治区党委和南宁市委也对防范化解各类风险进行了多次研究和部署，充分体现了各级党委对防范化解风险工作的高度重视。

城市风险是各类风险的重要组成部分，南宁在城镇化过程中，城乡发展不均衡、不充分问题逐渐显现，经济快速发展、城市人口激增导致风险敞口进一步扩大，从而与各类传统风险一起形成对城市治理的多方面风险冲击，包括但不限于产业链供应链脆弱性增强、环境污染、资源使用失当、极端气候灾害、重大安全事故、突发公共卫生事件等，城市中的系统性风险有所积聚，时刻威胁着群众的财产和人身安全。

随着近年来南宁市对城市风险管理认识的不断深化，应对方法不断完善，南宁城市风险管理的总体发展态势较好，但在保险机制参与南宁城市风险管理的具体嵌合和应用等方面，仍有较大提升空间，迫切需要围绕建设面向东盟开放合作的国际化大都市这一重大新使命，坚持"智库+地方+上级部门+产业界"四位一体共同发力，从保险角度进行深入化研究、机制化创新、系统化探索，强化对城市各类风险的识别、响应和处置，提高城市风险管理水平。

自治区高度重视并支持风险管理研究院发展，自治区党委常委、自治区常务副主席蔡丽新在广西建设面向东盟的金融开放门户指挥部2023年第一次会议上强调"南宁市发挥好城市风险管理研究院平台作用"，自治区门户指挥部办公室将其纳入广西建设面向东盟的金融开放门户2023年工作要点，高位推动风险管理研究院的保险研究、创新和落地。

自治区党委常委、南宁市委书记农生文高度重视保险创新及保险功能的发挥，把保险作为生产性服务业的重要组成部分，多次要求大力发展保险等服务业，领导市委全面深化改革委员会将"推进城市风险管理等创新发展"列入2022年工作要点，将"推进城市风险管理研究创新"列入重点改革任务，为风险管理研究院的建立把舵定向。

在自治区党委、政府，南宁市委、市政府的高位统筹和正确领导下，在自治区地方金融监管局的大力支持下，形成了市委市政府指导、市金融办牵头协调、风险管理研究院创新、各有关单位积极配合的"四位一体"工作机制，聚焦城市管理中的"痛点"和"难点"，加快保险机制、产品、服务创新和重点项目突破，通过保险市场化风险转移机制将城市风险转移并有效化解，打造区域领先、具有较强影响力的保险创新品牌，将保险功能嵌入经济建设全领域、社会治理全过程、民生保障全方位，推动保险成为化解城市风险的强有力金融工具，构建起"哪里存在风险，哪里就有保险"的城市风险保险保障体系。在系列创新带动下，南宁市保险业取得快速发展，2022 年，南宁市实现保费收入 298.92 亿元，同比增长 11.25%，增速在全国 31 个省会（首府、直辖）城市排位第 1。

（二）主要做法

1. 建立市场化服务模式，设立全国首个城市风险管理研究院

为解决南宁市缺少大型保险机构总部而导致的保险创新人才、技术、能力相对不足的问题，南宁市突破驻邕保险机构资源桎梏，整合全国性国有大型骨干保险机构优质资源，多措并举与人保财险总部在保险深化改革方面达成共识，成功争取人保财险总部的大力支持，建立全国首个城市风险管理研究院。风险管理研究院成为首个获全国大型保险机构总部授权的风险管理研究院，打通人保财险总部和省级资源共享通道，充分整合总部优质创新资源，加快保险体制机制、产品、服务模式创新研究，通过市场化手段有效化解社会风险，助力地方政府提高公共服务和社会管理效能，提升全市风险保障水平。人保财险总部除了在共建研究院的各项工作中给予大力支持外，还在风险研究及管理技术、产品开发及承保政策等方面给予技术指导和政策支持。

2. 建立"政企学研"协作机制，研究保险参与城市风险管理可行路径

风险管理研究院充分发挥理论指引与智库支持作用，与广西大学

商学院合作建立"政企学研"多方协作机制，实现政府、科研、企业在功能和资源优势上的协同互补。政府从行政管理视角梳理划定当前重点风险治理领域，并提出通过风险管理期望达到的效果；广西大学商学院结合保险原理，对城市治理主要难点进行保险需求和风险分析，对比分析全国各地区有关保险方案，并参考借鉴英国、日本、新加坡有关保险保障制度，提出通过保险工具规避各类城市治理难点的实施路径，完善城市风险管理体系建设理论研究，搭建完善城市风险治理导向下的保险机制框架。围绕南宁市城市建筑安全、企业群众生产及生活安全、跨境产业链供应链价值链安全、绿色发展安全等相关领域的风险，从政府部门和保险公司两方面提出创新保险机制管理城市风险的一系列政策建议，研究保险机制参与城市风险管理的可行路径。保险机构充分发挥其专业性、服务能力与人才队伍优势，结合相关意见和路径，建立城市治理保险创新项目清单，研究、开发适配各项目的保险产品和方案，创新保险服务模式，推动保险创新项目落地。政企学研多方各司其职，确保南宁城市风险治理体系精准落地。调研课题《保险机制在城市风险管理中的应用研究》在自治区地方金融监管局2022年调研课题报告评比中获一等奖，南宁市金融办是全区唯一获一等奖的设区市金融办。

3.建立"需求导向"的供给机制，创新推出多领域多类型的保险产品

风险管理研究院深入基层进行调查研究、多方获取数据，制定创新项目实践目标和实践方案等风险管理研究院配套制度，建立《南宁市城市风险管理研究院重点工作行事历》，滚动跟进项目进度，定期召开工作例会，及时协调解决相关问题，有序推进创新项目落地。着眼政府及市场需求，围绕保险服务乡村振兴、民生保障、社会治理、实体经济、对外开放、绿色发展等方面，提出一系列重点创新项目任务。

（三）取得的成效

风险管理研究院自筹备以来，基本实现了创新多、牵引强、覆盖广的目标，已落地 11 个保险创新项目，包括全国首创项目 2 个、全区首创项目 7 个。在服务乡村振兴方面，为缓解自然灾害频发、农业经营主体"融资难、融资贵"等导致的政府治理难题，结合乡村振兴战略及南宁"三农"发展实际，推动形成广覆盖、全领域、多层次的农险产品和模式体系。推动落地全国首单政策性糖料蔗完全成本保险，为南宁市 14 万亩糖料蔗提供风险保障 3.36 亿元，推动糖料蔗保险由直接物化成本向完全成本转型升级，弥补糖料蔗因自然灾害、病虫草鼠害及野生动物毁损等因素造成的经济损失，保障广大蔗农的收益。在服务民生保障方面，风险管理研究院将保险全方位嵌入医疗卫生、住房保障等民生福祉改善各环节、各层面，助力构筑"政府主导、市场运作、社会参与"的风险共担机制。在全区率先推动落地城市定制型商业医疗保险"惠邕保"，为全市 107.67 万参保人员提供风险保障 3.3 万亿元，有效缓解"看病难、看病贵"问题，助力构建多层次医疗保障体系，打造了普惠医疗保险南宁样本。在服务社会治理方面，风险管理研究院重点针对医患关系紧张、电梯故障频发、小区住宅质量投诉等社会治理难点开展研究，引入保险机构参与公共管理和服务。探索开展"医责险+手术意外险+医疗纠纷调解机制"模式，有效缓解医患矛盾，促进社会和谐稳定；推动绿色保险创新发展，助推生态环境领域治理体系和治理能力现代化。在服务实体经济方面，为进一步化解生产生活安全风险引发的各类矛盾纠纷，助力政府完善应急管理机制，风险管理研究院在企业安全生产领域聚焦保险保障本源，推动形成"保险+科技+服务"发展新格局。落地全区首单企业人员海外安全防卫保险，助力企业抓牢 RCEP 生效契机"走出去"。在全国率先开展风力发电损失补偿保险，为风电等清洁能源企业的预期收益提供保险保障，助推生态资源转化为生态资产。

表 1　南宁市城市风险管理研究院 2022 年度落地的保险创新项目

序号	已落地项目情况	成效	创新性质
1	落地全区行业首单政策性苦瓜种植保险	该笔保单为农户因苦瓜种植投入产出波动、天气因素造成的损失提供了 13400 元的风险保障。	全区首创
2	落地全区行业首单政策性蛋鸡养殖保险	该笔保单为广西金陵农牧集团 58 万羽蛋鸡养殖提供了 2320 万元风险保障。	全区首创
3	落地全区首单商业性柑橘收入保险	该笔保单为位于南宁的广西庆汇农业科技有限公司的 544 亩柑橘提供了 1000.9 万元风险保障。	全区首创
4	落地全区首单"保险+银行+担保"模式的沃柑收入保险	该笔保单为 4223 亩沃柑提供了 4857 万元风险保障，为农户提供了最高每亩 2000 元的线上贷款融资。	全区首创
5	落地南宁市首单商业保险服务医疗救助项目	项目为隆安县 10 万城乡困难人群提供了医疗救助资金约 400 万元。	全市首创
6	落地广西首单企业人员海外安全防卫保险	为南宁市企业驻海外工作人员提供 100 万元的海外安全人身风险保障。	全区首单
7	牵头落地城市定制型商业医疗保险"惠邕保"	"惠邕保"一经推出，在区域内引起较大范围的反响。投保期届满，获得全市107.7 万参保量及 15% 的参保覆盖率，高于人口规模相近的省会城市长沙惠民保(已开通职工医保个账代缴)2.5 个百分点，超过全国90% 的案例。"惠邕保"在南宁市的亮眼表现，获得区内其他地市参保人群热切期盼；运行模式得到区内梧州、百色、河池等 12个地市复制推广，已启动上线"惠梧保""百惠保""崇惠保"等 12 款同类型商业补充医疗保险产品，并吸引河南、湖北、宁夏等全国多个省份城市的政府部门前来学习调研，示范带动效应显著。	全区首单
8	落地全国首单政策性糖料蔗完全成本保险	为兴宁区三塘镇糖料蔗种植户 230 亩糖料蔗提供了 55.2 万元风险保障。	全国首单

续表

序号	已落地项目情况	成效	创新性质
9	落地全区首单地方财政补贴型政策性蓝莓果树及果实种植保险	为广西雅山居农业科技有限公司 50 亩蓝莓提供了 7.5 万元风险保障。	全区首单
10	落地全国首单糖料蔗收入保险	为广西农垦集团下辖农场、制糖企业及订单农户种植的 85 万亩甘蔗提供了 24.5 亿元风险保障,实现保费收入 1.7 亿元。	全国首单
11	落地全市首单玉米制种保险	为 780 亩玉米制种提供了 126 万元风险保障,实现保费收入 10 万元。	全市首单

二　创新点

风险管理研究院在全国实现"三首":一是全国首创地方机构向总部申请资源的"直通车"模式。通过建立市场化服务模式,成功争取人保财险总部的大力支持,成为首个获全国大型保险机构总部授权的风险管理研究院。人保财险总部不仅在共建研究院的各项工作中给予支持,还在风险研究及管理技术、产品开发及承保政策等方面给予技术指导和政策支持。二是全国首个"政府+机构+智库"的保险创新研究院。通过建立"政企学研"协作机制,实现政府、科研、企业在功能和资源优势上的协同互补。政府从行政管理视角梳理重点风险治理领域,高校和研究院根据政府需求制定城市治理保险创新项目清单,研究、开发适配各项目的保险产品和方案,创新保险服务模式,推动保险创新项目落地。三是全国首建聚焦城市风险治理的保险协同创新机制。通过建立"需求导向"的供给机制,着眼政府及市场需求,整合驻邕保险机构行业力量,围绕保险服务乡村振兴、民生保障、社会治理、实体经济、对外开放、绿色发展等方面,创新推出多样保险产品。例如,民生保障方面，在全区率先推动落地"惠邕保"，全市 108 万人参保，得到广泛好评。

三 应用价值

保险在提升城市风险治理能力方面，可以实现政府和保险机构的良性互动，政府划定重点风险治理领域、提供具体城市风险治理体系框架，保险企业借助其专业性、服务能力与人才队伍对相关政策部署进行贯彻落实，发展相关保险产品、对风险主体提供相关风控要求和风控建议，确保城市风险治理体系精准落地。

具体而言，主要体现为四个"有利于"：一是有利于实现政府部门职能转变，政府由公共风险服务的直接提供者变为政策的制定者、购买者和监督者；二是有利于节约行政资源，减少政府在自行防范处置风险情况下的机构设置、人员编制等行政经费投入，节约政府服务成本；三是有利于提高财政救灾资金使用效率，通过将部分防灾抗灾的财政支出转换为保险费补贴，在发生灾害损失的情况下，受灾单位或个人可以获得数倍于财政补贴的保险赔款；四是有利于促进城市风险管理体系的构建和完善，增强政府部门及社会公众对于风险与保险的意识，引导利用保险工具进行风险分散和损失补偿。

设立城市风险管理研究院，进一步探索扩大保险机制应用，对推动保险积极参与城市风险管理和防灾防损，推动城市管理机制创新，提高城市风险管理水平具有积极意义。

本文主创团队：南宁市金融办

人保财险广西分公司

执笔人：曾肆业、曾世海、吕端周、林琳

打造金融人才培养高地和决策智库
服务东盟开放合作

一　案例简介

（一）背景情况

有效的智力支持，是广西高质量建设面向东盟的金融开放门户的重要保障。一方面，广西金融门户开放建设需要大量既具备专业知识又了解中国—东盟经贸发展实践的金融人才，另一方面，金融开放门户建设的相关政策制定，需要大量的专业研究支撑。同时，在新一代技术逐步成为主流，大数据、云计算等高新科技与经济金融实践广泛结合的背景下，数据资源成为影响金融行业和经济社会发展的关键要素，建设经济金融数据信息库成为降低国家间信息不对称、促进中国—东盟金融合作的公共基础条件和重要保障。

"支持广西大学加快建设高水平经济金融类学科"是《广西建设面向东盟的金融开放门户五年实施规划（2019—2023 年）》中明确提出的改革试点任务。在服务广西建设面向东盟金融开放门户的过程中，广西大学牢记自身使命，立足人才培养根本，围绕"东盟"特色，积极创新各项机制，全方位建设高水平经济金融类学科，打造面向东盟金融人才培养高地和决策智库，成效显著。

（二）主要做法

一是积极探索人才培养模式创新，紧扣国家和广西发展需求，将东

盟特色融入专业建设和人才培养过程，培养各层次东盟金融人才。广西
大学开设了《中国—东盟金融合作发展理论与实践》《中国—东盟经济
贸易专题》等系列课程，将东盟小语种培训及东盟文化课程与专业课程
进行有机衔接，营造国际化（东盟）氛围。开发中国—东盟经贸金融合
作思政案例，推动思政教育与专业课堂的有机融合。为学校师生定期举
办东盟系列讲座，举办了"走近东盟"和"东盟大学讲堂"等具有东盟
特色的讲座活动，邀请文莱、菲律宾、印度尼西亚、马来西亚、泰国、
越南等东盟国家知名高校的专家学者为学生进行线上线下金融经济讲座，
共计 2100 多人次参加（见图 1）。开展中国—东盟青年沙龙，组织中国—
东盟青年学生共同学习党的二十大精神，探讨中国东盟经济金融合作前
景。举办中国—东盟金融课程思政教育培训系列专题讲座。同时，围绕
建设中国（广西）自贸区和面向东盟金融开放门户的人才培养需求，学
校积极举办面向东盟的经济金融人才培训，打造政府部门本土化课程、
金融机构定制化课程与企业家发展型课程等三大培训品牌。近年来，培
训学员近 2500 人次，对象包括全区金融办系统干部、广西金融机构的中
层管理人员，以及京东、安踏等知名企业的高级管理人员。

图 1　广西大学学生参与东盟金融相关活动

二是充分利用高校平台优势，大力开展面向东盟的专业、人文多层
次交流。广西大学主办大量与东盟相关的高水平国际国内会议和多层次
论坛（见图 2）。牵头中国—东盟大学智库联盟，每年举办"中国—东

盟区域发展论坛"；主办"双循环背景下资本市场与经济高质量发展论坛""新兴市场国家的金融科技论坛""第十届国际期货及衍生品大会""第二届'金融与发展'国际学术论坛"等高水平国际会议。同时，广西大学围绕中国—东盟金融主题举办内容丰富、层次多样的品牌学术活动，营造广西金融改革创新氛围，创设了"中国—东盟金融名家大讲堂""致新论坛""金融开放与法律创新圆桌会""自治区金融机构代表圆桌交流会"等品牌学术活动，交流金融发展前沿思想，通过各类线上直播平台参与人数累计达到 21 万人次。

图 2　广西大学主办各类东盟金融讲座与论坛

广西大学通过多渠道加强与东盟高校和国内高水平高校的合作交流。与南开大学金融发展研究院建立联合学术沙龙机制，开展联合学术沙龙活动。联合东盟国家高校共同打造"（金融专业）开学第一课"活动，先后有来自泰国、老挝、马来西亚等国高校的 780 多名师生线上参加。与国际及东盟国家大学搭建中外教育文化友好交往合作平台，与泰国川登喜大学、苏腊塔尼皇家大学、清迈大学、那黎宣大学、马来西亚拉曼大学、越南商业大学联合开展线上专业交流会。与东盟六国驻邕领事馆、中国—东盟中心保持密切的工作联系，推动与东盟国家开展学术活动和联合办学。广西大学致力于建设面向东盟的金融人才一流学府，76% 的留学生来自东盟国家，2019 年以来，累计培养了 98 名经济类东盟国家毕业生。

三是充分发挥专业优势和技术优势，与相关部门紧密开展合作，大力建设高水平的金融大数据平台，深入开展东盟数据收集和分析研究。

广西大学大力推进高水平东盟大数据创新平台建设，近年来依托中国—东盟信息港大数据研究院、中国—东盟金融合作学院（研究院）等科研平台，建成基于区块链底层技术研发的中国—东盟金融合作大数据平台、澜沧江—湄公河流域生态与经济大数据平台、西部陆海新通道全息综合数据平台、"泛南海合作"区域全息数据库平台、人工智能技术应用与"数字广西"大数据平台、全球价值链与中国—东盟生产贸易链大数据平台等六大数据平台，并基于数据平台形成多个涉东盟的数据库，包括东盟媒体数据库、东盟舆情数据库、东盟宏观数据库、东盟金融数据库、东盟投资数据库以及全球政治数据库等。

（三）主要成效

一是面向东盟金融类人才培养成果显现。一方面，东盟金融类专业学科建设不断夯实。应用经济学学科三个本科专业（金融学、国际经济与贸易、经济学）全部获批国家级一流本科专业建设点。2022 年，金融学专业在广西普通高等学校本科专业综合评估第一批评估中，获评为最高的"五星级"专业。应用经济学在新一轮广西一流学科建设（2022~2025）中被列为 A 类项目。《基于多学科交叉融合的经济管理拔尖人才培养创新与实践》获自治区级新文科研究与实践项目立项。

另一方面，东盟金融领域教师教学科研水平持续提升。研究成果"中国—东盟区域经济一体化研究"获得教育部人文社科奖三等奖，教学成果《面向中国—东盟区域发展的金融拔尖创新人才培养模式构建与实践》荣获 2021 年广西高等教育自治区级教学成果一等奖并获推荐参加国家级教学成果奖评比。主持申报的《多学科融合的金融大数据实践基地建设》获教育部产学合作协同育人项目 2022 年度第一批立项。

二是中国—东盟金融大数据平台建设获得肯定。2022 年 9 月，广西大学中国—东盟信息港大数据研究院"基于区块链的中国—东盟企业合作信用风险管理大数据平台"在第三届中国（广西）—东盟人工智能大会上正式启动。平台主要考虑生产贸易链、供应链的因素，基于企业资产负债表、企业画像、企业高管、企业舆情信息、企业社会评价等多方面的因素，致力于打造全面涵盖企业经营因素的信用风险管理系统，通过整合广西及东盟部分企业信用数据，建立数据资源采集汇聚、融合处理、存储应用的管理机制，整合形成具有规范体系的企业信息资源，开展基于信用风险管理的数据融合处理，为生产贸易链上下游企业提供各个层次的信用数据及风险评估服务，为企业走向东盟提供风险监测与服务。平台为企业以及相关用户提供企业的基本信息数据以及风险情况报告，为企业投资以及行业研究提供数据支撑；采用先进的区块链技术手段提升金融交易的全过程管理的安全系数，开发智能合约应用、金融数据交易平台、大数据中台、信息查询、金融服务、风险预警子系统、关联系统集成、数据支持、在线数据查询、咨询服务等一系列相关应用，为中国—东盟企业及各类用户提供金融相关数据服务。该平台建设获评 2022 年广西面向东盟的数字化建设典型案例。

图 3　自治区党委书记刘宁听取广西大学中国—东盟信息港大数据研究院成果汇报

三是智库决策支持能力不断提升。依托中国—东盟金融大数据系列平台和数据库，广西大学发布了一系列指数产品，上报大量咨政报告并获得各级批示，提供中国—东盟金融专业咨询和数据服务的能力显著提升。

广西大学联合有关部门编制发布中国—东盟贸易指数。2021年，广西大学中国—东盟信息港大数据研究院代表自治区人民政府与海关总署、国家外汇管理部门达成数据交换与共享合作机制，联合编制中国—东盟贸易指数。通过数据交换合作共享机制，广西大学定期与相关部门对接获得法律允许范围内的多维度中国和东盟贸易和金融数据，并在此基础上组建跨学科、跨部门项目研究团队，采用广西大学创新的数据挖掘、大数据舆情分析等方法与技术，进行指标构建与测算，确保指数能够准确反映我国与东盟国家之间的经贸往来情况，为政府部门评价中国—东盟合作效果和建设面向东盟的金融开放门户等政策调整提供重要依据，为科研机构相关研究提供信息参考和趋势判断，为从事中国与东盟贸易、投资等领域的企业把握市场动态提供方向和视角。目前，指数已先后在第18届和第19届中国—东盟博览会以及海关总署官方网站上顺利发布，今后将定期于每年9月在中国—东盟博览会上发布。

广西大学编制发布广西金融指数。2020年，广西大学中国—东盟信息港大数据研究院与自治区地方金融监督管理局就广西金融发展指数、广西金融生态指数、广西金融舆情指数的编制达成合作协议，通过数据交换共享合作机制，基于大数据研究院的数据库和数据处理算法，定期对接数据，编制形成系列广西金融指数、指数报告及可视化系统，为广西金融发展、金融体系的完善、金融面向东盟的开放、金融服务实体经济、区域性及系统性金融风险的防范提供了有力的智力支持。广西金融指数先后在第13届、第14届中国—东盟金融合作与发展领袖论坛上顺利发布。

广西大学发布中国—东盟金融合作指数。2022年9月，广西大学中国—东盟金融合作学院与南开大学金融发展研究院合作发布"中国—东盟金融合作指数"。这一指数为中国—东盟金融合作研究提供合成数据，为企业投资和贸易发展提供区域金融环境研判参考，也为评价区域金融合作具体举措的成效提供政策评价工具。

广西大学为中国—东盟金融开放提供智库咨政服务。2022 年，向教育部、中联部、自治区人民政府等政府部门上报相关决策咨询报告 34 篇，其中 1 篇获得中央主要领导人肯定性批示、2 篇获得中共中央政治局常委批示和高度评价、7 篇政策建议获得省部级领导批示或被采纳、3 篇入选教育部主办的《要情》《智库专刊》。依托建成的东盟舆情监测中心为国家相关部委涉东盟的舆情研判提供深度分析，2019~2021 年累计撰写《国别舆情日报》7650 篇、《ASEAN 舆情日报》765篇、《国别舆情周报》1620 篇、《国别专题分析》360 篇、《东盟舆情周刊（政治、经济、社会）》486 篇、《ASEAN 舆情周报》162 篇。2021年撰写《涉华舆情每周一报》204 篇、《涉华舆情每月一报》48 篇、《涉华舆情每半年一报》8 篇，为自治区政府提供"一带一路"建设相关方面的资讯信息和政策建议。

二　创新点

（一）创新中国—东盟金融拔尖创新人才培养机制

广西大学积极探索人才培养模式的创新与改革，创新以学生为主体的研究型拔尖人才培养机制，先后创设金融创培班、经济管理创培班、中国—东盟金融经济创培班等，探索"新文科"建设，逐步形成具有鲜明特色的"宽口径、厚基础"本科大类培养体系。同时，学校一体化推进优质课程倍增、优质教材倍增、专业核心竞争力倍增、教学成果奖倍增等 7 个倍增计划，积极鼓励教师组建教学项目团队，遴选优秀团队并予以资助，围绕新文科建设以及一流课程、规划教材、教学平台、高端教改课题、学生竞赛和创新创业教育等方面工作不断发力，打造高水平教学队伍，提升教育教学水平和质量，推动科研教学一体化发展。

（二）建设国际交流平台与品牌

广西大学积极举办中国—东盟金融高水平会议和论坛、打造品牌学术活动，加强与东盟高校、机构以及国内高水平高校的交流合作，致力于培养东盟留学生，全方位构建面向东盟开放的交流合作体系。广西大学牵头中国—东盟大学智库联盟，每年举办的"中国—东盟区域发展论坛"，促进了与东盟高校的交流合作，已经成为每年的重要活动。

（三）多学科交叉支撑数据库平台与智库建设

广西大学出台《广西大学关于深化学科交叉融合推进高质量发展的实施意见》，围绕优势特色布局设置应用经济学与现代服务业大学科群，通过资源通享、人才通用、学科通建、思政通行、课程通选、博点通育、项目通做、平台通建、规划通用、质量通抓"十个通享通抓"，打造大平台、大团队、大项目、大成果，推进学科以集群形式高质量发展。通过学科交叉发展，实现优势互补和协同。面向东盟的大数据平台建设，正是多学科交叉的成果。

三　应用价值

（一）立足高校本职，服务国家战略

结合高校自身人才培养的本职，讲好"东盟"故事、紧扣"金融"方向，将广西面向东盟金融开放门户的人才需求，紧密融入金融专业人才培养的全过程中。一方面，凸显了自身的"东盟"特色，有助于学

科品牌的塑造，另一方面，明确了人才培养的指向性，直接为国家战略和地方发展提供了人才保障。

（二）探索机制创新，发挥自身优势

通过创设创新人才培养试验班、多学科交叉支持数据平台建设等多种举措，探索机制创新，充分发挥高校在人才、科研能力、数据与信息资源方面的优势，支持面向东盟的金融开放门户建设，收到良好成效。

本文主创团队：广西大学

执笔人：刘骞文、梁权熙

创新"保险+期货"模式
助力广西生猪产业发展

2022 年，北部湾财产保险股份有限公司（以下简称"北部湾保险"）创新保险模式，以大连商品交易所（以下简称"大商所"）"保险+期货"试点建设工作为切入点，积极引入省外资金支持广西生猪养殖产业保障体系建设，成功实现首个畜牧业"保险+期货"项目落地桂林、钦州、来宾，以金融创新支持广西面向东盟的金融开放门户建设。

一　案例简介

（一）背景情况

生猪养殖是我国畜牧业经济的重要组成部分，广西作为华南地区重要的生猪养殖区，2022 年年末全区生猪存栏量 2220 万头，全国排名第七，存量散户养殖数量高达 170 万头，其中乡村振兴扶贫县的生猪存量达 90 万头，是广西农户稳定增收和贫困地区农民收入的重要来源。然而，由于受到 2019 年非洲猪瘟疫情、饲料成本上升等因素影响，近年来生猪销售价格波动较大，养殖场和农户成本风险上升，难以获得稳定利润。

2022 年 4 月，大商所印发《关于 2022 年"大商所农保计划"项目申报的通知》（大商所发〔2022〕186 号），推出养殖分散项目，采用

"保险+期货"价格保险，服务保障普通农户、合作社、代养场和直接从事农业生产的新型农业经营主体，对申报成功的单个项目提供不低于50%、不高于50万元的资金支持。同年6月，广西壮族自治区财政厅广西壮族自治区地方金融监督管理局印发《2022年广西"保险期货"项目试点方案》（桂财金〔2022〕47号），进一步明确自治区本级为"大商所农保计划"生猪项目提供40%的补贴。

为防止农户发生返贫现象，不断巩固拓展脱贫攻坚成果，促进与乡村振兴的有效衔接，2022年8月，北部湾保险围绕广西生猪养殖产业，联合国海良时期货、广发期货2家公司，"财政+金融"联动，成功申报4个大商所生猪分散养殖项目，在桂林全州县、荔浦县、钦州灵山县、来宾金秀县落地，通过精准实施生猪"保险+期货"价格指数保险，有效化解生猪市场价格波动风险，为广西生猪养殖产业稳定发展、养殖户稳定增收提供坚实保障，在生猪产业稳产、稳价、稳收中发挥了积极作用。

（二）主要做法

1. 紧跟政策，落实上级决策部署

2016年~2022年，中央一号文件连续7年提及"保险+期货"试点工作，从2016年提出稳步扩大"保险+期货"试点，到2022年强调优化完善"保险+期货"模式，政策引导支持力度不断加大。2019年9月19日，财政部、农业农村部、银保监会、林草局4部门印发《关于加快农业保险高质量发展的指导意见》，重点提出鼓励探索开展"农业保险+"，推进农业保险与信贷、担保、期货（权）等金融工具联动，扩大"保险+期货"试点。2022年8月，广西壮族自治区财政厅、广西壮族自治区地方金融监督管理局两部门印发《关于2022年广西"保险+期货"项目试点方案的通知》及《关于2022年生猪养殖"保险+期货"分散项目的批复》，提出开展2022年广西生猪"保险+期货"分散项目工作的具体方案。为贯彻落实党中央、自治区及各部门文件精神，北部湾保险聚焦产业保障模式创新，联合国海良时期货、广发期货公司，积极推动生猪"保险+期货"价格指数保险项目建设，不断推进广西生猪产业发展、完善生猪市场风险应对机制，保护农户生产权益，助推乡村振兴。

2. 系统谋划，探索价格保障模式

传统的政策性生猪养殖保险主要对自然灾害、意外事故、疫病、疾病等提供风险保障，只能保产量，缺乏对生猪市场价格波动风险的保护，无法有效满足农户稳定增收的风险需求。即使养殖过程中小心谨慎、如履薄冰，生猪顺利出栏，但如果不幸出栏时碰到猪肉价格低迷，会令养殖场和农户5~6个月的辛勤劳动无法获得预期收入，甚至可能亏本。因此，创新养殖保险产品成为现实需求。期货（权）是防范化解远期价格风险的有效手段之一，但由于期货（权）过于专业、操作复杂、资金占用较多等，一直以来无法在农民群体中有效推广。北部湾保险作为广西的首家法人保险公司，切实提高政治站位、增强大局意识，急农户之所急、想农户之所想，从桂林、钦州、来宾等地实际情况出发，推动生猪"保险+期货"价格指数保险项目在广西4个县落地，通过化零为整、期现结合的方式，将养殖户的2.27万头生猪的价格风险在期货市场进行对冲，使养殖户能够提前锁定收入，专心致志进行生产。

3. 多方协调，保障承保工作实施

根据大商所项目建设要求和提供的资金支持条件，北部湾保险以县域覆盖为目标，设计了保费相对较低廉、保障相对充分、可行性较高的保险实施方案，得到了大商所及桂林、钦州、来宾市政府、金融办、畜牧业部门等单位的大力支持和认可。在资金保障方面，项目整体保费规模200万元，撬动大商所80万元资金支持，财政配套91.5万元。在保费构成方面，保险公司收取每头生猪保险费88元，其中大商所补贴

40%，自治区财政补贴40%，桂林全州县、荔浦县，来宾金秀县财政补贴15%，钦州灵山县财政补贴3%，养殖户仅负担5%～15%（即4.39元/头～13元/头），保费成本支出对农户生产经营的影响降到了最低。在承保流程方面，北部湾保险主动对接当地政府及相关部门，简化生猪养殖户投保流程，提高承保工作时效，在当地村委加强宣传和驻点收集材料，为当地生猪养殖户提供了"一站式"投保便利。

（三）取得的成效

1. 充分发挥了区内外补贴资金的杠杆效用

2022年10月，北部湾保险推动的大商所"保险+期货"分散项目在桂林全州县、荔浦市，钦州灵山县，来宾金秀县落地，总保费200万元，共承保生猪2.27万头，为养殖户提供5402万元风险保障。该项目于2022年12月到期，累计为农户支付赔款374万元，赔付率达到187%。从财政的角度看，通过财政配套91.5万元，撬动374万元赔款，财政资金使用效益放大4.09倍；从养殖户的视角看，养殖户所获赔款超过自缴保费的13倍。因此，该项目充分发挥了财政资金的杠杆效用，有效撬动外省资金支持广西生猪产业发展，对促进生猪保产稳供、养殖户增收产生了良好示范作用。

2. 积极履行了广西金融机构的职责担当

本项目是北部湾保险与大商所"保险+期货"的项目共建，而且北部湾保险与国海良时期货同属广西投资集团，是广西唯一财产保险法人机构和唯一持牌期货公司的合作，强强联合体现强大综合实力，取得了良好的社会效益，体现了国企的责任与担当，也吸引了社会各界的广泛关注，为广西国资国企赢得了良好的社会声誉。

3. 成功实现"保险+期货"模式的推广复制

2021年，北部湾保险首次在百色市右江区落地首个糖料蔗（白糖）"保险+期货"试点项目，以赔付率190%打破郑州商品交易所白糖类项目赔付率纪录，使右江区广大糖料蔗种植户得到价格风险的充分保障，最终实现稳价增收目的。通过经验总结，北部湾保险将项目运行模式及原理成功复制到生猪养殖"保险+期货"项目，成功实现了"保险+期货"模式的传播推广，让更多农业经营主体深入了解新型保险模式，进一步提升了广西农业经营主体的保险意识和创新接受程度，为助推农业保险高质量发展起到了良好示范作用。

二　创新点

（一）创新价格保险体系，实现市场风险有效保障

本项目通过创新价格指数保险，解决了传统政策性农业保险重点保障农作物、畜禽等种植/养殖前端过程问题，化解了农产品价格波动给农户带来的后端市场风险。但在实践中，保险公司承保的畜禽价格保险难以通过再保险的传统风险分散方式进行有效化解，形成了风险的高度富集，这也是部分保险公司谨慎开展价格保险的主要因素之一。北部湾保险针对这一难点，通过"保险+期货"模式，期现结合，打破了保险公司无法通过有效手段分散农产品价格风险的困境，免除了公司承保价格保险的后顾之忧，使更多价格保险类项目能够为农业生产经营主体提供高层次的风险保障。

（二）创新风险转移模式，跨界融合实现"三方共赢"

一是本项目产生了高于大商所和自治区财政、县级财政补贴资金合计4倍以上的赔付金额，补贴资金杠杆效应显著，切实惠及生猪养殖农户。二是北部湾保险将本项目保费收入的90%作为期货（权）权利金，通过期货公司买入生猪看跌期权将项目风险100%转移到期货市场，仅需留存10%的保费作为经营成本，契合了农业保险"保本微利"的经

营原则。项目最后产生 187% 的赔付率，均由看跌期权进行了全额弥补，从而实现了财政资金作用放大、农户稳定增收、保险公司保本微利的"三方共赢"。三是期货公司通过专业运作，有效发挥金融市场的乘数效应，实现可观产出，而顺利结项后将获得大商所相关期货交易手续费减免，促进公司经营降本增效。

（三）优化承保理赔流程，切实提供便利服务生猪养殖户

在承保方面，北部湾保险在"保险+期货"项目实施驻点当地村委会，专人负责开展推动宣传惠民政策、收集投保资料，保障了广大养猪户的知情权，提高了整体项目推进的工作效率。在理赔方面，北部湾保险采取免报案、无纸化处理流程，保险责任到期后无须养殖户报案并自动计算赔款，通过网络平台、张贴布告等方式进行公示，赔款自动打入养殖户在投保时预留的银行卡或一卡通账户，实现了承保理赔流程的统一和高效。

三　应用价值

生猪"保险+期货"项目全面优化了以往农业保险独立封闭的经营模式，是"保险+期货"项目支持广西重点农业发展的又一次成功探索，是一项保障生猪收益，让养殖户共享生猪发展红利的惠农政策。同时，也是北部湾保险支持面向东盟的金融开放门户建设的生动实践，为今后在广西其他地区、其他农产品实施价格风险保障提供了新思路、新方案、新路径，具有重要和广泛的应用价值。

（一）提升财政补贴资金使用效益

政策性农业保险是以保险公司市场化经营为依托，政府通过保费补贴等政策扶持，以保险赔款形式补贴受灾农户的重大惠农工程。由于财

政资金的高度参与，其使用效率势必成为各级财政重点关注和研究的课题，考验政府及相关部门对农业保险相关政策的制定和决策能力。以本项目为例，通过开展"保险+期货"类型的价格指数保险项目，保险公司提供专业承保理赔服务，期货公司凭借价格市场领域的长期深入研究制订保险方案，双方各施所长最终将赔付率推至较高水平，有效提升了财政补贴资金的使用效率，切实发挥了财政资金在农业保险领域的杠杆效应。本项目实施后，自治区财政厅在 2022 年印发的政策性农业保险有关文件中，对交易所相关"保险+期货"险种业务给予了一定程度的倾斜，反映了财政部门对这一模式的高度认可。

（二）为涉农人群融资贷款提供可靠支撑

涉农群体融资贷款长期面临抵押物较少、农业生产价值难以评估等客观难题，是限制农村中小散户农业生产无法有效扩大的因素之一。通过发展"保险+期货"类型的农产品价格指数保险，能够发挥期货套期保值作用，以价格保障形式对农业生产价值进行合理量化和提前锁定，为银行机构的放贷授信提供有效参考依据，进一步可以衍生开展农业保险保单质押融资，打造"保险+期货+金融"的农村产业金融保险服务闭环，促进解决涉农群体融资难问题。

（三）为同类项目提供可复制可推广的保险模式

相较于其他农业发达省份，广西农业保险发展水平有待进一步提高，特别是在保障价格、保障收入等模式创新前沿领域具有较大的提升空间。本项目的落地实施，是广西在农业保险创新领域迈出的一小步，虽然整体规模和覆盖区域多有局限，但工作思路、保险方案、业务流程依然具有较高的研究借鉴意义，推广复制可行性较高。2023 年，郑州商品交易所和大连商品交易所拟在广西继续加大"保险+期货"项目建设和支持力度，在糖料蔗和生猪领域实施范围更广、规模更大的试点工作。本项目的顺利落成，是交易所、期货公司、保险公司充分发挥联动作用，为助力广西糖业高质量发展所尽的绵薄之力，同时也从机制和模式上走出了一条新路子，为广西"保险+期货"试点项目提供了更广阔的舞台和发展空间。

本文主创团队：北部湾财产保险股份有限公司

执笔人：唐潇、陈秋杏

公积金金融生态服务平台

一 案例简介

（一）背景及简介

中国农业银行广西分行公积金金融生态服务平台以商业银行和公积金中心数据互联互通为基础，打造了五大业务应用场景的公积金业务"1+5"模式（系统架构如图 1 所示），打通数据真实可信的最后一公里，真正实现"数据多跑路，群众少跑腿"。1 个数据基础：农业银行广西分行率先在广西同业实现全区公积金中心数据的互联互通，解决了公积金数据分散各地及数据时效滞后的问题。同时，向广西全区公积金中心输出农业银行住房商贷数据查询服务，客户在提取公积金时可联动查询其在农业银行的住房商业贷款还款明细数据作为提取额度的参考依据。5 大业务应用：对接总行个人网贷、个人掌银等平台，使用人脸识别、OCR 光学字符识别等新兴技术，打造个人掌银 App 公积金金融生态、网捷贷、信用卡、住房商贷数据共享、电子回单服务 "5" 大业务应用场景。

目前，公积金业务具有需求旺盛、业务场景多、业务交易量大、属地化管理导致数据标准不统一等特点，农业银行广西分行从"业技数"融合入手，加强业务场景、智能风控、数据赋能建设，成功打造了技术栈稳定、架构规范、安全高效的业务平台。

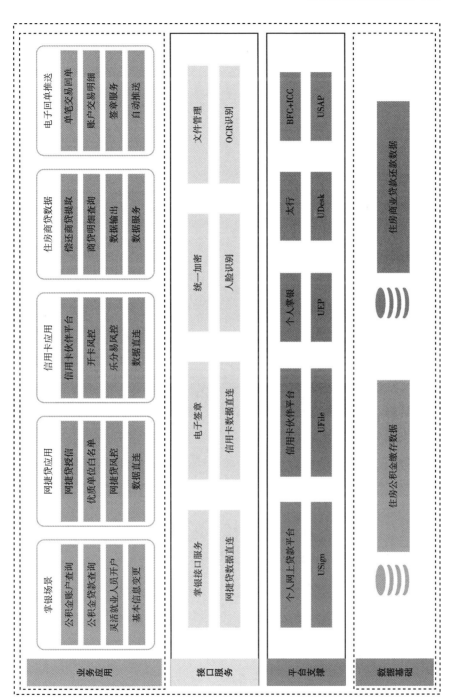

图1 公积金金融生态服务平台系统架构

（二）主要做法

1. 以公积金数据为驱动，拓展公积金业务应用场景

一是采用"银行渠道+公积金应用"模式，充分发挥银行金融科技和渠道流量优势，率先同业布局掌银 App 公积金金融生态，努力探索公积金查询和提取、灵活就业人员公积金开户及缴存等业务银行合作新模式，成为首家将公积金场景嵌入银行 App 的金融机构，得到客户高度好评；二是采用"总行模型 + 分行数据"模式，农业银行总行统一制定网捷贷及信用卡等业务数据模型，分行致力于公积金数据引入、清洗和加工，为业务开办提供精准数据支撑；三是全面提升商业银行住房贷款数据输出服务能力，通过标准接口方式向公积金中心提供农业银行住房贷款数据查询服务，客户在提取公积金时公积金端可联动农业银行住房商业贷款还款明细数据作为提取额度的参考依据，真正实现"数据多跑路，人员少跑腿"；四是全面提升公积金中心账户对账服务能力，建设对公账户电子回单服务系统，根据账户交易流水按日逐笔生成交易电子回单并智能投递，实现对传统纸质回单的无损替代，解决了公积金对账工作痛点，公积金工作人员账户对账效率大幅提升。

2. 跨部门协同联动，创新业务模式

一是多级银行跨部门联动。总行业务部门根据业务发展制定产品数据模型和业务流程，科技部门为分行特色业务场景渠道建设提供技术栈支持；省一级分行业务部门根据业务场景需求，统筹各业务部门进行总行各部门产品的整合和场景业务流程设计，科技部门统筹接口开发设计；地市分行业务部门负责与属地公积金中心洽谈业务合作、数据引入和服务输出，科技部门在上级银行指导下根据合作方接口和上级银行接口开发拓展公积金数据应用场景。各级银行有效联动，各部门分工协作，着力带动个人掌银、网捷贷、信用卡、电子账户等业务发展。二是创新业务模式。以金融科技为手段，对原有公积金对公账户回单打印、灵活就业人员开立公积金缴存账户、客户经理手工导入网捷贷工薪客户白名单、营销人员手工核验信用卡开卡人工资单位及工资水平等业务流程进行重塑，不断研发和突破创新，实现业务线上化转型，提高业务处理效率，节约成本，为客户提供更快捷、更方便的服务，还通过技术手段不断更新和完善合规体系，实现更精细化的管控，确保合理、合规的业务运营，为客户提供更安全、更可靠的服务。三是率先在广西同业实现对全区公积金输出农业银行住房贷款数据查询服务，客户在提取公积金时可授权公积金中心联动查询其在农业银行的住房商业贷款还款数据作为提取金额的参考依据，真正实现"数据多跑路，群众少跑腿"，大大提升客户业务体验。

3. 突破性应用新兴技术，打造安全高效应用平台

一是平台创新使用 OCR、电子协议签署、人脸识别、电子签名等新兴技术用于客户身份认证、抗抵赖、电子回单推送等业务环节，实现业务智能自动化，为客户提供定制产品体验，有效降低人为干预风险，从技术层面大大降低了农业银行合作业务的法律风险，保持合作业务竞争优势，为农业银行后续同类业务奠定技术基础。二是平台服务融合，项目实现多系统跨平台深度整合，通过 BFC（分行金融服务平台）、ICC（外联服务平台）、AIR（分布式应用互联平台）、APOLLO（个人网贷平台）、USIGN（电子签章平台）、UEP（统一加密平台）、掌银平台、信用卡合作伙伴、开放银行等平台，为网捷贷、信用卡等系统与公积金中心系统深度整合提供安全、可靠、规范、高效的技术支撑。三是统一数据标准，率先在广西同业实现全省域公积金直连数据引入，解决了公积金数据分散各地及数据时效滞后的问题，统一公积金缴存数据结构，为行内网捷贷、信用卡、乐分易等业务授信提供统一的查询平台和全面、及时、精准的公积金数据基础支撑。四是确定统一技术标准，使用开源+自研方式，根据业务需求执行定制的技术方案，实现平台操作系统、中间件、数据库、开发技术栈自主可控，确保数据安全和网络安全。

（三）取得的成效

一是创新构建掌上银行 API 模式智慧公积金系统。作为国有大型商业银行省级分行，中国农业银行广西分行多次向中国农业银行总行沟通汇报，争取政策资源，立足地方和本行实际，发挥自身优势，以服务实体经济为己任，积极践行大行使命担当，以践行新发展理念、推动新发展格局为目标，有效推动"互联网+政务服务"建设，更好满足客户办理住房公积金业务多样化、便捷化需求。农业银行广西分行充分利用中国农业银行总行统一的线上银行建设架构，以个人掌上银行分行特色业务专区为统一入口，创新构建掌上银行 API 模式智慧公积金系统。该系统于 2022 年 9 月 9 日正式投产上线，并在广西钦州市成功试点运行，得到客户的高度认可和赞扬。

二是建立了农业银行广西分行公积金特色数据基础体系。为落实总行数字化转型工作，加快推进"业务线上化、服务便利化、营销精准化、风控智能化、管理数字化"水平全面提升，农业银行广西分行以公积金数据为基础，打造个人掌银服务、对公账户电子回单推送、偿还商业贷款提取数据共享、网捷贷授信、信用卡风控五大业务应用场景和公积金业务"1+5"模式金融生态服务平台，率先在同业中实现广西区 14 个地市 15 个公积金中心数据的互联互通，建立了农业银行广西分行公积金特色数据基础体系。目前，通过该数据基础体系提供数据合作交易年均 200 多万次，服务覆盖全区所有公积金中心和农业银行多项业务产品。

三是与多家公积金中心开展合作。智慧公积金平台已与广西全区 15 家公积金中心合作应用，实现广西全区公积金客户缴存数据直连引入和应用。在网捷贷应用方面，与南宁、柳州、桂林、北海、贵港、崇左 6 家公积金中心合作应用，通过该渠道投放贷款近 2 万笔，累计金额超 11 亿元，另外 8 家已完成总行审批准入，将于 2023 年底实现业务全区覆盖；在信用卡应用体系方面，该平台与广西全区 15 家公积金中心合作应用，实现了全覆盖，为农业银行信用卡业务乐分易、汽车分期、家装分期自动化审批提供数据服务，年均交易量近 200 万次；在电子回单应用方面，为广西南宁、桂林、北海等公积金中心开展系统对接，实现对公账电子回单推送；在公积金中心业务服务方面，延伸公积金中心业务体系，实现公积金端根据商业住房贷款数据在线提取公积金业务的全覆盖，年均服务约 50 万人次，与钦州、玉林两家开展掌银线上办理灵活就业人员公积金开户、缴存业务。

二　创新点

（一）首次创新场景建设模式

目前大部分银行上线的智慧公积金系统主要采用 H5 模式，公积金相关业务需跳转至公积金中心公众号或小程序办理。而农业银行广西分行智慧公积金平台创新采用加密接口模式与公积金中心系统直连，在掌上银行 App 专设智慧公积金模块，为公积金业务渠道拓展提供新的业务模式。农业银行广西分行为广西四大行中首家实现将灵活就业人员开立公积金账户场景嵌入掌上银行 App 的金融机构。

（二）创建住房公积金便民服务"直通车"

为向缴存人员提供更加舒适便捷的体验，农业银行广西分行以科技创新为引擎，创新探索"住房公积金+银行"合作模式，把公积金受理窗口拓展到"云端"，延伸至掌上银行 App，在云端实现住房公积金缴存信息查询、公积金贷款信息查询、灵活就业人员自助线上开户等线上业务办理，免除了到窗口提交资料审核、柜面代扣签约等步骤，破解了

"手续烦琐"难题，真正实现了个人缴存人员办理住房公积金业务的"零跑腿、不见面、掌上办"。

（三）创新采用多种先进技术保障数据安全

农业银行广西分行智慧公积金平台创新将 CFCA（中国金融认证中心）电子签名技术、人脸识别、OCR（光学字符识别技术）识别身份证、OCR 识别银行卡等先进技术应用于电子协议签署、客户身份辅助认证、数据安全传输和证件智能识别，打造了无证明业务办理新模式，依托农业银行强大的金融科技能力，确保申办业务客户的真实性，从而实现了业务的智能化、安全化和便利化，为公积金业务的安全办理保驾护航，在确保业务合规、数据安全、风险可控的同时，着力提升客户服务体验。

（四）创新数据标准统一

农业银行广西分行率先在广西同业实现全省域公积金互联互通，针对公积金数据分散、时效滞后、标准不一等问题，按业务需求对数据进行建模，制定公积金数据统一标准并提供标准服务接口，为公积金类合作业务提供统一、全面、及时、精准的数据服务支撑。

（五）创新平台服务融合

智慧公积金平台项目以农业银行行内技术栈为基础，实现个人网上贷款平台（APOLLO）、个人掌银平台、电子签章平台（USIGN）、文件管理平台（UFile）、统一加密平台（UEP）等总行业务及技术平台和分行特色业务及技术平台深度融合，为公积金业务场景提供强大的平台服务支撑。

（六）创新业务模式

利用金融科技手段，重塑传统业务流程，不仅仅实现了业务的线上化、零跑动，更以技术手段优化业务流程、强化合规操作。特别是在掌银渠道为灵活就业人员提供了开立公积金缴存账户功能，为公积金业务拓展提供了新的业务模式。

三 应用价值

（一）有效提升客户体验

突破传统灵活就业人员办理住房公积金缴存业务时间和空间局限，线上开户和代扣签约模式极大缩短了客户办理业务的空间距离，足不出户即可办理住房公积金缴存业务，提升了客户满意度和获得感的同时，进一步深化了与公积金中心的合作。

（二）社会效益明显

公积金服务线上化、自动化、智慧化，在为客户节约时间成本的同时，让客户真切感受到科技创新带来的变化，把为民办实事落到实处；同时为公积金中心节约了管理成本，进一步优化降本增效，提高了办事效率，得到各地市公积金中心一致好评。智慧公积金平台项目真正实现了"让数据多跑路，让群众少跑腿"，为客户提供了良好的服务体验，为公积金中心节约了管理成本，赋能住房公积金与商业银行信息化业务合作，促进了公积金惠民与金融利民的职能交融及优势互补。

（三）应用前景广泛

智慧公积金平台项目有利于银行和公积金中心拓宽业务合作维度，共享智慧公积金建设成果。进一步加强政银企合作，持续推动银行与公积金中心业务深度融合，打造公积金业务闭环链条，构建更完善的公积金场景生态，进一步推动大数据应用，构建精准营销体系。充分挖掘平台大数据潜能，合理设计数据模型，实现客户精准画像、客户风险有效识别，为银行零售业务发展提供精准的数据支撑。

（四）打造政银合作标杆

智慧公积金平台项目商业银行与公积金中心进行深度合作，充分发挥商业银行渠道优势和政务场景丰富优势，提升商业银行获客能力和政务服务能力，可为类似政务金融场景与商业银行合作实现服务延伸，推动政务金融生态合作场景建设提供参考。

本文主创团队：中国农业银行广西区分行

执笔人：龚国良、周玩月

创新金鲳鱼养殖气象指数保险
探索海洋渔业产业高质量发展新模式

中国人寿财产保险股份有限公司广西壮族自治区分公司（以下简称"中国人寿财险广西分公司"）聚焦保险创新，支持海洋渔业生产经营的大力发展，着重于有效化解海洋渔业养殖风险，进一步推动海洋渔业养殖保险高质量发展，助力乡村振兴，促进农民增收，经实地调研、专家论证，推出了金鲳鱼养殖气象指数保险。在全国范围内，该类型金鲳鱼气象指数保险尚属首创产品，以金融创新模式促进海洋渔业产业的快速发展，为广西建设面向东盟的金融开放门户提供了有力的金融支持和服务。

一 案例简介

（一）背景情况

广西作为渔业大省，全区拥有海域面积 1536.0 千公顷，有发展海水养殖和海洋捕捞得天独厚的优势。"十三五"期间，广西壮族自治区紧扣渔业提质增效和水产品稳产保供主题，践行新发展理念，以脱贫攻坚和实施乡村振兴战略为引领，渔业工作不断迈上新台阶，取得了显著的成效。全区水产养殖面积稳定在 279 万亩以上，2021 年水产品总产量达 345.80 万吨、列全国第 8 位，2020 年渔业经济总产值达 1082.96 亿元，渔业产值达 533.87 亿元，其中海洋渔业产值

302.95亿元。产业融合发展成效显著，设施渔业有力推进。工厂化养殖规模达43.31万立方米，深水网箱养殖规模达437.03万立方米，深水网箱养殖水体列全国第3位。在广西特色水产养殖业中，金鲳鱼养殖具有重要的经济地位。2021年全国金鲳鱼产量已突破20万吨，其中广西年产达11万吨。

仅防城港市就有多个国家级水产养殖健康示范场，全市有深水抗风浪网箱养殖企业14家，深水抗风浪网箱数量累计908口，养殖水体400多万立方米，网箱养殖年产量达3.89万吨，产值达11亿元。

但渔业一直面临较高的风险，且具有突发性、容易产生毁灭性、难以修复性等特点，再加之长期以来受承保理赔技术专业性强、赔付风险高、缺乏财政保费补贴政策支持等多方面因素综合影响，我国渔业保险业务发展缓慢，广大养殖生产者抵御风险的能力较弱，发展相关保险诉求强烈。2021年广西壮族自治区推出保险产品"金鲳鱼养殖风力指数保险"以来，一直未能实现大面积承保覆盖。据了解一是因为单个承保主体经营风险大，保险企业开展此项业务缺乏动力；二是养殖户认为广西现有产品条款的理赔条件严苛，较难获得赔付，投保意愿不强。

针对以上供需矛盾，中国人寿财险广西分公司联合防城港市农业农村局研发了"金鲳鱼养殖气象指数保险"产品，破解海洋渔业产业保险发展中的难题，提高渔业生产企业的抗风险能力，为海洋渔业产业实现高质量发展提供了加速器。

（二）主要做法

"金鲳鱼养殖气象指数保险"产品在综合研判防城港当地气象、海域、海产品的基础上，结合防城港市当地养殖户的风险保障需求，将保险责任范围进一步扩大，创新性将高温、风力这两种影响金鲳鱼养殖的气象因素相结合，一是创新性增加了高温赔付责任，保险标的高温、风力受灾均可获赔，投保人获得双重保障；二是降低了风力指数赔付触发起算级别，合理调整、细化对应赔付金额。

1. 台风灾害指数责任

以防城港市金鲳鱼主要养殖区地理中心点（北纬 21.54°，东经 108.21°）为基准圆心，划定热带气旋内外两层灾害圈。其中，内层灾害圈半径为 40 公里，外层灾害圈半径为 60 公里。当气象部门公布的台风路径点进入外层或内层灾害圈时，视为保险事故发生，保险机构按照保险合同约定进行赔偿。保险期间内不同编号的热带气旋可重复赔偿，同一编号热带气旋仅赔偿一次。

2. 高温灾害指数责任

以防城国家基准气候站（站点编号 59631）为计算高温灾害指数的基准站点，并在保险合同中约定载明。当保险合同约定的气象观测站点观测到的日最高气温超过 33℃时，视为保险事故发生，保险机构按照保险合同约定进行赔偿。保险期间内发生多次保险事故，保险机构仅赔偿损失最大的一次保险事故。

（三）取得的成效

根据防城港市农业农村局统计数据，原"广西壮族自治区金鲳鱼风力指数保险"产品于 2021 年 6 月推出，截至 2022 年 11 月在全市范围内仅承保金鲳鱼养殖网箱 52 口，提供风险保障 1560 万元。中国人寿财险广西分公司自 2022 年 12 月末推出"金鲳鱼养殖气象指数保险"以来，受到金鲳鱼养殖企业的欢迎，仅 3 个多月就已承保金鲳鱼养殖网箱 124 口，提供风险保障金额 3720 万元。"金鲳鱼养殖气象指数保险"产品为金鲳鱼养殖保驾护航，解除了养殖企业和养殖户的后顾之忧。

二　创新点

（一）"金鲳鱼养殖气象指数保险"产品对台风灾害指数的触发模式进行了优化

"金鲳鱼养殖气象指数保险"产品在开发过程中对金鲳鱼养殖户进行了大量走访和调研，并听取农业农村局养殖专家意见。从调研结果看，养殖户和相关专家普遍表示台风灾害的局地性很强，同一场灾害下不同地区风力差异较大，现有气象站点观测体系因站网观测密度不够，特别是海上站点观测体系覆盖不足，容易造成产品计算赔付与实际损失不匹配引发基差风险。

为解决这一问题，"金鲳鱼养殖气象指数保险"产品优化了产品的基差风险。在设计过程中创新采用了台风"灾害圈"设计，使台风路径的影响在保险产品中得到体现；并将表征台风灾害影响的气象指标升级为"台风中心最大风速"，能更精准反映台风的强度与影响，大幅降低基差风险。

根据近十年台风数据与同类型保险产品对比测算，广西壮族自治区"金鲳鱼养殖风力指数保险"产品（以下简称"自治区风力指数产品"）共识别4场台风，"金鲳鱼养殖气象指数保险"产品共识别5场台风。其中自治区风力指数产品在应用过程中出现了较大的偏差，例如：按照中国气象局公布的台风路径（见图1），2019年自治区风力指数产品测算中未能识别正面影响防城港市的07号台风"韦帕"，而2021年却识别并赔付距防城港市距离90公里以上的17号台风"狮子山"，相关基差风险容易在产品应用过程中引发不必要的纠纷，影响相关产品风险保障效果。"金鲳鱼养殖气象指数保险"产品在对因台风灾害触发机制进行优化后，识别出全部正面登陆影响防城港市的台风，准确率显著提高。

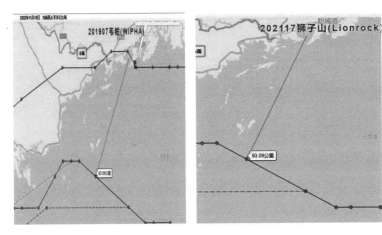

图1 2019 年 07 号台风与 2021 年 17 号台风路径示意图

在优化调整产品后,对于同一场台风,"金鲳鱼养殖气象指数保险"产品的认定风级普遍高于自治区风力指数产品(见表1),考虑到同一场台风灾害对于海洋渔业养殖的损失率的认定应当具有一致性,"金鲳鱼养殖气象指数保险"产品据此对 10 级以上台风对应的赔付比例做适当下调。

表1 自治区风力指数产品与气象指数产品近十年台风测算对比

年度	台风编号	台风名称	台风路径点距防城港市最短距离	自治区风力指数产品测算结果	气象指数产品测算结果
2012	13 号	启德	直接影响	11 级	内圈 10 级
2012	23 号	山神	直接影响	9 级,不赔付	外圈 8 级,不赔付
2013	9 号	飞燕	50 公里	9 级,不赔付	外圈 10 级不赔付
2013	30 号	海燕	92 公里	9 级,不赔付	不赔付
2014	9 号	威马逊	正面登陆	12 级	内圈 15 级
2014	15 号	海鸥	60 公里	11 级	外圈 13 级
2015	8 号	鲸鱼	115 公里	9 级,不赔付	距离不足不赔付
2015	22 号	彩虹	127 公里	9 级,不赔付	距离不足不赔付
2016	21 号	莎莉嘉	正面登陆	不赔付	内圈 10 级
2018	23 号	百里嘉	正面登陆	不赔付	不赔付
2019	7 号	韦伯	正面登陆	不赔付	内圈 11 级
2021	7 号	查帕卡	60 公里	不赔付	外圈 10 级
2021	21 号	狮子山	90 公里	10 级	距离不足

此外，相较自治区风力指数产品，"金鲳鱼养殖气象指数保险"产品在新的赔偿机制下降低起赔阈值，金鲳鱼保险台风风力的起赔点下探到 8 级，对于影响防城港市的热带风暴即可启动赔付，产品保障程度得到有效提升，保险业为渔业养殖产业稳定可持续发展发挥了较大的保障作用，有效助力乡村振兴战略的推动实施。

（二）"金鲳鱼养殖气象指数保险"产品对更多灾害责任进行了保障

与自治区风力指数产品相比，"金鲳鱼养殖气象指数保险"产品在相同费率水平下增加了对高温灾害的保障，为投保养殖户提供了更全面的风险保障；从近十年产品回溯结果看（见表 2），相比于自治区单一台风产品，"金鲳鱼养殖气象指数保险"产品将年均赔偿值提高了42.4%，产品对养殖户的保障效果得到明显提升。在此前提下，为保证产品能够持续稳定经营，避免承保机构在极端情景（例如 2014 年）下引发自身经营系统性风险，"金鲳鱼养殖气象指数保险"产品在设计过程中对于极端台风事件下的赔付做了适当平滑处理。

表 2 近十年自治区风力指数产品与气象指数产品运行效果对比

单位：%

年度	自治区产品赔偿比例计算	气象指数产品赔偿比例计算		
		台风赔偿	高温赔偿	合计赔偿
2012	7	4	2.93	6.93
2013	0	0	2.4	2.4
2014	30	20	2.2	22.2
2015	0	0	3.48	3.48
2016	0	1	3.94	4.94
2017	0	0	4.06	4.06
2018	0	0	2.82	2.82
2019	0	2	3.26	5.26

年度	自治区产品赔偿 比例计算	气象指数产品赔偿比例计算		
		台风赔偿	高温赔偿	合计赔偿
2020	0	0	3.48	3.48
2021	4	0	2.82	2.82
十年平均	4.10	2.70	3.139	5.839
赔付率	51.25			72.99

三　应用价值

（一）经济效益

1. 保险企业效益显著提升

一是保险企业能够持续稳定经营，避免在极端情景（例如 2014 年）下引发自身经营系统性风险，符合农业保险经营保本微利要求。二是该产品能更好地满足养殖户的承保需求，养殖户投保积极性增强，保险企业承保收入会显著增加。三是国家、地方政策支持海洋牧场产业发展，推广"金鲳鱼养殖气象指数保险"可进一步帮助保险企业为其他险种的市场拓展带来更多可能性。

2. 保银联动纾解融资难题

传统渔业养殖业风险大、周期长、收益不稳定，导致养殖户和养殖企业融资难、融资成本高。在"金鲳鱼养殖气象指数保险"产品推广中，保险公司与银行机构开展保银联动，采用"企业+银行+保险"模式，以保险保单作为增信条件，引入银行信贷资金，为养殖户和养殖企业发放金鲳鱼气象指数保险保单抵押贷款。为提高项目运行效率，银行机构信贷流程最快 1 天完成申请授信全流程，贷款利率在 3.8% ~ 4.2%，能有效纾解养殖户和养殖企业融资难题。目前，由北部湾银行受理的第一笔"金鲳鱼气象指数保险保单抵押贷款"正在办理中，预计可发放贷款 57.6 万元。

（二）社会效益

1. 向多元化农业保险转型

近年来，我国农险业务实现稳健发展，已成为全球农业保险保费规模最大的国家。农业保险是实施乡村振兴战略的重要抓手，在充分了解市场风险保障需求的基础上，通过基础数据积累，能够科学地进行产品费率定价，优化保险方案，提高水产养殖保险业务精细化、专业化管理水平，有效防范道德风险，逐步破解承保理赔难题。今后应着力用保险产品创新驱动农业保险高质量服务乡村振兴，加快传统农业保险向科技化、数字化、多元农业保险转型。

2. 向广西建设面向东盟的金融开放门户提供金融支持和服务

"金鲳鱼养殖气象指数保险"提高了金融服务实体经济的能力，有助于推进海外水产养殖业发展，全面深化发展外向型渔业。可充分利用广西海洋水产养殖的经验和技术，发挥海外土地、资源、劳动力优势，引导企业通过租赁水域、援建养殖设施、开展技术合作等方式，在东盟等"一带一路"沿线重点国家和地区建设如中国（广西）—东盟海洋水产种业研发基地、中国（广西）—文莱渔业合作示范区等外向型渔业综合基地，发展水产养殖，探索与东盟国家的金融多边合作交流，共建海洋良好的生态环境，为广西渔业转型升级注入绿色新动能。

3. 有助于构建广西现代渔业发展格局

根据《广西"十四五"渔业高质量发展规划》，广西壮族自治区立足广西渔业资源条件、产业基础、比较优势、资源环境承载能力，着力构建广西现代渔业空间发展格局，确定了产业发展目标。即到 2025 年，渔业经济总产值达到 1600 亿元，其中海洋渔业经济总产值达到 1000 亿元，水产品总产量达到 380 万吨，渔业产值达到 730 亿元，渔民收入明显提升。"金鲳鱼养殖气象指数保险"产品有助于增强水产养殖户对风险的抵御能力，促进渔业产业现代化发展，为我国海洋渔业从传统生产方式转为现代生产方式提供风险保障，为解决渔业资源保护和渔业可持续发展之间的矛盾提供更丰富更符合市场需求的金融服务。

4. 推动产业发展助力乡村振兴

通过"金鲳鱼养殖气象指数保险"产品的推广，提高金鲳鱼的承保率，减少了养殖企业的后顾之忧，增强了养殖企业抵抗风险的能力，进一步激发了养殖热情，促使当地金鲳鱼养殖规模不断扩大，促进了渔业产业的发展。同时，由于养殖企业收入得到保障，海洋渔业产业效益进一步增长，推动地方产业进一步蓬勃发展，实现了良好的产业循环，并将在巩固拓展脱贫攻坚成果同乡村振兴有效衔接中发挥更好的作用。

本文主创团队：中国人寿财险广西区公司

执笔人：黄思学

图书在版编目（CIP）数据

面向东盟的金融开放门户改革创新典型案例.2022 /
广西建设面向东盟的金融开放门户指挥部办公室编 . --
北京：社会科学文献出版社，2023.12
ISBN 978-7-5228-3267-8

Ⅰ.①面…　Ⅱ.①广…　Ⅲ.①金融开放-国际合作-
案例-广西、东南亚国家联盟-2022　Ⅳ.①F832.6
②F833.306

中国国家版本馆 CIP 数据核字（2024）第 003701 号

面向东盟的金融开放门户改革创新典型案例（2022）

编　　者 / 广西建设面向东盟的金融开放门户指挥部办公室

出 版 人 / 冀祥德
责任编辑 / 王玉山
责任印制 / 王京美

出　　版 / 社会科学文献出版社·城市和绿色发展分社（010）59367217
　　　　　　地址：北京市北三环中路甲 29 号院华龙大厦　邮编：100029
　　　　　　网址：www.ssap.com.cn
发　　行 / 社会科学文献出版社（010）59367028
印　　装 / 天津千鹤文化传播有限公司

规　　格 / 开　本：787mm×1092mm　1/16
　　　　　　印　张：18　字　数：249 千字
版　　次 / 2023 年 12 月第 1 版　2023 年 12 月第 1 次印刷
书　　号 / ISBN 978-7-5228-3267-8
定　　价 / 118.00 元

读者服务电话：4008918866